高等职业教育财务会计类富媒体智能型 · 精品系列教材

管理会计实务

GUANLI KUAIJI SHIWU

（第三版）

孔德兰 许辉 主编

东北财经大学出版社
Dongbei University of Finance & Economics Press
大连

图书在版编目（CIP）数据

管理会计实务 / 孔德兰，许辉主编．—3 版．—大连：东北财经大学出版社，2023.8（2025.8 重印）
（高等职业教育财务会计类富媒体智能型·精品系列教材）
ISBN 978-7-5654-4894-2

Ⅰ.管… Ⅱ.①孔… ②许… Ⅲ.管理会计-高等职业教育-教材 Ⅳ.F234.3

中国国家版本馆 CIP 数据核字（2023）第 134283 号

东北财经大学出版社出版
（大连市黑石礁尖山街 217 号 邮政编码 116025）
网 址：http://www.dufep.cn
读者信箱：dufep@dufe.edu.cn
大连天骄彩色印刷有限公司印刷 东北财经大学出版社发行

幅面尺寸：185mm×260mm 字数：391 千字 印张：18
2023 年 8 月第 3 版 2025 年 8 月第 4 次印刷

责任编辑：王天华 刘慧美 责任校对：那 欣
封面设计：原 皓 版式设计：原 皓

定价：42.00 元

教学支持 售后服务 联系电话：（0411）84710309

如有印装质量问题，请联系营销部：（0411）84710711

第三版前言

习近平总书记在党的二十大报告中指出：“中国式现代化是物质文明和精神文明相协调的现代化。物质富足、精神富有是社会主义现代化的根本要求。”“高质量发展是全面建设社会主义现代化国家的首要任务。发展是党执政兴国的第一要务。没有坚实的物质技术基础，就不可能全面建成社会主义现代化强国。”

党的二十大报告指出中国经济要贯彻新发展理念，推动高质量发展，要顾及环境的要求，走绿色发展的道路。这对企业提出了更高的要求，中国经济和企业必须改变过去的粗放式管理模式，向科技和管理要效益。因此，为企业和社会培养更多的管理人才，与时俱进地加强管理会计教育更加迫切。

《管理会计实务》（第三版）是“高等职业教育会计专业富媒体智能型·精品系列教材”之一。本书第一版自2017年6月出版以来，一直受到广大师生的欢迎。本书第三版在保留前两版优点的基础上，结合党的二十大精神对国民经济发展的要求，尽可能吸收国内外管理会计研究的新发现、实践中的新创造和教学改革的新成果，对涉及管理会计应用指引、企业会计准则、税收政策和其他法律法规变化的相关项目和任务内容进行了全面修订；紧密结合管理会计工作实务的特点，对各项目的“案例导入”进行了同步更新；增加了“育德于技”和“知识窗”栏目，并同步修订了更新内容的相关配套教学资源。同时为了使学生拓展视野、了解管理会计的最新进展，本版增加了“项目十一 管理会计前沿”，主要介绍目前管理会计的前沿技术和方法，包括作业成本法、平衡计分卡、业财融合和智能管理会计的基本原理。

本书第三版由国家“万人计划”教学名师、浙江金融职业学院孔德兰教授和许辉副教授共同完成。由于编者水平有限，书中难免存在纰漏或不当之处，敬请各位读者批评指正。

编　者

2023年8月

第一版前言

管理会计是将现代管理科学和方法运用于会计领域的结果，管理会计的本质是会计与管理的直接结合，目的是加强企业管理、提高企业服务竞争力。管理会计自20世纪80年代初引入中国以来，其理论与方法已在企业界得到了较为广泛的应用。随着我国宏观经济形势和企业经营环境的变化，管理会计的地位和作用日趋重要，管理会计在企业管理实践中的应用得到了前所未有的重视，管理会计教学面临着新的挑战。

为了顺应我国高等职业教育的发展趋势，及时反映高等职业教育会计专业的最新教学改革成果，为我国经济建设培养高素质技能型的会计职业人才，本书本着“不断改革，与时俱进”的精神，突出实践性、开放性和职业性，尽可能吸收国内外管理会计研究的新发现、实践中的新创造和教学改革的新成果，紧密结合管理会计工作实务的特点，以现代企业经济活动为研究对象，坚持理论与实践相结合的原则，以预测、决策、规划、控制、考评为主线，全面、系统地阐明管理会计的基本理论、基本知识和基本方法。本书具有以下特色：

（1）项目导向，任务驱动。本书按照“项目导向、任务驱动”的思路进行教材设计开发，以“工作过程系统化”理念序化学科知识。理论知识按工作任务需要来选取，把握“必需、够用”的尺度，适当降低难度和复杂性。

（2）结构严谨，内容适用。本书在结构上力图体现管理会计的基本框架，在行文上力图做到简洁明快和通俗易懂，在内容上力求突出前沿性、代表性和实用性。

（3）贴近职业，重在应用。本书在编写过程中，将管理会计看作一门经济应用学科，不仅包含了理论层面的阐述，更注重运用管理会计的基本理论和基本方法解决实际问题，旨在提高学生在企业日常管理中运用管理会计的水平，突出职业性和实践性。

本书主要适用于财经高等职业学院、财经高等专科学校、成人高等学校的会计、财务管理专业及相关经济类专业的教学，也适于财经院校的教师、经济管理干部及自学者参考使用。

国家“万人计划”教学名师、浙江金融职业学院教授孔德兰担任本书主编，负责拟定编写大纲，对全书总纂和定稿；许辉和黄道利担任副主编。全书共分十个项目，具体编写分工如下：项目一、项目二、项目三由孔德兰编写，项目四、项目五、项目六由黄道利编写，项目七、项目八、项目九、项目十由许辉编写。

虽然我们对本书的撰写做了很多努力，但由于水平有限，书中难免存在纰漏或不当之处，敬请各位读者批评指正。

编 者

2017年6月

目　录

项目一　管理会计认知 / 001

案例导入　中国航空工业集团有限公司管理会计体系建设 / 002
任务一　认知管理会计的形成与发展 / 003
任务二　认知管理会计的基本理论 / 009
任务三　区分管理会计与财务会计 / 015
项目小结 / 017

项目二　成本性态分析 / 019

案例导入　浙江美大公司集成灶成本变动 / 020
任务一　成本分类 / 021
任务二　成本性态分析 / 025
项目小结 / 036

项目三　变动成本法 / 037

案例导入　天地公司的利润之谜 / 038
任务一　变动成本法认知 / 039
任务二　比较变动成本法与完全成本法 / 042
任务三　评价变动成本法与完全成本法 / 051
项目小结 / 057

项目四　本量利分析 / 059

案例导入　箭牌家居产品升级驱动盈利扩张 / 060
任务一　本量利分析认知 / 061
任务二　单一品种本量利分析 / 065
任务三　多品种本量利分析 / 074
项目小结 / 079

项目五 经营预测 / 080

案例导入 中公教育预计2022年实现大幅减亏 / 081
任务一 经营预测认知 / 081
任务二 销售预测 / 086
任务三 成本预测 / 090
任务四 利润预测 / 093
任务五 资金需要量预测 / 099
项目小结 / 105

项目六 经营决策 / 106

案例导入 思南电气场地问题经营决策 / 107
任务一 经营决策认知 / 108
任务二 定价决策 / 113
任务三 生产决策 / 120
任务四 成本决策 / 129
项目小结 / 134

项目七 投资决策 / 136

案例导入 江苏通用科技投资130万条高性能子午线轮胎项目 / 137
任务一 投资决策基础认知 / 138
任务二 投资决策指标分析 / 147
任务三 几种典型的长期投资决策方法运用 / 155
项目小结 / 162

项目八 全面预算 / 165

案例导入 金河生物：2023年度财务预算方案 / 166
任务一 全面预算认知 / 167
任务二 建立全面预算管理系统及管理程序 / 174
任务三 编制全面预算 / 179
项目小结 / 193

项目九 成本控制 / 195

案例导入 京东集团物流成本控制 / 196
任务一 成本控制认知 / 197

任务二 制定标准成本 / 202
任务三 成本差异分析 / 207
项目小结 / 216

项目十 责任会计 / 218

案例导入 天合光能股份有限公司控股子公司的剩余收益 / 219
任务一 责任会计认知 / 220
任务二 考核责任中心 / 224
任务三 制定内部转移价格 / 232
项目小结 / 237

项目十一 管理会计前沿 / 239

案例导入 2022年陕西煤业业绩与现代管理会计方法应用 / 240
任务一 认知作业成本法 / 241
任务二 平衡计分卡法 / 244
任务三 认知业财融合 / 247
任务四 认知智能管理会计 / 250
项目小结 / 254

参考文献 / 257

附 录 / 258

附表一 一元复利终值系数表 / 259
附表二 一元复利现值系数表 / 263
附表三 一元年金终值系数表 / 267
附表四 一元年金现值系数表 / 271

微课索引 / 275

项目一

管理会计认知

【学习目标】

1. 了解管理会计的定义
2. 熟悉管理会计的形成与发展
3. 掌握管理会计的对象
4. 掌握管理会计的目标
5. 掌握管理会计的职能
6. 熟悉管理会计的基本原则
7. 掌握管理会计与财务会计的区别与联系

【素养目标】

1. 掌握并利用先进的管理会计思想与方法提高企业经营效率、创造财富，为国家和社会富强贡献力量
2. 掌握责任会计思想和方法，合理划分权责利，促进企业和社会实现公正、平等、和谐与友善

【知识点】

管理会计的定义　管理会计的对象　管理会计的目标　管理会计的职能　管理会计的基本原则　管理会计与财务会计的联系　管理会计与财务会计的区别

【技能点】

确定特定企业管理会计的目标　实现特定企业管理会计的职能

案例导入

中国航空工业集团有限公司管理会计体系建设

中国航空工业集团有限公司（简称“中航工业”）是由中央管理的国有特大型企业，是国家授权的投资机构，于2008年11月6日由原中国航空工业第一、第二集团公司重组整合而成立。集团公司设有航空武器装备、军用运输类飞机、直升机、机载系统、通用航空、航空研究、飞行试验、航空供应链与军贸、专用装备、汽车零部件、资产管理、金融、工程建设等产业，下辖100余家成员单位、25家上市公司，员工逾40万人。

中航工业围绕公司发展战略开展了基于价值创造的管理会计体系建设，推动公司各项改革措施落地。这些措施包括：一，围绕战略目标，深入推进全面预算管理，通过预算落实经营目标，实现收入逐年增长；二，围绕经济质量效益提升，深化实施战略成本管理，将成本控制纳入企业战略统筹考量，同时与客户需求相结合，实现长远发展；三，围绕技术与经济相结合，大力推广项目财务管理，在一些自主研发的重大项目上着力推进项目总会计师系统建设；四，围绕企业价值最大化的目标，全面推行经济增加值（Economic Value Added，以下简称“EVA”）管理，建立健全EVA的组织推进体系、制度体系、工作体系、监控体系和考核评价体系，不断提升价值创造能力；五，围绕集团并购中存在的项目战略性强、投资额大、风险因素多等问题，注重发挥管理会计的作用，加强风险防范，有效整合资源，加强财务管控。中航工业在推进全面预算管理的过程中，注重全面预算管理与战略结合、与企业计划管理结合、与业务实际结合、与经营业绩考核结合，通过预算落实经营目标，促进了企业管理水平和经济运行质量效益的提升。

中航工业为全国30余个省、自治区、直辖市以及全球180多个国家和地区的客户提供包括航空产品研发制造、航空运输、新能源、重型机械、特种车辆以及电子信息产品在内的众多军民领域产品和服务。其典型产品包括以“歼-10”为代表的第三代战斗机，以“飞豹”为代表的歼击轰炸机，空中加受油机，无人机，教练机，预警机，以及空空、空面、地空导弹持续装备，形成国内航空自主创新体系，在强力支撑中国和平发展的同时，成功打入国际军贸主流市场，为世界和平提供有力保障。

资料来源：佚名．中国航空工业集团有限公司［EB/OL］．［2023-05-25］．https：//www.avic.com/sycd/gywm/jtgk/jtjj/？PC=PC.

佚名．管理会计在12家企业集团的12个应用案例［EB/OL］．［2023-05-25］．https：//www.sohu.com/a/258576542_768760.

思考：

（1）你认为中航工业用到了哪些管理会计方法？

（2）从会计人员的角度看，应如何加强企业经营管理？

分析：

（1）中航工业运用了包括预算管理、战略成本管理、EVA管理和风险控制在内的多种管理会计手段。

（2）从会计人员的角度看，应当加强对最新管理会计方法的学习和运用，为企业经营管理提供有效的决策支持信息。

任务一　认知管理会计的形成与发展

知识准备

一、管理会计的定义

管理会计是以提高经济效益为最终目的的会计信息处理系统。具体来说，管理会计是以现代企业经营活动及其价值表现为对象，通过对财务等信息的深加工和再利用，对经济过程进行预测、决策、规划、控制、责任考核与评价，以强化企业内部经营管理，实现最佳经济效益的信息管理系统。

通常，可以从以下几个方面来理解管理会计的定义：（1）管理会计的工作主体是现代企业；（2）管理会计的目标是确保企业实现最佳经济效益；（3）管理会计的对象是企业的经营活动及其价值表现；（4）管理会计的手段是对财务信息等进行深加工和再利用；（5）管理会计的职能必须充分体现现代企业管理的要求；（6）管理会计与企业管理的关系是部分与整体之间的从属关系。

【请注意】1997年美国管理会计师协会对管理会计的定义为：管理会计是提供价值增值，为企业规划、设计、计量和管理财务与非财务信息系统的持续改进过程，通过此过程指导管理行为、激励行为，并支持和创造达到组织战略、战术和经营目标所必需的文化价值。

【知识窗】中国式现代化与管理会计

党的二十大报告提出："从现在起，中国共产党的中心任务就是团结带领全国各族人民全面建成社会主义现代化强国、实现第二个百年奋斗目标，以中国式现代化全面推进中华民族伟大复兴。"中国式现代化是物质文明和精神文明相协调的现代化。物质富足、精神富有是社会主义现代化的根本要求。

构建高水平的社会主义市场经济体制是其重要的制度保障，作为市场的核心和基本单元，中国企业如何做大做强、提升核心竞争力，从宏观的角度来讲是提高全要素生产率，着力提升产业链供应链韧性和安全水平，推动经济实现质的有效提升和量的合理增长的基础。

管理会计是将现代管理科学和方法运用于会计领域的结果，管理会计的本质是会计与管理的直接结合，目的是加强企业管理、提高企业服务竞争力。随着我国宏观经济形势和企业经营环境的变化，管理会计的地位和作用日趋重要，管理会计在企业管理实践中的应用得到了前所未有的重视。

二、管理会计的形成与发展

（一）以成本控制为基本特征的管理会计阶段

19世纪的英国工业革命促进了企业生产规模的迅速扩大，合伙经营、股份公司等企业组织形式相继出现，企业的所有者逐渐将企业的经营权委托给专门的管理阶层(职业经理人)。为适应所有权与经营权的分离、满足各有关方面（如股东、债权人、经营者等）对公司的财务状况和经营成果的关心，需要编制会计报表，于是形成了近代会计。

20世纪初，随着社会化大生产程度的提高，企业生产规模日益扩大，竞争开始激烈起来，所有者和经营者都意识到企业的生存和发展不仅取决于产量的多少，更取决于成本的高低。因此，要在激烈的竞争中战胜对手，必须加强企业内部管理、提高生产效率，以降低成本、费用，获取最大限度的利润。

在此阶段，为适应经济社会发展的客观要求，经济理论有了很大的发展，其中，古典组织理论对管理会计的形成影响很大。古典组织理论，特别是科学管理理论的出现促使现代会计分化为财务会计和管理会计，现代会计的管理职能得以体现。在这个阶段，管理会计以成本控制为基本特征，以提高企业的生产效率和工作效率为目的，其主要内容包括：

1.标准成本

标准成本是指按照科学的方法制定的在一定客观条件下能够实现的人工、材料消耗标准，并以此为基础，形成产品标准成本中的标准人工成本、标准材料成本、标准制造费用等标准。标准成本的制定，使成本计算由事后的计算和利用转变为事前的计算和利用，是现代会计管理职能的一大体现。

2.预算控制

预算控制是指按照人工、材料消耗标准及费用分配率标准，将标准人工成本、标准材料成本、标准制造费用以预算形式表现出来，并据以控制料、工、费的发生，使之符合预算的要求。

3.差异分析

差异分析是指在一定期间终了时，对料、工、费脱离标准的差异进行计算和分析，查明差异形成的原因和责任，借以评价和考核各有关方面的工作业绩，促使其改进工作。

（二）以预测、决策为基本特征的管理会计阶段

第二次世界大战以后，由于科学技术的日新月异，社会生产力得到了迅速发展，企业的规模也不断扩大，跨国公司大量涌现。与此同时，市场竞争越来越激烈，企业获利能力普遍下降。企业内部的生产经营活动也受到影响，发生较大的变化：广泛推行职能管理，利用行为科学的最新研究成果来改善人际关系，调动职工的主观能动性，激励职工提高产品产量、降低产品成本、提高企业的盈利水平。产品生产从重视单一品种的大批量生产转为按顾客要求进行多品种的小批量生产，以提高市场竞争力。企业开始重视对市场的调查研究，加强生产经营的预测和决策工作；同时，进一

步强化了生产经营的日常控制和考评工作。计算机技术的迅速发展为量化管理提供了保障。

在这个期间，以标准成本制度为主要内容的管理控制继续得以强化并有了新的发展。责任会计将行为科学的理论与管理控制的理论结合起来，不仅进一步加强了对企业经营的全面控制，而且将责任者的责、权、利结合起来，考核、评价责任者的工作业绩，从而极大地激发了经营者的积极性和主动性。管理会计在强化控制职能的同时，开始行使预测、决策职能。管理的关键在于决策，决策的关键在于预测。随着各种决策、预测的理论和方法被广泛引入会计工作，以预测、决策为主要特征并与现代化要求相适应的行之有效的会计信息管理系统逐步形成。

社会经济的发展和经济理论的丰富使得管理会计的理论体系逐渐完善、内容更加丰富，逐步形成了包括预测、决策、预算、控制、考核和评价在内的管理会计体系。其主要内容有：

1. 预测

预测是指运用科学的方法，根据历史资料和现实情况，预计和推测经济活动未来趋势和变化程度的过程，包括销售预测、成本预测、利润预测、资金需要量预测等内容。

2. 决策

决策是指按照既定的目标，通过预测、分析、比较和判断，从两个或两个以上的备选方案中选择最优方案的过程，包括经营决策（如产品品种决策、产品组合决策、产品组织决策、定价决策）、投资决策等内容。

3. 预算

预算是指用货币度量和非货币度量反映企业一定期间收入、成本、利润、对资产的要求及资金的需要，反映经营目标和结果的计划，包括业务预算、专门决策预算和财务预算等内容。

4. 控制

控制是指按预算要求开展经济活动，使之符合预算的过程，包括标准成本法和责任会计等内容。

5. 考核和评价

考核和评价是指通过实际与预算的比较，确定差异，分析差异形成的原因，并据以对责任者的业绩进行评价和对生产经营进行调整的过程，这一过程往往在标准成本法和责任会计的实施中表现出来。

（三）以重视环境适应性为基本特征的战略管理会计阶段

进入20世纪70年代，社会经济发展表现出以下两个基本特征：（1）竞争要求企业进行“顾客化生产”；（2）科学技术的发展为“顾客化生产”提供了可能性。

由于市场竞争日趋激烈，人们认识到对外部环境进行准确预测几乎是不可能的，企业的计划必须以外部环境的变化为基础，更加留心市场变化的动态，更加密切关注竞争对手。相应地，战略管理的理论有了长足的发展。

随着战略管理理论的发展和完善，著名管理学家西蒙于1981年首次提出了“战略管理会计”一词。之后很多学者的研究成果也不断丰富和完善了战略管理会计理论，并形成了以以下内容为主体的基本体系。

1.价值链分析

价值链分析法（Supply Chain Management，SCM）是由美国哈佛商学院教授迈克尔·波特提出来的，是一种寻求确定企业竞争优势的工具，即运用系统性方法来考察企业各项活动及其相互关系，从而找寻具有竞争优势的资源。价值链思想认为，企业的价值增加过程按照经济和技术的相对独立性，可以分为既相互独立又相互联系的多个价值活动，这些价值活动形成一个独特的价值链。价值活动是企业所从事的物质上和技术上的各项活动，不同企业的价值活动划分与构成不同，价值链也不同。对制造业来说，价值链的基本活动包括内部后勤、外部后勤、市场营销、服务；辅助活动包括企业基础设施（企业运营中各种保证措施的总称）、人力资源管理、技术开发、采购。每一项活动都包括直接创造价值的活动、间接创造价值的活动、质量保证活动三部分。企业内部某一个活动是否创造价值，要看它是否提供了后续活动所需的东西、是否降低了后续活动的成本、是否改善了后续活动的质量。价值链分析法将基本的原材料到最终用户之间的价值链分解成与战略相关的活动，以便理解成本的性质和差异产生的原因，它是确定竞争对手成本的工具，也是制定本公司竞争策略的基础。

【育德于技1-1】海尔集团利用管理会计实现多赢

背景：海尔集团创立于1984年，是全球领先的美好生活和数字化转型解决方案服务商。在全球设立了10大研发中心、71个研究院、35个工业园、138个制造中心和23万个销售网络，连续4年作为全球唯一物联网生态品牌蝉联“BrandZ最具价值全球品牌100强”，连续14年保持“欧睿国际全球大型家电零售量”第一名，2022年全球营业收入达3 506亿元，品牌价值达4 739.65亿元。集团旗下有4家上市公司，子公司海尔智家位列《财富》杂志评选的“世界500强”和“全球最受赞赏公司”，拥有海尔、卡萨帝、Leader、GE Appliances、Fisher & Paykel、AQUA、Candy等七大全球化高端品牌和全球首个智慧家庭场景品牌三翼鸟，构建了全球领先的世界级工业互联网平台卡奥斯COSMOPlat和物联网大健康产业生态盈康一生，旗下创业加速平台海创汇已孵化7家独角兽企业、102家瞪羚企业和120家专精特新“小巨人”。

海尔集团的管理会计着眼于谋取企业整体的竞争优势，通过对企业内部研发、采购、生产、销售和售后等全价值链各个环节的分析、企业上下游产业链的分析，以及竞争对手与行业信息的分析研判，以财务和非财务信息为企业战略制定、业务经营、决策分析和投资并购等提供全方位的服务。海尔的管理会计实践从化小核算单元的组织变革入手，通过再造流程促使财务人员高效聚焦业务进程；通过将传统的财务报表转化为每个自主经营体的战略损益表、日清表和人单酬表，使包括财务在内的各级组织与市场需求精准对接；通过建立零库存和零应收的营运资金管理，实现供应商与经销商的双赢。

资料来源：佚名. 海尔集团简介［EB/OL］.［2023-05-25］. https：//www.haier.com/about-haier/intro/? spm=net.about-aier_pad.hg2020_into_banner_20200629.3.

佚名. 管理会计在12家企业集团的12个应用案例［EB/OL］.［2023-05-25］. https：//www.

sohu.com/a/258576542_768760.

问题：请简要分析海尔集团管理会计的运用。

分析：海尔集团充分利用管理会计方法谋取竞争优势，不仅提高了自身的竞争力，也为客户和供应商创造了价值，实现了多赢局面。决策者应该本着爱岗敬业的精神，积极利用各种先进的管理会计手段和方法，提高企业效益，为社会创造财富，利用智慧实现社会和谐共赢。

2.SWOT分析

SWOT分析法又称为态势分析法，它是由旧金山大学的管理学教授韦里克于20世纪80年代初提出来的，SWOT四个英文字母分别代表：优势（Strength）、劣势（Weakness）、机会（Opportunity）、威胁（Threat）。SWOT分析法就是将与研究对象密切相关的各种主要内部优势、劣势、机会和威胁等，通过调查列举出来，并依照矩阵形式排列，然后用系统分析的思想，把各种因素相互匹配起来加以分析，从中得出一系列相应的结论，而结论通常带有一定的决策性。运用这种方法，可以对研究对象所处的情景进行全面、系统、准确的研究，从而根据研究结果制定相应的发展战略、计划及对策等。

3.战略成本管理

从战略角度来研究成本形成与控制的战略成本管理（Strategic Cost Management，SCM）思想，是在20世纪80年代英美等国管理会计学者的倡导下逐步形成的。20世纪90年代以来，对这一思想与相关方法的讨论日趋深入，日本和欧美的企业管理实践也证明了这是获取长期竞争优势的有效方法。企业战略管理是运用战略对整个企业进行管理，将企业日常业务决策同长期计划决策相结合而形成的一系列经营管理业务。企业必须强化战略意识，进行战略管理。战略成本管理是成本管理与战略管理有机结合的产物，是传统成本管理对竞争环境变化所作出的一种适应性变革。所谓战略成本管理就是以战略的眼光从成本的源头识别成本驱动因素，对价值链进行成本管理，即运用成本数据和信息，为战略管理的每一个关键步骤提供战略性成本信息，以利于企业竞争优势的形成和核心竞争力的创造。

4.人力资源管理

人力资源是社会各项资源中最关键的资源，是对企业产生重大影响的资源，历来被国内外的许多专家学者、成功人士及知名企业所重视。人力资源既是重要的产权要素，也是战略管理会计的重要内容。其核心是以人为本，通过一定的方法来确认和计量人力资源的成本、价值、收益，进行人力资源的投资分析，帮助企业构建人力资源战略。人力资源管理的内容包括人的行为问题研究、人力资源的价值、成本的确定，以及为提高企业和个人绩效而进行的人事战略规划、日常人事管理和一年一度的员工绩效评价等。

5.战略性绩效评价

传统管理会计的业绩评价主要使用财务指标，信息来源也主要是会计信息系统。随着企业的生产组织方式向“顾客化生产”转变，管理者的目光开始从企业内部转向企业外部，扩大市场份额、加强企业竞争优势已成为其关注的重点。在这种情况下，以衡量企业内部经营管理的财务指标作为管理会计业绩评价的依据，显然已经不能满足管理者的要求。引入与战略性决策相关性高的其他非财务指标作为业绩评价指标，已成为一种必然趋势。战略管理会计中的业绩评价被称为整体业绩评价，它是指获取成本和其他信息，并在战略管理的每一步应用过程中强调业绩评价必须满足管理者的信息需求，以利于企业寻找战略优势。战略性绩效评价强调绩效指标，既能肯定内部绩效的改进，又能借助外部标准衡量企业的竞争地位和能力；既能考核分析企业战略的执行结果和最初目标的实现情况，又能评价分析取得这一结果的业务经营过程。

【动脑筋】管理会计的历史证明，管理会计的形成和发展受社会经济实践的发展和社会经济理论发展的双重影响。一方面，社会经济的发展要求加强企业管理；另一方面，经济理论的形成又使这种要求得以实现。请简要说明管理会计在其形成和发展的各个阶段，是如何体现这两个方面的影响的。

同步训练

一、判断题（正确的在括号内打“√”，错误的打“×”）

（　　）1.管理会计是以提高经济效益为最终目的的会计信息处理系统。

（　　）2.在以预测、决策为基本特征的管理会计阶段，逐步形成了包括预测、决策、预算、控制、考核和评价在内的管理会计体系。

（　　）3.企业的价值链可以看作是孤立存在的。

（　　）4.战略成本管理是成本管理与战略管理有机结合的产物，是传统成本管理对竞争环境变化作出的一种适应性变革。

（　　）5.战略性绩效评价强调绩效指标，只能肯定内部绩效的改进，不能借助外部标准衡量企业的竞争地位和能力。

二、选择题（每题至少有一个正确答案，请将正确答案填在括号内）

1.下列关于管理会计的说法不正确的是（　　）。

A.管理会计的工作主体是现代企业

B.管理会计的目标是确保企业实现最佳经济效益

C.管理会计的对象是企业的经营活动

D.管理会计的手段是对财务信息等进行深加工和再利用

2.在以成本控制为基本特征的管理会计阶段，管理会计的主要内容包括（　　）。

A.标准成本　　B.预算控制　　C.差异分析　　D.考核评价

3.在以预测、决策为基本特征的管理会计阶段，管理会计的主要内容包括（　　）。

A.预测和决策　　B.预算和控制　　C.标准成本　　D.考核和评价

4.在以重视环境适应性为基本特征的战略管理会计阶段，下列不属于管理会计的主要内容的是（　　）。

A.预算管理　　B.战略成本管理　　C.战略性绩效评价　D.价值链分析

5.SWOT分析就是将与研究对象密切相关的各种主要（　），通过调查列举出来，并依照矩阵形式排列，然后用系统分析的思想把各种因素相互匹配起来加以分析，从中得出一系列相应的结论，而结论通常带有一定的决策性。

A.优势　　B.劣势　　C.机会　　D.威胁

参考答案

任务二　认知管理会计的基本理论

知识准备

一、管理会计的对象

对于什么是管理会计的对象这一问题，主要有以下几种观点。

（一）现金流动论

这种观点认为管理会计的对象是企业的现金流动，其主要理由是：

（1）从管理会计这门学科的内容上看，现金流动始终贯穿于管理会计各个部分的内容，表现在预测、决策、控制、预算、考核、评价等各个环节。

（2）通过现金流动，可以把企业生产经营中的资金、成本、利润等多个方面联系起来，进行统一评价，为改善生产经营、提高经济效益提供重要的、综合性的信息。现金流动表现为现金流入和现金流出，两者在数量上和时间上的差异最终会影响企业的经济效益。①利润等于收入减成本，但是收入的现金和支出的现金并不等于收入和支出（成本），很多时候企业生产经营活动往往是受现金的制约而不是利润的制约。②现金流入与现金流出在时间上的差异，制约着企业的资金占用水平。一项现金支出表现为现金流出，如果能够很快收回，形成现金流入，则生产经营中占用的资金就少。③通过货币时间价值的换算，把现金流动在时间上的差异表现为数量的差别，可以对生产经营中的成本耗费水平、资金占用水平和盈利水平进行综合、统一的评价。

（3）现金流动具有最大的综合性和敏感性，可以在预测、决策、预算、控制、考核、评价等各个环节发挥积极的作用。

（二）价值差量论

这种观点认为管理会计的对象是价值差量，其主要理由是：

（1）现代管理会计的基本内容一般包括成本性态分析与变动成本的计算、盈亏平衡点与本-量-利分析、经营决策的分析与评价、资本支出决策的分析与评价、标准成本系统、责任会计等方面，而价值差量是对每一项内容进行研究的基本方法，并贯穿始终。

（2）价值差量具有很大的综合性，管理会计研究的差量问题，既包括价值差量，又包括实物差量和劳动差量。

（3）现金流动不能作为管理会计的研究对象，因为现金流动仅在经营决策和资本支出决策的分析和评价中涉及，其他内容均不直接涉及现金流动，其并不能在现代管理会计中贯穿始终。

（三）资金总运动论

这种观点认为管理会计的对象是企业及所属各级机构过去、现在和将来的资金总运动，其主要理由是：

（1）管理会计与财务会计是并列的分支，两者同属于会计范畴，因而管理会计与财务会计有着共同的对象——资金运动。资金运动从空间角度看，可分为企业一级和企业所属机构、各分支机构中的多层次运动；从时间角度看，又是过去、现在和将来的资金运动所形成的一个不断的流。在这一资金运动系统中，管理会计的对象涵盖了所有时空的资金运动，而财务会计仅以过去的资金运动为对象。

（2）把资金总运动作为管理会计的对象，与管理会计的实践及历史发展相吻合。

（四）以使用价值管理为基础的价值管理

这种观点认为管理会计的对象是以使用价值为基础的价值管理，其主要理由是：

（1）从实质上讲，管理会计的对象是企业的生产经营活动。可以说，企业的生产经营活动是管理学各门课程共同的研究对象，各门课程之所以能够相互区分开来，是因为它们基于不同目的、从不同角度、采用不同方法、在不同层面上展开研究。例如，财务会计主要是从外部报表使用者的角度出发，通过凭证、账簿、报表，记账、算账、报账等会计循环工作，对已经发生或已经完成的生产经营活动进行核算，以提供所需要的会计信息。而财务管理则主要是从内部使用者的角度出发，通过投资、筹资、营运和分配等工作，对未来生产经营活动的现金流动进行规划和控制，以提高资金的使用效果。

（2）从管理体现经济效益的角度来看，管理会计的对象是企业生产经营活动中的价值运动。在商品经济条件下，企业的生产经营活动一方面表现为使用价值的生产和交换，另一方面表现为价值形成和价值增值的过程。管理会计以生产经营活动中的价值形成和价值增值为对象，通过对使用价值的生产和交换过程的优化，提供信息并参与决策，以实现价值最大增值的目的。

（3）从实践角度看，管理会计的对象具有复合性的特点。一方面，管理会计致力于使用价值生产和交换过程的优化，强调加强作业管理，其目的在于提高生产和工作效率。因此，作业管理强调有用作业和无用作业的区分，并致力于消除无用作业。为此，必须按生产经营的内在联系，设置作业环节和作业链，为作业管理和管理会计的实施奠定基础。作业管理使管理会计的重新构架成为可能。另一方面，在价值形成和增值过程中，管理会计强调价值管理，其目的在于提高经济效益，实现价值的最大增值。因此，价值管理必然强调价值转移、价值增值与价值损耗之间的关系：价值转移是价值增值的前提，减少价值损耗是价值增值的手段。为此，必须按照价值转移和增值的环节，设计价值环节和价值链。价值管理使管理会计重新构架成为现实。

正因为管理会计对象具有复合性的特征，才使作业管理和价值管理得以统一，并构成完整的管理会计的对象，与其他学科区别开来。一方面，价值环节和价值链与作业环节和作业链密切联系，基本形成一一对应的关系；另一方面，价值的增值取决于作业环节的减少和无用作业的消除，因为作业环节的减少和无用作业的消除将减少资源的耗费，在整个纵向价值链的价值增值额不变的情况下，必然会增加企业的价值增值额。可以说，作业管理和价值管理是管理会计的两个轮子。

【动脑筋】围绕什么是管理会计的对象这一问题，主要有现金流动论、价值差量论、资金总运动论和以使用价值管理为基础的价值管理等四种观点。请你谈一谈这四种观点之间有何不同，你更倾向于哪一种观点，为什么？

二、管理会计的目标

管理会计是适应企业加强内部经营管理、提高企业竞争力的需要而产生和发展起来的，因此，管理会计的最终目标是提高企业经济效益。管理会计的目标具体可以分为：

（一）为管理和决策提供信息

（1）为管理和决策提供与计划、评价和控制企业经营活动有关的各类信息，包括历史信息和未来信息。这些信息有利于各级管理者加强对经营过程的控制，实现最优化经营。

（2）为管理和决策提供与维护企业资产安全、完整及资源有效利用有关的各类信息。

（3）为管理和决策提供与股东、债权人及其他企业外部利益关系者的决策有关的信息，这些信息有利于投资、借贷及有关法规的实施。

（二）参与企业的经营管理

在现代管理理论的指导下，管理会计在以各种积极的方式参与企业的经营管理，将会计核算推向会计管理。

从实践角度看，管理会计以制定各种战略、战术和经营决策，以及帮助协调组织企业工作等方式参与管理，不仅有利于各项决策方案的落实，而且有利于企业实现在总体上兼顾企业长期、中期和短期利益的最佳化运行。

三、管理会计的职能

为实现管理会计的目标，管理会计应具有以下几个基本职能：

（一）计划

计划是对企业未来经济活动的规划，它以预测、决策为基础，以数字、文字、图表等形式将管理会计目标落实，以协调各单位的工作、控制各单位的经济活动、考核各单位的工作业绩。执行计划职能，要求管理会计提供高质量的历史信息和未来信息，采用适当的方法，量化并说明未来经济活动对企业的影响。为此，管理会计人员必须参与计划体系的长远、可行目标的设计，适当地督促目标实现方式的选择等工作，以便顺利完成计划工作。

（二）评价

评价是在对未来经济活动进行计划的过程中，管理人员应提供预测、决策的备选方案及相关的信息，并准确判断历史信息和未来事项的影响程度，以便选择最优方案。在这一过程中，管理人员应对有关信息进行加工处理、去粗取精、去伪存真，以确保所选用信息能够反映经济活动的未来趋势，揭示经济活动的内在比例关系。

（三）控制

控制是对企业经济活动按计划要求进行的监督和调整。一方面，企业应监督计划的执行过程，确保经济活动按照计划的要求进行，从而为完成目标奠定基础；另一方面，企业也应对采取的行动及计划本身的质量进行反馈，以确定计划阶段对未来期间影响经济变动各因素的估计是否充分、准确，从而调整计划或工作方式，确保目标的实现。

（四）确保资源的有效利用

管理会计在确定各责任单位应负责任、赋予其相应权利的同时，必须对其责任履行情况进行考核，以确保企业有限资源的有效利用。由于管理目标以指标分解的形式将责任落实到企业内部的各个单位和工作环节，因此，建立健全责任计量、责任确认及责任考核的责任报告体系，将有助于资源的有效利用和资源经营管理责任的履行。

【育德于技1-2】北京积水潭医院管理会计应用

背景：北京积水潭医院（以下简称积水潭医院）作为全国知名的北京市市属三甲医院，持续开拓临床科技核心创新力，积极发挥骨科、烧伤科等重点学科的带头作用，不断探索适合自身发展的、可复制的全面成本管控和运营管理模式。

随着医院收支规模的不断扩大，医教研防各类业务活动、资金资产预算成本绩效经济活动、人财物技术资源配置愈加复杂，成本管控、运营管理的压力逐渐加大，在机遇与挑战并存的关键发展期，积水潭医院群策群力夯基础、建机制、促发展、强管理，上下齐心构建业财融合的成本一体化管理体系，力争加快补齐运营管理短板和弱项，向精细化管理要效益。

在北京市统一方法、统一工具、统一实施的成本核算模式建设思路下，积水潭医院2005年启动科室全成本核算，2009年采用作业成本法建立项目成本核算，2011年采用叠加法形成病种成本核算，2019年在北京市范围内首发启动DRG成本核算，至今已搭建形成较为成熟的一体化全成本核算体系。

2021年年初，为落实国务院办公厅《关于推动公立医院高质量发展的意见》，以及国家卫生健康委《关于开展“公立医疗机构经济管理年”活动的通知》《关于加强公立医院运营管理的指导意见》《关于印发公立医院成本核算规范的通知》等政策要求，积水潭医院以改革创新为动力，探索精益成本管理体系建设，从思想上、行为上、组织上、资源上全面提升成本保证能力。

积水潭医院深化业财融合管理理念，推行“走动式”服务新模式。成本、物价、运营与绩效、医保等多个经济管理部门组合发力，将医院发展规划、运营管理相关政策文件、科室人财物资源配置、医疗服务项目及DRG成本、专科专病等数据资料带到临床科室身边，通过深入沟通调研，制定逻辑简单、针对性强的运营指标，科学运用波士顿矩阵、本量利等分析方法，综合评价科室的投入、产出及资源使用效率，聚焦解决科室弱项短板与困难问题，打通职能部门壁垒，盘活数据资源信息，实现PDCA闭环管理。

资料来源：佚名. 北京积水潭医院：健全业财融合成本体系，赋能公立医院精益管理［EB/OL］.［2023-05-25］. http：//kjs.mof.gov.cn/kuaijifagui/202208/t20220819_3835014.htm.

问题：请分析积水潭医院的管理会计应用效果。

分析：管理会计具有计划、评价、控制和确保资源有效利用等多种职能，不仅限于企业，对于医院这种事业单位，也存在着提高管理水平和资源利用效率的迫切要求，管理会计的运用满足了这一要求。管理会计的运用在组织和管理上促进了医院医术和学术水平的发挥，促进了医院的良性发展以及与患者的和谐发展。

（五）报告

向有关管理层汇报管理工作的进行情况和结果，是信息反馈的重要内容，其目的是使管理者进行有效的控制。从目前看，管理会计不局限于向企业内部各管理层提交报告，也包括向企业外部有关方面提供适当的管理会计报告。

【请注意】为了实现管理会计的职能，管理会计人员应组织和完成以下七项管理会计工作：报告、解释、资源管理、管理信息系统的开发、完善管理技术、鉴定、管理。

四、管理会计的基本原则

管理会计的基本原则包括最优化原则、效益性原则、决策有用性原则、及时性原则、重要性原则和灵活性原则等。

（一）最优化原则

最优化原则是指管理会计必须根据企业不同管理目标的特殊性，按照优化设计的要求，认真组织数据的收集、筛选、加工和处理，以提供能满足科学决策需要的最优信息。

（二）效益性原则

效益性原则包括两层含义：第一，信息质量应有助于管理会计总体目标的实现，即管理会计提供的信息必须能够体现管理会计为提高企业总体经济效益服务的要求；第二，坚持成本-效益原则，即管理会计提供信息所获得的收益必须大于为取得或处理该信息所花费的信息成本。

（三）决策有用性原则

现代管理会计的重要特征之一是面向未来决策，因此，是否有助于管理者正确决策是衡量管理会计信息质量好坏的重要标志。决策有用性是指管理会计信息在质量上必须符合相关性和可信性的要求。信息的相关性是指所提供的信息必须围绕特定决策目标，与决策内容或决策方案有直接联系，符合决策要求。信息的可信性包括可靠性和可理解性两个方面，前者是指所提供的未来信息估计误差不宜过大，必须控制在决策者可以接受的一定可信区间内；后者是指信息的透明度必须达到一定标准，不至于导致决策者产生误解。

（四）及时性原则

及时性原则要求规范管理会计信息的提供时间，讲求时效，在尽可能短的时间内迅速完成数据收集、处理和信息传递，确保有用的信息得以及时利用。

（五）重要性原则

重要性原则强调在进行信息处理时，应当突出重点、抓住主要矛盾，对关键会计事项认真对待，采取重点的处理方法，分项单独说明；对次要事项可以简化处理，合并反映；对于无足轻重或不具有相关性的事项，甚至可以忽略不计。

（六）灵活性原则

尽管管理会计也十分讲求工作的程序化和方法的规范化，但必须增强适应能力，根据不同任务的特点，主动采取灵活多变的方法，提供不同信息，以满足企业内部各方面的需要，从而体现灵活性原则的要求。

同步训练

一、判断题（正确的在括号内打“√”，错误的打“×”）

（　　）1.管理会计的对象是以使用价值为基础的价值管理。

（　　）2.从实践角度看，管理会计的对象具有复合性的特点。

（　　）3.管理会计的主要职能是反映和监督。

（　　）4.管理会计的最终目标是提高企业经济效益。

（　　）5.管理会计基本原则的内容包括最优化原则、效益性原则、决策有用性原则、及时性原则。

二、选择题（每题至少有一个正确答案，请将正确答案填在括号内）

1.管理会计所需要的资料主要来源于（　　）。

A.统计　B.财务会计　C.销售部门　D.生产部门

2.下列各项中不属于管理会计对象的主要观点的是（　　）。

A.现金流动论　B.价值差量论

C.资金运动论　D.以使用价值管理为基础的价值管理

3.管理会计的最终目标是提高企业经济效益，具体可以分为（　　）。

A.为管理和决策提供信息　B.参与企业的经营管理

C.提供财务信息　D.业绩考核评价

4.下列各项中属于管理会计基本职能的是（　　）。

A.计划与评价　B.控制

C.报告　D.确保资源的有效利用

5.管理会计基本原则的内容不包括（　　）。

A.最优化原则　B.重要性原则

C.实质重于形式原则　D.灵活性原则

参考答案

任务三　区分管理会计与财务会计

知识准备

管理会计和财务会计是现代企业会计的两大分支，分别服务于企业内部管理的需要和外部决策的需要，两者之间既有联系又有区别。

一、管理会计与财务会计的联系

管理会计与财务会计同属于企业会计的范畴，两者之间具有千丝万缕的联系。

（一）起源相同

管理会计与财务会计都是在传统会计中孕育、发展和分离出来的，作为会计管理的重要组成部分，标志着会计学的发展和完善。

（二）目标相同

作为现代企业会计两大分支的管理会计和财务会计，都是通过提供企业经营管理的会计信息，以满足企业内部和外部信息使用者的需要，两者分别从不同的角度、以不同的方式发挥自己的职能作用，但最终目标都是使企业能够获得最大利润、提高经济效益。

（三）基本信息同源

管理会计所使用的信息尽管广泛多样，但基本信息来源于财务会计，有的是对财务会计资料的直接使用，有的则是对财务会计资料的调整和延伸。

（四）服务对象交叉

一般认为，管理会计属于“内部会计”，侧重于为企业管理层提供各种经济信息；财务会计属于“外部会计”，侧重于为企业外部的投资者、债权人和有关机构提供经济信息。但是管理会计通过对企业生产经营活动进行规划与控制，其最终目的是改善企业的经营管理，提高企业的经济效益，这也是外部投资者和债权人十分关心的问题。而财务会计通过财务报表提供的企业财务状况和经营成果的信息，既是企业生产经营各个方面工作质量和效果的集中体现，也是企业管理层评价和考核企业各个方面工作业绩的主要依据。

二、管理会计与财务会计的区别

两者的区别主要表现为以下几个方面：

（一）职能不同

管理会计是规划未来的会计，其职能侧重于对组织未来财务状况的预测、决策和规划，对组织现在财务状况的控制、考核和评价，属于经营管理型会计；而财务会计是反映过去财务状况的会计，其职能侧重于核算和监督，属于报账型会计。

（二）服务对象不同

管理会计主要向企业内部各管理层提供有效经营和最优化决策所需要的管理信息，是对内报告会计；而财务会计主要向企业外部各利益相关者（如股东、潜在投资者、债权人、税务机关、证券监管机构等）提供信息，是对外报告会计。

（三）约束条件不同

管理会计不受会计准则、会计制度的制约，其处理方法可以根据企业管理的实际情况和需要确定，具有较大的灵活性；而财务会计进行会计核算、财务监督，必须受会计准则、会计制度及其他法规的制约，其处理方法只能在允许的范围内选择，灵活性较小。

（四）报告期间不同

管理会计面向未来进行预测、决策，因此其报告的编制不受会计期间（如月、季、年）的限制，而是根据管理需要编制反映不同影响期间经济活动的各种报告；而财务会计面向过去进行核算和监督，反映一定期间的财务状况、经营成果和资金变动情况，应按规定的会计期间（如月、季、年）编制报告。

（五）工作主体不同

管理会计的工作主体可分为多个层次，它既可以是整个企业，也可以是企业内部的各个责任中心；而财务会计的工作主体往往只有一个层次，即主要以整个企业为工作主体，提供集中、概括性财务成本信息。

微课

管理会计的前世与今生

（六）计算方法不同

管理会计可选择灵活多样的方法对不同的问题进行分析处理，即使对相同的问题也可根据需要和可能采用不同的方法进行处理，在信息处理过程中大量运用现代数学方法，如微积分、线性规划、概率论等；而财务会计的方法比较稳定，核算时往往只需运用简单的算术方法。

（七）信息精确程度不同

由于管理会计的工作重点是面向未来，未来期间影响经济活动的不确定因素比较多，加之管理会计对信息及时性的要求，决定了管理会计所提供的信息不能绝对精确，一般只能相对精确；而财务会计反映已经发生或已经完成的经济活动，因此其提供的信息应力求准确，数字必须平衡。

【动脑筋】管理会计与财务会计的联系与区别说明了什么？管理会计与财务会计在企业管理中能否结合应用？

同步训练

一、判断题（正确的在括号内打“√”，错误的打“×”）

（　　）1.财务会计和管理会计都必须遵守企业会计准则。

（　　）2.管理会计的资料来源主要是财务会计，而它的主要工作内容是对财务会计信息进行深加工和再利用。

(　　) 3.管理会计主要为企业外界服务，因而又可以称为“外部会计”。

(　　) 4.管理会计的工作主体分为多个层次，但主要以企业内部责任单位为主体。

(　　) 5.管理会计所提供的信息一般要求绝对精确。

二、选择题（每题至少有一个正确答案，请将正确答案填在括号内）

1.管理会计的服务侧重于（　　）。

A.股东　　B.外部集团

C.债权人　　D.企业内部的经营管理

2.下列说法中正确的是（　　）。

A.管理会计是经营管理型会计，财务会计是报账型会计

B.管理会计是报账型会计，财务会计是经营管理型会计

C.管理会计为对外报告会计

D.财务会计为对内报告会计

3.管理会计与财务会计存在的联系有（　　）。

A.信息来源相同　　B.目标相同　　C.起源相同　　D.服务对象交叉

4.管理会计所提供的信息是为了满足内部管理的特定要求，其中涉及未来的信息不要求具备（　　）。

A.精确性　　B.相关性

C.及时性　　D.决策有用性

5.管理会计与财务会计的区别在于（　　）。

A.职能不同　　B.服务对象不同

C.约束条件不同　　D.报告期间不同

参考答案

项目小结

本项目主要知识点归纳总结见表1-1。

表1-1　本项目主要知识点归纳总结

<table>
<tr><th>主要知识点</th><th colspan="2">内　容</th></tr>
<tr><td rowspan="2">管理会计的形成与发展</td><td>管理会计的定义</td><td>管理会计是以现代企业经营活动及其价值表现为对象，通过对财务等信息的深加工和再利用对经济过程进行预测、决策、规划、控制、责任考核与评价，以强化企业内部经营管理、实现最佳经济效益的信息管理系统</td></tr>
<tr><td>管理会计的形成与发展</td><td>(1) 以成本控制为基本特征的管理会计阶段；(2) 以预测、决策为基本特征的管理会计阶段；(3) 以重视环境适应性为基本特征的战略管理会计阶段</td></tr>
</table>

续表

主要知识点	内 容	
管理会计的基本理论	管理会计的对象	(1) 现金流动论；(2) 价值差量论；(3) 资金总运动论；(4) 以使用价值管理为基础的价值管理
	管理会计的目标	(1) 为管理和决策提供信息；(2) 参与企业的经营管理
	管理会计的职能	计划、评价、控制、确保资源的有效利用、报告
	管理会计的基本原则	最优化原则、效益性原则、决策有用性原则、及时性原则、重要性原则和灵活性原则等
管理会计与财务会计的关系	管理会计与财务会计的联系	(1) 起源相同；(2) 目标相同；(3) 基本信息同源；(4) 服务对象交叉
	管理会计与财务会计的区别	(1) 职能不同；(2) 服务对象不同；(3) 约束条件不同；(4) 报告期间不同；(5) 工作主体不同；(6) 计算方法不同；(7) 信息精确程度不同

项目二

成本性态分析

【学习目标】

1. 掌握成本的分类
2. 掌握成本性态的含义及成本按其性态分类
3. 掌握固定成本的含义、特征及分类
4. 掌握变动成本的含义及特征
5. 掌握混合成本的含义及分类
6. 能够运用专门的方法正确地对混合成本进行分解

【素养目标】

1. 能本着敬业精神仔细分析和掌握成本习性，为成本分析、预测和控制提供基础信息，为以成本控制为基础的决策提供依据，提高企业经营效益，为国家和社会富强贡献力量
2. 根据不同成本类型，采取不同方式与策略进行成本控制，做到合理控制成本，减少甚至杜绝浪费，增加企业和社会财富

【知识点】

成本按经济用途分类　成本按可归属性分类　成本按实际发生时间分类　成本按可控性分类　成本按相关性分类　固定成本　变动成本　混合成本　合同确认法　技术测定法　高低点法　回归直线法

【技能点】

运用高低点法分解混合成本　运用回归直线法分解混合成本

案例导入

浙江美大公司集成灶成本变动

浙江美大公司于2003年自主创新，生产出我国第一台集成灶，从而诞生了一个全新行业。浙江美大公司通过持续的技术创新和产品升级，以及长期的市场宣传、科普教育、市场推广等，突破道道难关和障碍，使集成灶行业从无人知晓、受人排斥的行业，变成现在得到社会认可、消费者青睐，大小企业竞相进入的热门行业，开辟出了集成灶行业的康庄大道和蓬勃发展的良好景象。特别是近几年来，集成灶市场规模呈现快速发展，增速连续位居厨电行业各品类之首。

2022年，公司实现营业总收入183 392.88万元，实现利润总额52 501.84万元，归属于上市公司股东的净利润45 215.88万元，主要经营情况如下：

（一）主要业务

项目	2022年度	2021年度	变动率	变动原因
营业收入（元）	1 833 928 840.78	2 163 712 476.77	−15.24%	主要受宏观经济及产品结构变化影响
营业成本（元）	1 025 003 853.68	1 045 376 502.09	−1.95%	主要受产品结构变化，以及部分材料价格波动、相应成本增加影响

（二）实物销售量变化

行业分类	项目	单位	2022年度	2021年度	同比增减
集成灶行业	销售量	元	1 833 928 840.78	2 163 712 476.77	−15.24%
	生产量	元	926 697 594.43	974 772 813.32	−4.93%
	库存量	元	70 878 254.33	43 726 770.56	62.09%

（三）营业成本构成

行业分类	项目	2022年度		2021年度		同比增减
		金额（元）	占营业成本比重	金额（元）	占营业成本比重	
集成灶行业	直接材料	917 677 392.35	89.52%	934 656 026.35	89.41%	−1.82%
集成灶行业	直接人工	55 509 958.60	5.42%	57 188 693.78	5.47%	−2.94%
集成灶行业	制造费用	51 816 502.73	5.06%	53 531 781.96	5.12%	−3.20%
集成灶行业	合计	1 025 003 853.68	100.00%	1 045 376 502.09	100.00%	−1.95%

资料来源：佚名. 浙江美大：2022年年度报告［EB/OL］.［2023-05-25］. https：//vip.stock.finance.sina.com.cn/corp/view/vCB_AllBulletinDetail.php？stockid=002677&id=9029141.

思考：

（1）在浙江美大的营业成本构成中，哪些属于变动成本，哪些属于固定成本？

（2）2022年浙江美大成本下降是否是因为其成本控制较好？

分析：

（1）在浙江美大营业成本构成中，直接材料、直接人工属于变动成本，制造费用中的折旧费用等属于固定成本，制造费用总体属于混合成本。

（2）2022年浙江美大成本下降，但是下降幅度远小于其销售量和生产量，因此，并不是成本控制较好导致。实际上，其主要业务分析显示其成本水平反而是上升的。

任务一 成本分类

知识准备

成本可以按照各种不同的标准进行分类，以满足企业经营管理的不同需要。

一、成本按经济用途分类

按经济用途分类，企业的成本可以分为生产成本和非生产成本两大类。

（一）生产成本

生产成本又称为制造成本，是指在生产过程中为制造产品而发生的成本，包括直接材料、直接人工和制造费用三个成本项目。

1. 直接材料

直接材料是指在生产过程中直接构成产品实体的原材料成本。

2. 直接人工

直接人工是指在生产过程中对材料进行直接加工使之变成产品所耗用的人工成本。

3. 制造费用

制造费用是指在生产过程中发生的除了直接材料和直接人工以外的其他制造成本。该项目还可以细分为间接材料、间接人工和其他制造费用。

（1）间接材料，是指在生产过程中发生的但不便归属于某特定产品的材料成本，如机修材料、各种物料用品等。

（2）间接人工，是指为生产服务而不直接进行产品加工的人工成本，如车间管理人员、技术人员、维修人员的工资等。

（3）其他制造费用，是指不属于上述两种制造费用的其他各种间接制造费用，如厂房和机器的折旧费用、保险费用、修理费用等。

（二）非生产成本

非生产成本又称为非制造成本，是指销售与行政管理方面发生的费用。非生产成本一般包括销售费用和管理费用两个项目。

1.销售费用

销售费用是指企业在生产销售过程中发生的各项费用，如广告费、销货运费、销售佣金、销售人员工资，以及销售部门的其他费用等。

2.管理费用

管理费用是指企业行政管理部门为组织和管理生产经营活动而发生的各项费用，如行政管理人员工资、房屋设备的折旧费、办公费、差旅费、保险费等。

成本按经济用途分类，能够反映产品成本的具体构成，便于考核企业生产车间的成本水平和确定经济责任。但由于分类没有与企业的生产能力相联系，因而不利于企业成本的规划和控制。

【请注意】我国企业产品成本是指制造成本，一般包括直接材料、直接人工和制造费用三个成本项目。

二、成本按可归属性分类

成本的可归属性是指成本的发生与特定的归集对象之间的联系。按此标志可将成本分为直接成本和间接成本两类。

（一）直接成本

直接成本是指与特定归集对象有直接联系，能够直接计入或归属于某种产品（或劳务）的成本。例如，工业企业生产产品所耗用的构成产品实体的原材料成本、生产工人工资等都是直接人工成本。

（二）间接成本

间接成本是指与特定的归集对象没有直接联系，不能直接计入或归属于某种产品（或劳务）的成本。作为企业的间接成本，必须先按其发生的地点或用途进行归集，然后按照一定标准分配计入各种产品（或劳务）。例如，工业企业的制造费用就是间接成本。

成本按可归属性分类，有助于企业正确计算各种产品（或劳务）的成本。

三、成本按实际发生的时间分类

成本按实际发生的时间可以分为历史成本和未来成本两类。

（一）历史成本

历史成本是指在以前时期已经发生或本期刚刚发生的成本。历史成本也是财务会计中的实际成本。

（二）未来成本

未来成本又被称为预计成本，是指预先测算的将在未来发生的成本。常见的估算成本、计划成本、预算成本和标准成本都属于未来成本。未来成本实际上是一种目标成本和控制成本。

四、成本按可控性分类

成本的可控性是指企业责任中心对其发生的成本能否加以控制的性质。按此属性可以将成本分为可控成本和不可控成本两类。

（一）可控成本

可控成本是指在一个特定的经营期间内，能为一个特定的责任中心计量、控制并可以调节的成本。

（二）不可控成本

不可控成本是指在一个特定的经营期间内，不能为一个特定的责任中心计量、控制并可以调节的成本。

五、成本按相关性分类

成本的相关性是指企业一项成本的发生与特定决策方案是否有关的性质。按此属性可以将成本分为相关成本和无关成本。

（一）相关成本

相关成本是指与特定决策方案有关的成本。

（二）无关成本

无关成本是指与特定决策方案无关的成本。

成本按相关性分类，有助于企业正确进行成本预测和成本决策，有利于企业的成本规划和成本控制。

【动脑筋】企业成本可以按照哪些标准进行分类，各包括哪些内容？说明不同分类标准分别适应了企业经营管理的哪些不同需要。

【育德于技2-1】氢能源成本控制问题

背景：2023年4月12日，国家能源局印发《2023年能源工作指导意见》，提出巩固拓展战略性优势产业，加快攻关新型储能关键技术和绿氢制储运用技术，推动储能、氢能规模化应用。绿氢利用光伏、风电等可再生能源发电，通过电解水技术制氢，具有清洁环保、灵活高效以及应用场景丰富等优点，是未来氢能主体。绿氢可作为工业原料和燃料应用于各场景，需求空间极大。

“在全球氢气产出当中，有96%并不是绿色氢气，而是我们统称的‘灰氢’。它是通过煤制氢或者天然气制氢获得的，是以二氧化碳排放为代价得到的氢。在深度脱碳这条道路上只有‘绿电+绿氢’才能加速能源转型，从根本上解决制氢的碳排放问题，同时有效克服可再生能源间歇性、储存性问题。”“绿氢的成本主要受到电价、电耗和制氢设备等影响，其中电力成本通常占到整个电解水制氢成本的70%以上。”隆基氢能副总裁王英歌告诉记者。对于如何降低绿氢成本，王英歌认为，使用光伏、风力等绿电，可以降低成本。另外，可以不断用新技术、新材料、新工艺去降低电解水制氢设备的成本，这也是一个动态的发展过程。从设备端来看，未来3至5年有30%以上的成本降低空间。

彭超才也表示，绿氢目前的最大挑战是成本，未来要在设备及系统成本、用电成本和设备利用率等方面发力。对于设备及系统成本，需要用规模化和标准化生产降低制造成本和供应链成本，同时通过持续的研发投入和技术进步降低材料成本。

“行业用电成本、运输成本高企，可以通过降低可再生能源投资造价，开发大规模氢气运输的先进技术等方式解决。”华电重工工作人员对《证券日报》记者说。

随着氢能产业的发展，由绿电与绿氢耦合形成的“电氢体系”，被广泛视为未来能源发展的重要方向，也是氢能创新的主要方向。不过，绿氢产业链的完善还需要各方不断协同和努力。

资料来源：李春莲，许林艳．上市公司密集布局绿氢 业界认为绿电是降成本关键［EB/OL］.［2023-05-25］. http：//finance.ce.cn/stock/gsgdbd/202304/15/t20230415_38499852.shtml？ivk_sa=1023197a.

问题：请分析绿氢能源发展中的成本问题。

分析：既要满足社会对清洁能源的需求，又要减少对环境的破坏，因此，绿氢能源是我国能源发展的重要方向，也是促进我国文明富强的重要保证。如何降低绿氢能源的成本是发展绿氢能源的关键，需要相关技术人员和管理会计人员共同努力，促进我国社会经济和环境和谐发展。

同步训练

一、判断题（正确的在括号内打“√”，错误的打“×”）

（　　）1.按经济用途分类，企业的成本可以分为生产成本和非生产成本两大类。

（　　）2.成本按经济用途分类能够反映产品成本的具体构成，便于考核企业生产车间的成本水平和确定经济责任，也有利于企业成本的规划和控制。

（　　）3.成本按可归属性分类，不利于企业正确计算各种产品（或劳务）的成本。

（　　）4.未来成本实际上是一种目标成本和控制成本。

（　　）5.成本按相关性分类，有助于企业正确进行成本预测和成本决策，但是不利于企业的成本规划和成本控制。

二、选择题（每题至少有一个正确答案，请将正确答案填在括号内）

1.成本可以按照各种不同的标准进行分类，分类标准包括（　　）。

A.经济用途　　B.可归属性

C.相关性　　D.可控性

2.成本按可控性可以分为两类，下列各分类正确的是（　　）。

A.历史成本和未来成本　　B.直接成本和间接成本

C.可控成本和不可控成本　　D.生产成本和非生产成本

3.常见的未来成本包括（　　）。

A.估算成本　　B.计划成本　　C.预算成本　　D.标准成本

4.成本的可归属性是指成本的发生与特定的归集对象之间的联系。按此标准可以将成本分为（　　）。

A.制造成本和非制造成本　　B.直接成本和间接成本

C.历史成本和未来成本　　D.相关成本和无关成本

5.成本的相关性是指企业一项成本的发生与特定决策方案是否有关的性质。按此标准可以将成本分为（　　）。

A.相关成本　　B.无关成本　　C.历史成本　　D.实际成本

参考答案

任务二　成本性态分析

知识准备

一、成本性态的含义

成本性态又称为成本习性，是指企业的成本总额与特定业务量在数量方面的依存关系。这里的成本总额是指企业在生产经营过程中发生的全部成本，既包括生产成本，又包括非生产成本。而业务量是指企业在一定生产经营期间内实现的总工作量，一般包括生产量、销售量、机器工时或人工工时等。

成本性态分析是管理会计的基础。研究成本与业务量之间的依存关系，掌握两者之间的规律性联系，对于企业预测分析、决策分析和成本控制具有重要意义。研究成本与业务量的依存关系、进行成本性态分析，有助于我们从数量上掌握成本与业务量之间的规律性联系，有利于企业进行成本预测、成本决策、成本控制和成本差异分析，可以为企业进行最优管理决策和改善经营管理提供许多有价值的资料，有助于企业及时采取有效措施，挖掘降低成本的潜力，争取实现最大经济效益。

【知识窗】推动绿色发展与成本性态分类、控制

习近平总书记在党的二十大报告中指出："推动经济社会发展绿色化、低碳化是实现高质量发展的关键环节。加快推动产业结构、能源结构、交通运输结构等调整优化。实施全面节约战略，推进各类资源节约集约利用，加快构建废弃物循环利用体系。"

对于企业来说，降本增效不仅是企业减少成本、提高利润的一个重要途径，从宏观意义上讲，也是整个国民经济可持续发展的要求。因此，成本控制对于企业不仅具有经济意义，也具备重大的政治意义。进行成本控制必先掌握成本规律和特征，因此，成本性态分析就为企业控制成本，为整个国民经济走可持续绿色发展道路提供了基础。

二、成本按性态分类

按成本性态可将成本分为固定成本、变动成本和混合成本三大类。

（一）固定成本

1. 固定成本的含义和特征

固定成本是指在一定期间和一定业务量范围内，其总额与业务量的增减变动没有直接联系的成本。固定成本的基本特征可以从两个方面来表述：

（1）固定成本的总额不变性。固定成本总额（用a表示）不受业务量（用x表示）变动的影响而保持不变。在平面直角坐标图上，固定成本总额线是一条平行于横轴的直线。

固定成本总额的模型为：y=a，如图2–1所示。

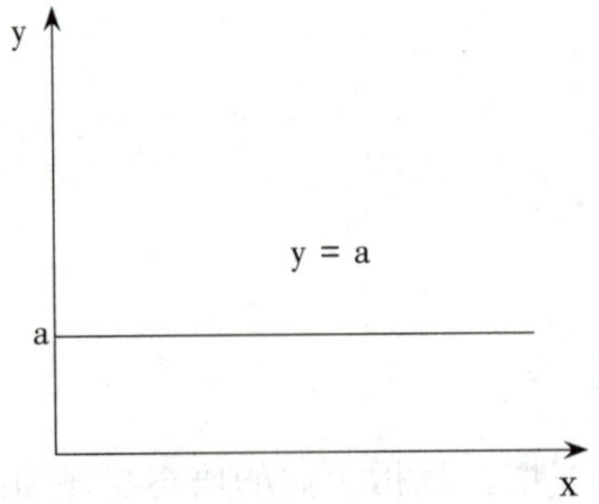

图2–1　固定成本总额模型图

（2）单位固定成本的反比例变动性。由于固定成本总额不变，单位产品负担的固定成本必然随着业务量的增加而减少，随着业务量的减少而增加，即单位固定成本（用a/x表示）随业务量的变动而呈反比例变动。在平面直角坐标图上，单位固定成本线是一条反比例曲线。

单位固定成本的模型为：y=a/x，如图2–2所示。

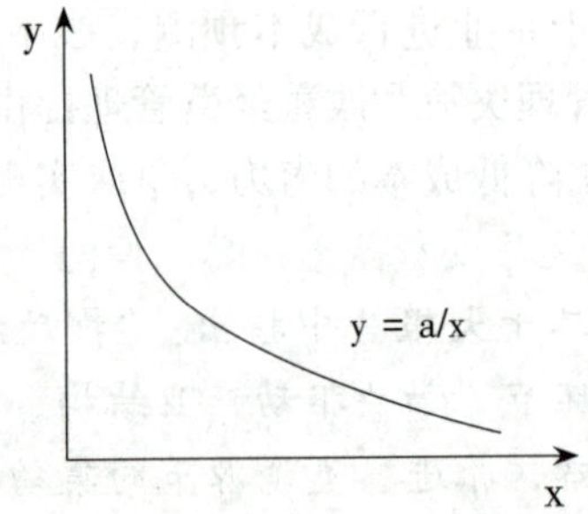

图2–2　单位固定成本模型图

2. 固定成本的分类

企业的固定成本按照其是否可以被管理层改变，又可以分为酌量性固定成本和约束性固定成本。

（1）酌量性固定成本。酌量性固定成本是指企业管理当局在编制成本预算时，可以根据自己的意志确定并改变其发生额的一种固定成本，如广告费、职工培训费、新产品开发费等。这类成本与企业的实际生产经营水平没有直接联系，在预算执行期间与当时业务量无关而保持不变，但企业管理当局可以根据预算期间的具体情况和财务负担能力在编制预算时酌情予以调整。

（2）约束性固定成本。约束性固定成本是指企业管理当局在编制成本预算时，不能根据自己的意志确定并改变其发生额的一种固定成本，如固定资产折旧费、保险费、管理人员工资等。这类成本是与企业的生产经营能力直接相联系，并在生产经营期间必须负担的最低成本。企业的生产经营能力一旦形成，在短期内很难发生重大改变，即使企业的生产经营业务中断，该项成本也仍将发生，如果要降低这类成本，就必须削减企业的生产能力，因而会影响企业长期经营目标的实现，导致盈利能力的降低。

3. 固定成本的相关范围

微课

固定成本

固定成本总额的不变性不是绝对的，而是相对的。固定成本只有在一定期间和一定业务量的范围内不变，超出这个范围，固定成本也会发生改变。固定成本的相关范围如图2-3所示。

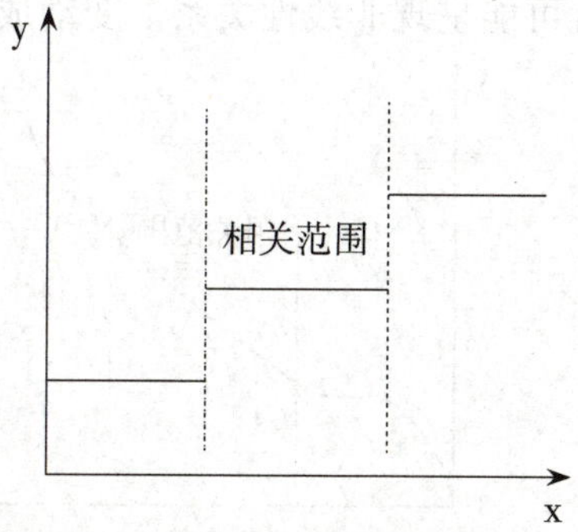

图2-3　固定成本的相关范围图

（二）变动成本

1. 变动成本的含义和特征

变动成本是指在相关范围内，其成本总额随着业务量的变动而呈正比例变动的成本。变动成本的基本特征可以从两个方面来表述：

（1）变动成本总额的正比例变动性。变动成本总额（用bx表示）随业务量的增加而呈正比例增加，随业务量的减少而呈正比例减少。

变动成本总额的模型为：y=bx，如图2-4所示。

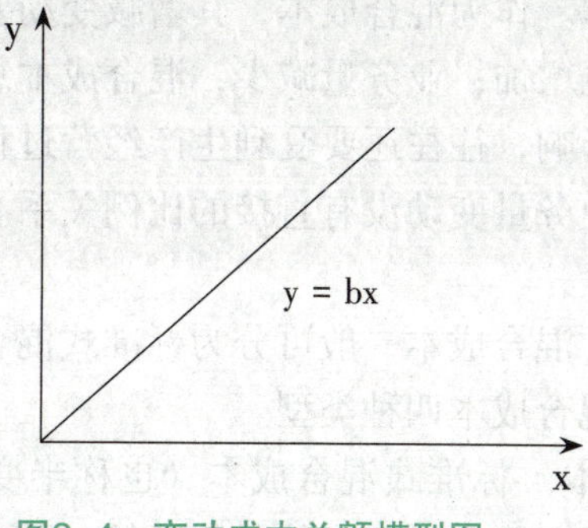

图2-4　变动成本总额模型图

（2）单位变动成本的不变性。由于变动成本总额随业务量的变动而呈正比例变动，因而单位变动成本（用b表示）不受业务量的影响而保持不变。

单位变动成本的模型为：y=b，如图2-5所示。

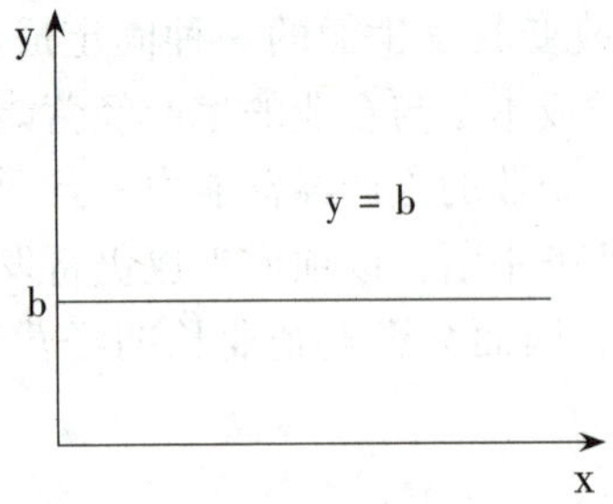

图2-5　单位变动成本模型图

2. 变动成本的相关范围

只有在相关范围内，变动成本总额与业务量才呈正比例变动，表现出完全线性关系；超出相关范围，就可能呈现非线性关系。变动成本的相关范围如图2-6所示。

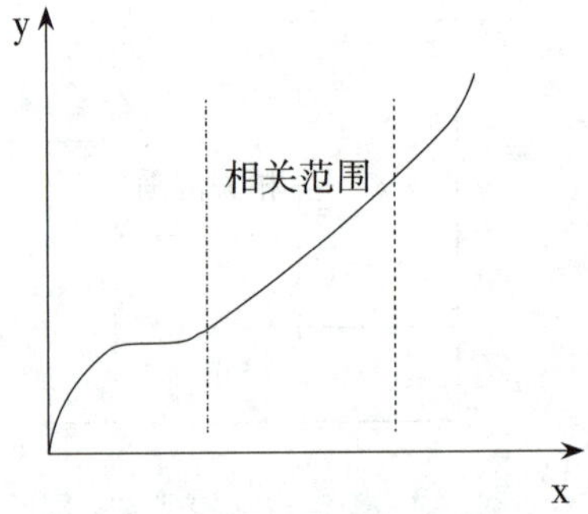

图2-6　变动成本的相关范围图

（三）混合成本

1. 混合成本的含义和特征

固定成本和变动成本可以说是较为理想化的划分，在实际工作中，并不是所有的成本费用都会分别以两种简明的形式出现，它们大多表现为两者混合在一起的状态，称为混合成本，如设备维修费、机械动力费、检验人员工资、水电费等。

混合成本是指介于固定成本和变动成本之间，其成本总额既随业务量变动又不呈正比例变动的那部分成本。作为混合成本，其增减变动要受业务量变动的影响。业务量增加，混合成本总额也增加；业务量减少，混合成本总额也减少。混合成本的变动不仅受到业务量变动的影响，往往还要受到生产经营过程中某些特定因素的影响和制约，其总额变动通常与业务量变动没有直接的比例关系。

2. 混合成本分类

根据具体变动特征，混合成本一般可分为标准式混合成本、阶梯式混合成本、低坡式混合成本和曲线式混合成本四种类型。

（1）标准式混合成本。标准式混合成本（也称半变动混合成本）的特点是：通常有一种特定基数，相当于固定成本，从基数开始，随着业务量呈相应比例变化，这部分的性质相当于变动成本。因此，从它的全部成本来看，成本总额与业务量不能保持等比例变化。例如，电话费用由两部分构成：一部分是月租费，它和通话量无关，是按月固定发生的；另一部分是通话费，根据通话时间按一定的费率计算收取。因此，电话费由两者混合构成，是一种混合成本。再如，某公司租用一台设备，每月租金为3 000元，租入后，每使用1小时要支付5元使用费，若当月该公司使用设备的小时数为400小时，则当月租金总成本为5 000元（3 000+400×5）。其中，3 000元是固定成本，2 000元是变动成本。标准式混合成本习性模型如图2-7所示，其数学表达式为：y=a+bx。

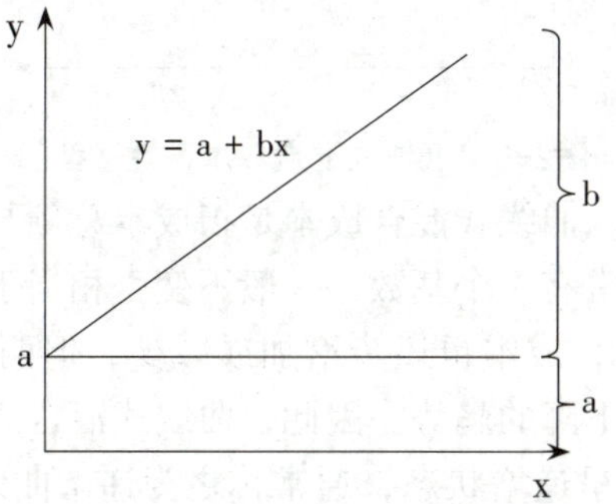

图2-7　标准式混合成本习性模型图

（2）阶梯式混合成本。阶梯式混合成本（也称半固定混合成本）的特点是：在一定业务量范围之内，其发生额是固定的；当业务量增长到一定限度时，其发生额就跳跃到一个新水平，然后在业务量增长的一定限度内其发生额保持不变，直到发生新的跳跃为止。例如，某企业的产品产量在500件以内，只需配备一名质量检验人员，如果产量超过了这一限度，就必须增加人员，产量每增加500件，就需要增加一名检验员，每位检验员工资均为6 500元。在这种情况下，该企业检验员的工资就是一项阶梯式混合成本。阶梯式混合成本习性模型如图2-8所示。

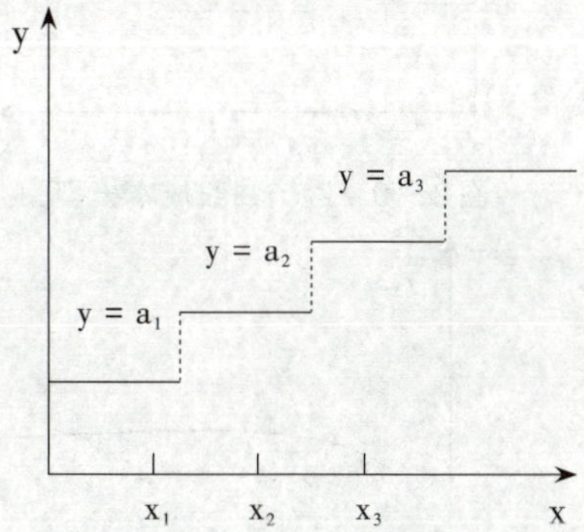

图2-8　阶梯式混合成本习性模型图

（3）低坡式混合成本。低坡式混合成本（也称延期变动混合成本）的特点是：在正常业务范围之内，其发生额固定不变，但当业务量超过正常水平时，其发生额与业务量呈正比例增长。例如，在计时工资制下，在正常工作时间内，企业对职工支付的工资是固定的。但若延长工作时间，就需要根据延长时间的长短按比例支付加班工资和津贴。低坡式混合成本习性模型如图2-9所示。

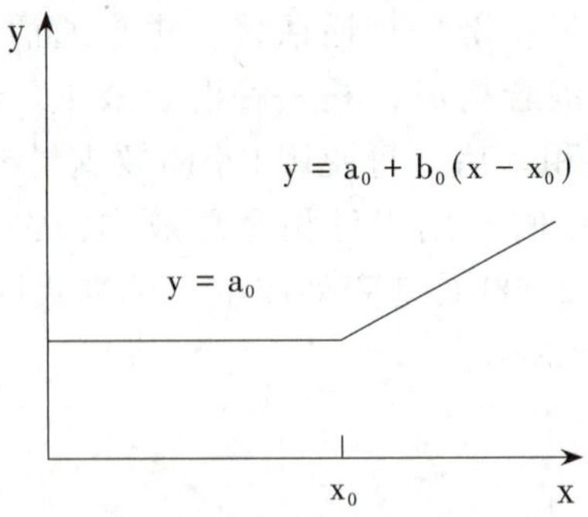

图2-9　低坡式混合成本习性模型图

（4）曲线式混合成本。曲线式混合成本是指成本总额与业务量之间表现为非线性关系的成本。这类成本通常有一个基数，一般不变，相当于固定成本；在这个基数的基础上，随业务量的增加，成本也逐步增加或减少，但两者之间的变动幅度并不一致，而是呈抛物线上升或下降的趋势。因此，曲线式混合成本可分为两种：一种的增长率高于业务量，变化率呈递增状态，通常称之为递增曲线成本，如累进计件工资、各种违约罚金等，其变化趋势如图2-10所示；另一种的增长速度低于业务量，变化率呈递减状态，通常称之为递减曲线成本，如电炉设备热处理的电耗成本等，其变化如图2-11所示。

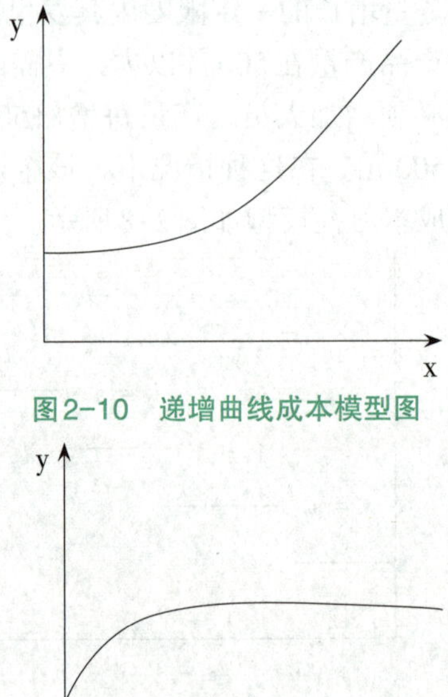

图2-10　递增曲线成本模型图

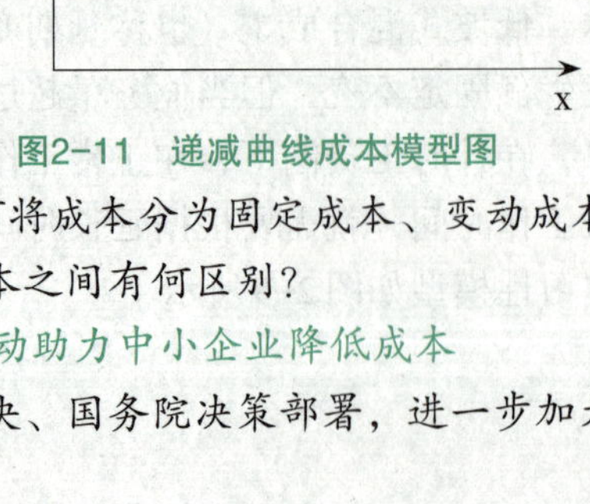

图2-11　递减曲线成本模型图

【动脑筋】按成本性态可将成本分为固定成本、变动成本和混合成本三大类。固定成本、变动成本和混合成本之间有何区别？

【育德于技2-2】中国移动助力中小企业降低成本

背景：为贯彻落实党中央、国务院决策部署，进一步加大助企纾困力度，减轻企业负担，帮助企业渡过难关，中国移动发挥信息服务优势，推进降费提质、注智赋能，支撑广大中小企业克服疫情影响、提高运营效益、加快数字化转型。

中国移动主打200M及以上宽带、千兆带宽，结合实际免费对中小企业存量业务进行提速，满足远程网络需求；配合各地政府对沿街商铺、酒店等细分行业提供企业上云技术咨询，减少企业自建机房、软硬件采购等用网用云的成本支出，为中小企业“减负”。

此外，中国移动阶段性调整信息化产品资费，降低中小企业运行成本。移动云取消线上客户1~5年阶梯折扣，直接给予最低4折优惠；云主机、云空间，可额外享受优惠10%，最低至3.5折；面向中小企业商户继续执行支付业务手续费9折优惠政策，面向小微企业、个体工商户继续执行免除提现手续费优惠政策；小微商户使用中国移动e企收银产品通过和包App扫码支付，交易单笔不超过100元且月累计交易额不超过1万元部分，年内免收手续费。

针对受疫情影响较为严重的文化娱乐、住宿餐饮等中小企业客户，中国移动结合实际减免1至3个月企业宽带、互联网专线的月租费。据了解，2021年专线平均资费较2020年下降23%，宽带平均资费下降42%，惠及596万中小企业。2022年中国移动对中小企业宽带和专线平均资费将再降10%。

中国移动通过加快推动5G、人工智能、工业互联网等技术与实体产业融合，为中小企业“注智”。面向连锁及单体商铺，中国移动推出商铺e选信息化解决方案，提供小额交易免服务费优惠，帮助商铺客户降本增效。

资料来源：宜欣．降费提质 注智赋能 中国移动助力中小企业纾困解难［EB/OL］.［2023-05-25］. https：//www.cnii.com.cn/gxxww/rmydb/202207/t20220715_396888.html.

问题：中国移动如何降低中小企业成本？

分析：中国移动作为网络运营公司，提供的产品成本包括固定成本与变动成本，固定成本与变动成本变动规律不同，控制方法也不同。中国移动通过分析网络信息产品的成本特征，对于不同成本收费项目采取不同的优惠措施，有针对性地降低了中小企业的网络信息产品使用成本，促进了企业和谐发展。

三、混合成本的分解方法

成本性态分析是指在明确各种成本性态的基础上，按照一定的程序和方法，最终将全部成本区分为固定成本和变动成本两大类，并建立相应的成本函数模型 $y=a+bx$ 的过程。但是，固定成本和变动成本只是经济生活中诸多成本性态的两种极端类型，多数成本是以混合成本的形式存在的，需要将其进一步分解为固定成本和变动成本。常见的混合成本的分解方法有以下几种：

（一）合同确认法

合同确认法是通过检查与其他单位签订的合同中有关支付费用的具体规定，来确定成本中的固定成本和变动成本的。以电话费为例，每台电话每月要支付一定的管理费，这是固定成本。在此基础上，随着电话使用次数和时间的增加，电话费也将呈比例上升，这部分增加的成本为变动成本。

（二）技术测定法

技术测定法又称技术估算法，是通过技术测定与估算的办法来划分固定成本和变动成本的。例如，对产品进行热处理，需将电炉先行预热，经技术测定，假设电炉预热所耗能源的成本为500元，这部分即为固定成本，以后随着热处理产品数量的增加，所耗能源成本将呈正比例增加，这部分增加的成本为变动成本。

（三）历史资料分析法

历史资料分析法是指根据混合成本的数学表达式（y=a+bx），采用一定期间内业务量与混合成本的历史数据，求出参数a（固定成本）和b（单位变动成本），达到分解的目的。常用的历史资料分析法有高低点法和回归直线法。

1. 高低点法

微课 高低点法

高低点法是根据历史资料中最高点与最低点测算混合成本中的固定成本和变动成本各占多少的方法。其中，“高点”是指资料中业务量最大值对应的混合成本；“低点”是指资料中业务量最小值对应的混合成本。高低点法的基本原理可以理解为：任何一项混合成本都包括固定成本部分（a）和变动成本部分（bx）。其中，a在相关范围内是固定不变的，是常数，那么，总成本随业务量的变化而产生的变量就全部为变动成本。高点和低点的选择完全出于尽可能覆盖相关范围的考虑。高低点法分解混合成本的运算过程如下：

$$y_{高}=a+bx_{高}$$

$$y_{低}=a+bx_{低}$$

经过整理得到：

$$b=\frac{y_{高}-y_{低}}{x_{高}-x_{低}}$$

再将b代入混合成本模型：

$$y_{高}=a+bx_{高}$$

或

$$y_{低}=a+bx_{低}$$

求得：

$$a=y_{高}-bx_{高}$$

$$a=y_{低}-bx_{低}$$

【请注意】高低点法的基本做法是，以某一期间内最高业务量（高点）的混合成本与最低业务量（低点）的混合成本的差数，除以最高与最低业务量的差数，得出的商数即为业务量的成本变量（单位业务量的变动成本额），进而可以确定混合成本中的变动成本部分和固定成本部分。

2. 回归直线法

回归直线法是根据过去一定期间内的业务量x和混合成本y的历史资料，运用最小二乘法确定混合成本中的固定成本与变动成本的方法。

回归直线法的基本步骤：

（1）确定成本与业务量之间的相互关系，并用回归直线方程y=a+bx予以表示。根据最小二乘法，可形成下列联立方程式：

$$\sum y = na + b\sum x$$
$$\sum xy = a\sum x + b\sum x^2$$

（2）根据上述方程，a和b的值可以表示如下：

$$a = \frac{\sum y - b\sum x}{n}$$

$$b = \frac{n\sum xy - \sum x\sum y}{n\sum x^2 - (\sum x)^2}$$

【动脑筋】企业成本可以按照哪些标准进行分类，各包括什么内容？不同分类标准分别适应了企业经营管理的哪些不同需要？

典型任务举例

已知钱塘电机有限责任公司的电费支出与产量相关，2023年下半年该公司的资料见表2-1。

表2-1　电费支出与产量资料表

月份	产量x（件）	电费y（元）
7	180	930
8	210	1 030
9	280	1 150
10	250	1 110
11	220	1 060
12	270	1 180

要求：

（1）用高低点法进行成本分解；

（2）用回归直线法进行成本分解。

解：（1）用高低点法进行成本分解：

$$b=\frac{1\,150-930}{280-180}=2.2$$

a=1 150−2.2 × 280 = 534

或 a=930−2.2×180=534

所以，混合成本分解模型为：

Y=534+2.2x

（2）用回归直线法进行成本分解：

根据表2-1提供的业务量与混合成本的资料，整理计算有关数据，见表2-2。

表2-2 混合成本分解计算表

月份	x（产量）	y（电费）	xy	x^2	y^2
7	180	930	167 400	32 400	864 900
8	210	1 030	216 300	44 100	1 060 900
9	280	1 150	322 000	78 400	1 322 500
10	250	1 110	277 500	62 500	1 232 100
11	220	1 060	233 200	48 400	1 123 600
12	270	1 180	318 600	72 900	1 392 400
∑	1 410	6 460	1 535 000	338 700	6 996 400

$$b=\frac{6\times 1\,535\,000-1\,410\times 6\,460}{6\times 338\,700-1\,410^2}=2.3$$

$$a=\frac{6\,460-2.3\times 1\,410}{6}=536.17$$

则混合成本的分解模型可确定为：

Y=536.17+2.3x

同步训练

一、判断题（正确的在括号内打“√”，错误的打“×”）

（　　）1.变动成本只是在相关范围内才能与业务量呈完全线性关系，超出了相关范围，变动成本与业务量之间呈非线性关系。

（　　）2.固定成本是指在一定条件下，不随业务量发生任何数额变化的那部分成本。

（　　）3.混合成本是指既随业务量变动，但又不呈正比例变动的那部分成本，因此混合成本可以分解为固定成本和变动成本两种。

（　　）4.成本性态是指成本总额与特定业务量之间的依存关系。

（　　）5.约束性固定成本在短期内难以降低，只能通过提高产品的产量而相对地降低其单位成本。

二、选择题（每题至少有一个正确答案，请将正确答案填在括号内）

1.全部成本按照其性态分类，包括（　　）。

A.固定成本　　B.历史成本　　C.变动成本　　D.未来成本

2.下列成本项目中属于变动性成本的有（　　）。

A.原材料费　　B.计时工资形式下的生产工人工资

C.动力费　　D.按使用平均年限法计提的折旧费

3.下列各项中，属于固定成本项目的有（　　）。

A.采用工作量法计提的折旧　　　　B.不动产财产保险费

C.直接材料费　　　　D.写字楼租金

4.约束性固定成本不受管理层短期经营决策行动的影响。下列各项中，不属于企业约束性固定成本的是（　　）。

A.厂房折旧　　　　B.厂房租金支出

C.高管人员基本工资　　　　D.新产品研究开发费用

5.某企业一年中产量最高月份的产量为50件，混合成本为800元；产量最低月份的产量为35件，混合成本为500元，则混合成本中的单位变动成本为（　　）。

A.50元　　B.35元　　C.20元　　D.15元

三、计算分析题

天地有限责任公司的电费属于混合成本，其2023年各月电费支出与产量的有关数据见表2-3。

表2-3　　电费支出与业务量资料表

月份	产量（件）	电费（元）
1	1 200	5 000
2	900	4 250
3	1 350	5 625
4	1 500	5 625
5	1 200	5 375
6	1 650	6 875
7	1 500	6 150
8	1 500	6 300
9	1 350	5 800
10	1 050	4 875
11	1 800	7 200
12	1 800	7 250

要求：

（1）采用高低点法对电费进行分解。

（2）采用直线回归法对电费进行分解。假定2024年1月的计划产量为1 600件，1月的电费支出是多少？

参考答案

项目小结

本项目主要知识点归纳总结见表2-4。

表2-4 本项目主要知识点归纳总结

主要知识点		内容
成本的分类	按经济用途分类	生产成本和非生产成本
	按可归属性分类	直接成本和间接成本
	按实际发生时间分类	历史成本和未来成本
	按可控性分类	可控成本和不可控成本
	按相关性分类	相关成本和无关成本
成本按其性态分类	固定成本	固定成本按照其是否可以由管理当局改变，分为酌量性固定成本和约束性固定成本
	变动成本	基本特征为：（1）变动成本总额的正比例变动性；（2）单位变动成本的不变性
	混合成本	根据混合成本的具体变动特征，一般可分为标准式混合成本、阶梯式混合成本、低坡式混合成本、曲线式混合成本等四种类型
混合成本的分解方法	合同确认法	合同确认法是通过检查与其他单位签订的合同中有关支付费用的具体规定，来确定成本中的固定成本和变动成本的
	技术测定法	技术测定法又称技术估算法，是通过技术测定与估算的办法来划分固定成本和变动成本的
	历史资料分析法	历史资料分析法是指根据混合成本的数学表达式（y=a+bx），采用一定期间内业务量与混合成本的历史数据，求出参数a（固定成本）和b（单位变动成本），达到分解的目的。常用的历史资料分析法有高低点法和回归直线法
历史资料分析法 高低点法	高低点法是根据历史资料中的最高点与最低点测算混合成本中的固定成本和变动成本各占多少的方法	$b=\frac{y_{高}-y_{低}}{x_{高}-x_{低}}$ $a=y_{高}-bx_{高}$ $a=y_{低}-bx_{低}$
历史资料分析法 回归直线法	回归直线法是根据过去一定期间的业务量x和混合成本y的历史资料，运用最小二乘法确定混合成本中的固定成本与变动成本的方法	$a=\frac{\sum y-b\sum x}{n}$ $b=\frac{n\sum xy-\sum x\sum y}{n\sum x^2-(\sum x)^2}$

项目三

变动成本法

【学习目标】

1. 掌握变动成本法和完全成本法的概念
2. 了解变动成本法的理论依据
3. 掌握变动成本法和完全成本法的主要区别
4. 掌握变动成本法的优缺点
5. 掌握完全成本法的优缺点
6. 掌握变动成本法的应用方法

【素养目标】

1. 能深刻认识到对固定制造费用的不同处理引发的变动成本法核算与完全成本法核算对资产负债表和利润表的不同影响，掌握企业弥补变动成本和固定成本的手段与方法，增加企业和社会财富
2. 根据不同成本类型，采取不同方式与策略进行成本控制，做到合理控制成本，减少甚至杜绝浪费，增加企业和社会财富

【知识点】

变动成本法　完全成本法　变动成本法的理论依据　变动成本法与完全成本法的主要区别　变动成本法的优缺点　完全成本法的优缺点

【技能点】

分析变动成本法下的成本构成　分析完全成本法下的成本构成　比较变动成本法与完全成本法　运用变动成本法

案例导入

天地公司的利润之谜

天地公司只生产和经营一种产品，第1～3年每年的生产量（基于正常生产能力）都是8 000件，而销售量分别为8 000件、7 000件和9 000件。单位产品的售价为12元/件。生产成本中，单位变动成本为5元（包括直接材料、直接人工和变动制造费用）。基于正常生产能力（8 000件），固定制造费用共计24 000元，每件产品分担3元。假定销售和行政管理费全部都是固定成本，每年发生额均为25 000元。

天地公司的管理会计分别采用变动成本法和完全成本法（不考虑销售税金），计算各年税前利润，见表3-1。

表3-1 税前利润计算表 单位：元

变动成本法	第1年	第2年	第3年	完全成本法	第1年	第2年	第3年
销售收入	96 000	84 000	108 000	销售收入	96 000	84 000	108 000
销售成本	40 000	35 000	45 000	销售成本			
贡献毛益	56 000	49 000	63 000	期初存货成本	0	0	8 000
固定成本				当期产品成本	64 000	64 000	64 000
固定制造费用	24 000	24 000	24 000	可供销售产品	64 000	64 000	72 000
销售和管理费用	25 000	25 000	25 000	期末存货成本	0	8 000	0
小计	49 000	49 000	49 000	销售成本	64 000	56 000	72 000
税前利润	7 000	0	14 000	毛利	32 000	28 000	36 000
				管理和销售费用	25 000	25 000	25 000
				税前利润	7 000	3 000	11 000

思考：

（1）什么是变动成本法？变动成本法和完全成本法有何区别？

（2）天地公司分别采用变动成本法和完全成本法计算的第2年和第3年的税前利润的结果不同，请说明形成这种差异的原因。

分析：

（1）变动成本法是一种成本计算方法，核心在于将当期发生的固定制造费用作为期间费用在当期一次性扣除。完全成本法将当期固定制造费用作为生产成本，分摊到期末存货和本期销售产品当中。二者的核心区别在于对当期固定制造费用的处理不同。

（2）变动成本法将每期的固定制造费作为当期期间成本一次性扣除，而变动成本法扣除的固定制造费用则是当期销售产品分摊的固定制造费用。由于第2年第3年扣除的固定制造费用不同，因此，两种方法得出的利润出现了差异，这个差异也就是两种方法扣除的固定制造费用的差异。

任务一　变动成本法认知

知识准备

在现代管理会计的常规成本计算过程中，通常按照产品成本、期间成本的划分口径和损益确定程序的不同，将成本计算分为完全成本计算法（简称完全成本法）和变动成本计算法（简称变动成本法）。

一、变动成本法的概念

变动成本法，是指在组织常规的产品成本计算的过程中，以成本性态分析为前提，在计算产品成本时只将产品生产过程所消耗的直接材料、直接人工和变动制造费用（变动生产成本）作为产品成本的构成内容，而将固定制造费用（固定生产成本）及非生产成本全部作为期间成本处理的产品成本计算方法。在变动成本法下的成本构成如图3-1所示。

- 总成本
  - 产品成本
    - 直接材料
    - 直接人工
    - 变动制造费用
    - （直接材料、直接人工、变动制造费用）→ 变动生产成本
  - 期间成本
    - 固定制造费用（固定生产成本）
    - 销售费用
    - 管理费用
    - 财务费用
    - （销售费用、管理费用、财务费用）→ 非生产成本
  - （变动生产成本、固定制造费用（固定生产成本））→ 生产成本

图3-1　变动成本法的成本构成

变动成本法产生以后，人们就把财务会计中传统的成本计算方法称为“全部成本法”“全部成本计算”“完全成本法”。变动成本法是与传统的成本计算法相对立的概念，传统的成本计算方法是在计算产品成本和存货成本时，把一定时期发生的直接材料、直接人工和全部制造费用（包括变动制造费用和固定制造费用）都包括在内的方法，又称“完全成本法”。正是因为完全成本法将所有的制造成本——不论是固定的还是变动的——都“吸收”到了单位产品中，因而其也被称为“吸收成本法”或“吸收成本计算”。完全成本法的成本构成如图3-2所示。

- 总成本
  - 产品成本 → 生产成本
    - 直接材料
    - 直接人工
    - 变动制造费用
    - 固定制造费用
  - 期间成本 → 非生产成本
    - 销售费用
    - 管理费用
    - 财务费用

图3-2　完全成本法的成本构成

【请注意】在变动成本法模式下，产品成本只包括变动生产成本，固定生产成本和非生产成本则全部作为期间成本处理。

二、变动成本法的理论依据

变动成本法之所以在计算产品成本时，只列入生产过程中耗用的直接材料、直接人工和变动制造费用，而将固定制造费用作为期间成本全额列入当期的利润表，直接从当期的收入中扣除，是基于以下理由：

（一）产品成本只是随着产量增减而增减的变动成本

产品是产品成本的物质承担者，没有产品实体的存在，产品成本就失去了对象化的载体；同时，不消耗费用和成本，产品也不可能形成。所以，产品成本随着产品实体的流动而流动，随着产量的变动而变动：产量增加，产品成本总额增加；产量减少，产品成本总额减少；产量为零时，则无所谓产品成本。并且，产品成本只有当产品被销售、销售收入得以实现时，才可以与相关的销售收入相配比，得到补偿。根据这一原则，只有直接材料、直接人工、变动制造费用这三项变动成本是在生产过程中发生，并随产量变动而呈正比例变动。因此，产品成本只应该包括直接材料、直接人工、变动制造费用三项。如果将固定制造费用计入产品成本，不利于成本的控制和决策，因为这样一来，单纯的产量变动就会影响到单位产品成本的升降，从而掩盖材料成本、人工成本方面成本控制的业绩。

（二）固定制造费用应该作为期间成本

在管理会计中，期间成本是指那些不随着产品实体的流动而流动，不随着产品产量的变动而变动，而是随着产品生产经营持续期间的长短而增减，产生的效益随着时间的推移而消逝，不能递延到下期，只能在发生当期计入利润表，由当期的销售收入补偿的费用。固定制造费用的发生主要是为了提供和维持生产能力，它与生产能力的利用程度无关，同产品的实际生产量没有直接关系。企业生产能力一经形成，不管其利用程度如何，固定制造费用照样发生，在相关范围内，固定制造费用总额不发生变化；即使产量为零，固定制造费用也不为零。因此，固定制造费用不应计入产品成本。同时，由于固定制造费用总是按期发生，同管理费用等一样具有时效性，不管其所提供的能力和条件是否在当期被利用或是否被充分利用，固定制造费用的发生额都不会受到丝毫影响，并且其效益随着时间的推移而逐渐消失，不能递延到下期。因此，当期发生的固定制造费用，应全额列入当期的期间成本，直接从当期的收益中扣减，而不应随着存货递延到下一期。

微课

变动成本法

【动脑筋】变动成本法的理论依据包括：产品成本只是随着产量增减而增减的变动成本；固定制造费用应该作为期间成本。我们应该如何理解其理论依据？

【育德于技 3-1】华阳股份 2022 年业绩改善

背景：2023 年 4 月 15 日，华阳股份（以下简称公司）发布 2022 年年报。公司 2022 年度实现营收 350.5 亿元，同比下降 7.86%，归母净利润 70.3 亿元，同比增长 98.95%，扣非归母净利润 73.64 亿元，同比增长 60.74%。

公司盈利大幅增加的主因是“高煤价+低成本”。2022 年公司煤炭板块实现收入

329.45亿元，同比下降8.82%，实现毛利润160.23亿元，同比增长18.84%，毛利率48.64%。产销方面，2022年公司煤炭产量4 523万吨，同比下降1.89%，销量4 642万吨，同比下降22.26%。煤炭综合售价709.69元/吨，同比增长17.28%，单位销售成本364.53元，同比降低3.90%，吨煤毛利润345.16元/吨，同比增长52.87%。煤价高位运行，叠加有效成本管控，公司毛利润大增。财务费用及减值损失同比大降也增大了利润空间。公司2022年四项费用共计22亿元，同比下降12.46%，其中财务费用4.97亿元，同比下降32.79%，主要系利息费用减少所致。资产减值损失0.21亿元，同比下降98.22%，主要系上年对部分资源枯竭矿井资产计提资产减值准备所致。信用减值损失3.35亿元，同比下降34.97%，主要系报告期计提应收款项坏账损失同比减少所致。

资料来源：胡博，刘贵军. 华阳股份（600348）：2022年业绩同比高增 转型加速［EB/OL］.［2023-05-25］. http：//stock. finance. sina. com. cn/stock/go. php/vReport_Show/kind/company/rptid/735238880256/index.phtml.

问题：华阳股份2022年业绩改善的原因是什么？

分析：一般来说，企业业绩改善的原因不外乎增加收入和降低成本。但是，华阳股份2022年业绩改善的原因主要是成本控制较好，虽然公司2022年收入下降，但是通过控制销售成本、期间费用也能提升业绩。这为企业改善业绩、增加财富提供了另一种思路。而且对于不可再生的矿产类资源，控制成本还能减轻对环境造成的损害，符合和谐发展的要求。

同步训练

一、判断题（正确的在括号内打“√”，错误的打“×”）

（　　）1.变动成本法是指只将变动生产成本作为产品成本的构成内容，而将固定生产成本及非生产成本作为期间成本的一种成本计算方法。

（　　）2.完全成本法是在计算产品成本和存货成本时，把一定时期发生的直接材料、直接人工和全部制造费用（包括变动制造费用和固定制造费用）都包括在内的方法。

（　　）3.完全成本法和变动成本法是以产品成本、期间成本为口径划分的。

（　　）4.变动成本法的理论依据是产品成本只是随着产量增减而增减的变动成本。

（　　）5.变动成本法下固定制造费用全部作为期间成本处理。

二、选择题（每题至少有一个正确答案，请将正确答案填在括号内）

1.在变动成本法下，产品成本主要包括（　　）。

A.直接材料　　B.直接人工

C.变动制造费用　　D.固定制造费用

2.在变动成本法下，期间成本主要包括（　　）。

A.固定制造费用　　B.管理费用

C.销售费用　　D.财务费用

3.在完全成本法下，产品成本主要包括（　　）。

A.直接材料　　B.直接人工

C.变动制造费用　　D.固定制造费用

4.在完全成本法下，期间成本主要包括（　　）。

A.固定制造费用　　B.管理费用

C.销售费用　　D.财务费用

5.完全成本法和变动成本法的划分依据是（　　）。

A.产品成本、期间成本的划分口径　　B.成本的构成不同

C.损益确定程序的不同　　D.期间费用的构成不同

参考答案

任务二　比较变动成本法与完全成本法

知识准备

变动成本法与完全成本法在计算产品成本和确定企业损益时，对固定制造费用的处理方法截然不同，从而导致了两种方法的一系列差异。变动成本法与完全成本法的主要区别，可以概括为以下几个方面：

一、理论依据不同

在变动成本法中，固定制造费用全部由当期负担，改变了完全成本法把固定制造费用在本期销货与存货之间进行分配的传统。其理论依据是：固定制造费用主要是为企业提供一定的生产经营条件而发生的，这些生产经营条件一旦形成，不管其实际利用程度如何，有关费用照样发生，它们与产品的实际产量没有直接联系，既不会因产量提高而增加，也不会因产量下降而减少。它们实质上与特定会计期间相联系，和企业生产经营活动持续经营期的长短成比例，并随时间的推移而消逝。其效益不应递延到下一个会计期间，而应在其发生的当期全额列入利润表，作为该期销售收入的一个扣减项目。

而完全成本法强调成本补偿的一致性。其理论依据是：与产品的生产有关的成本都应该作为产品成本。固定制造费用是在生产领域中发生的，与生产直接相关，从成本补偿的角度讲，其与直接材料、直接人工和变动制造费用的支出并无区别，所以应该作为产品成本，从产品销售收入中得到补偿。

二、应用的前提条件与成本的构成内容不同

应用变动成本法要求首先进行成本性态分析，把企业的全部成本分为变动成本和固定成本两大部分。其中，对于生产成本要按照生产量分解为变动生产成本和固定生产成本，尤其是要将具有混合成本性质的制造费用按生产量分为固定制造费用和变动制造费用；对于销售及管理费用要按照销售量分解为变动销售及管理费用和固定销售及管理费用。

完全成本法是财务会计核算成本的基本方法。应用完全成本法要求把全部成本按

照其发生的领域或经济用途分为生产成本和期间成本。凡是在生产领域中因生产产品发生的成本就归为生产成本，在流通领域和服务领域由于组织日常销售或进行日常行政管理而发生的成本则归属于非生产成本。

按变动成本法和完全成本法对成本进行分类后，具体的成本组成项目见表3-2。

表3-2　变动成本法和完全成本法的成本构成

<table>
<tr><th>项　目</th><th colspan="2">变动成本法</th><th colspan="2">完全成本法</th></tr>
<tr><td>应用前提条件</td><td colspan="2">成本性态分析</td><td colspan="2">成本按用途分类</td></tr>
<tr><td rowspan="2">成本划分的类别</td><td>变动成本</td><td>直接材料
直接人工
变动制造费用
变动销售费用
变动管理费用
变动财务费用</td><td>生产成本</td><td>直接材料
直接人工
制造费用</td></tr>
<tr><td>固定成本</td><td>固定制造费用
固定销售费用
固定管理费用
固定财务费用</td><td>非生产成本</td><td>销售费用
管理费用
财务费用</td></tr>
</table>

三、产品成本与期间成本的构成内容不同

变动成本法，是将所有成本按照其成本性态区分为变动成本和固定成本两大类，然后只将其中的变动生产成本计入产品成本，而将固定生产成本和非生产成本全部作为期间成本，直接从当期收入中全额扣减。

完全成本法，首先将所有的成本按照其经济用途分为生产成本和非生产成本两大类，然后将其中的生产成本全部计入产品成本，随产品的销售而转入当期损益，或者随存货结转至下期，而非生产成本则作为期间成本，全额从当期收入中扣减。

由此可见，变动成本法和完全成本法在产品成本组成内容上的差别是对固定制造费用的处理不同，前者将固定制造费用全部计入期间成本；后者将固定制造费用计入产品成本，随产品的销售而将已销售产品中的固定制造费用转作销货成本，没有销售的产品中的固定制造费用则作为存货的一部分随存货递延到下一个会计期间。

上述两种方法在产品成本构成内容方面的不同见表3-3。

表3-3　产品成本与期间成本的构成内容

项　目	变动成本法	完全成本法
产品成本	直接材料 直接人工 变动制造费用	直接材料 直接人工 变动制造费用 固定制造费用
期间成本	变动非生产成本： 变动销售费用 变动管理费用 固定成本： 固定销售费用 固定管理费用 固定制造费用	销售费用 管理费用

四、销货成本与存货成本的水平及成本流程不同

企业的产品实体随着企业经营活动的进行处于不断流动的状态。而广义的产品有销货和存货两种实物形态。在期末存货和本期存货均不为零的条件下，本期发生的产品成本最终要转化为销货成本和存货成本。采用完全成本法，各期发生的固定制造费用同其他生产成本一样在完工产品和在产品之间进行分配，完工产品在销售时，全部成本还须在已销产品和未销产品之间进行分配。因此，已销产品、库存产成品、在产品均“吸收”了一定份额的固定制造费用，即各期末的产成品和在产品都是按全部成本计价，既包括变动成本，也包括一部分固定制造费用。

采用变动成本法，产品成本只包括变动成本，无论是在产品、库存产品，还是已销产品，其成本都只包含变动成本。因此期末存货是按变动成本计价的，并不包括固定成本，固定成本全部作为期间成本处理，直接计入当期利润表，不会转化为销货成本和存货成本。显然，这必将导致两种成本计算方法确定的期末存货成本和当期销货成本的成本水平不同。

两种成本计算法的成本流程如图3-3所示。

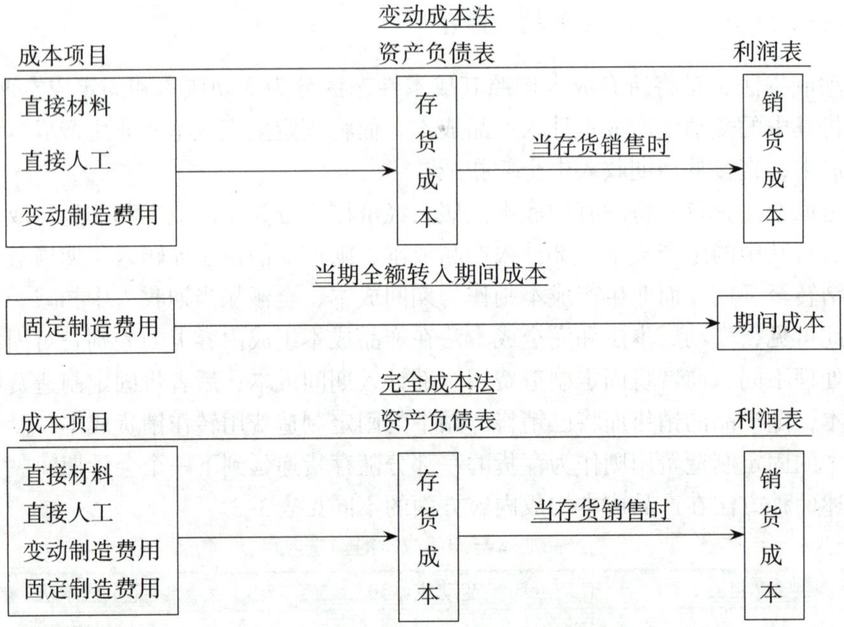

图3-3 两种成本计算法的成本流程图

五、确定税前净利的程序与税前净利的结果可能不同

企业利润计划和经营决策的重要依据是企业产品的盈利能力。在变动成本法下，产品损益的确定程序是贡献式损益确定程序，也就是产品的盈利能力是通过贡献毛益来表现的，它是产品销售收入减去变动成本后的余额。贡献毛益补偿企业的固定成本后的余额，才是企业最终实现的税前利润。因此，在变动成本法下，税前净利应按照下列两步计算：

销售收入-变动成本=边际贡献

边际贡献-固定成本=税前净利

其中：

变动成本=变动生产成本+变动非生产成本

固定成本=固定生产成本+固定管理费用+固定销售费用

式中的变动非生产成本是指变动推销和管理成本，至于变动生产成本的计算只需以单位变动生产成本乘以销售量，无须考虑期初、期末存货的增减变动。

由以上公式可以看出，贡献毛益超过固定成本越多，则企业的盈利越多。因此，产品的贡献毛益可以反映盈利能力，它是变动成本法计算损益的中间盈利能力指标。

完全成本法计算损益的方法是：将销售收入扣除本期已销产品成本，得到的差额即销售毛利，再用销售毛利扣除期间费用，得到的差额就是税前净利。因此，在完全成本法下，税前净利按照下列两步计算：

销售收入-销货成本=销售毛利

销售毛利-期间成本=税前净利

其中：

销货成本=按完全成本法计算的本期销货成本

=期初存货成本+本期生产成本-期末存货成本

期间成本=非生产成本=销售费用+管理费用+财务费用

式中的期间成本包括全部变动的与固定的销售及管理费用。

六、利润表的编制不同

在变动成本法下，通过计算贡献毛益这个中间指标来确定本期损益，所以称利用变动成本法编制的利润表为贡献式利润表；而在完全成本法下，通过计算销售毛利这个中间指标来确定损益，所以将利用完全成本法编制的利润表称为职能式利润表（见表3-4）。

表3-4 按照两种成本法编制的贡献式利润表和职能式利润表 单位：元

贡献式利润表		职能式利润表	
销售收入（10×4 000）	40 000	销售收入（10×4 000）	40 000
减：变动成本		减：销货成本	
变动生产成本（4×4 000）	16 000	期初存货成本	0
变动销售费用	3 000	本期生产成本（6×5 000）	30 000
变动管理费用	1 000	可供销售的产品成本	30 000
变动成本合计	20 000	减：期末存货成本	6 000
边际贡献	20 000	本期销货成本合计	24 000
减：固定成本		销货毛利	16 000
固定制造费用	10 000	减：期间成本	
固定销售费用	1 000	销售费用	4 000
固定管理费用	1 000	管理费用	2 000
固定成本合计	12 000	期间成本合计	6 000
税前净利	8 000	税前净利	10 000

我们把按照两种方法编制的两张利润表加以对比分析，就可以看出两种成本计算法在编制利润表方面有以下三个显著的差别：

（一）成本项目的排列方式不同

按完全成本计算法编制的利润表是把所有成本项目按生产、推销、管理等经济职能进行排列，能提供“销售毛利”指标。它主要是为了满足企业外界有经济利害关系的团体或个人的需要而编制的，故亦称职能式利润表。它将本期发生的销售费用、管理费用、财务费用全部列示在传统的职能式利润表中的期间费用下，并从销货毛利中扣除。而按变动成本计算法编制的利润表则将所有成本项目按成本性态排列，并提供“贡献毛益”指标，主要是为了便于取得边际贡献信息。它是为了满足企业内部管理层规划与控制经济活动的需要而编制的，故亦称贡献式利润表。它将销售费用、管理费用、财务费用按成本性态分别处理，并将其中的变动部分在计算贡献毛益时从销货收入中扣除，而固定部分则在计算损益时从贡献毛益中扣除。虽然它们在不同的利润表中所列位置和补偿途径不同，但是最终的归宿是一样的——均作为期间成本全额计入当期利润表。

（二）对固定成本的处理不同

完全成本法把固定生产成本即固定制造费用视作产品成本的一部分，即把它全部吸收到产品的生产成本中，因而每销售一批产品（本例是4 000件）其固定制造费用就构成销货成本。至于尚未售出的期末存货（本例是1 000件），与产品生产成本一样，每件存货成本也包含固定制造费用（本例是2元），它们必须结转至下一个会计年度（本例结转至下一年度的是2 000元（2×1 000））。而变动成本法把本期发生的所有固定生产成本，全部作为期间成本在边际贡献总额中减除。这样一来，它的销货成本就包括已经出售的产品的变动成本，只要用单位变动生产成本乘以本期的实际销售量，再加上变动的销售及管理费用，即构成变动成本总额。这里必须注意的是，固定生产成本与期末存货的有无或多少毫无关系，因而也就无须转入下一个会计年度。

（三）计算出来的税前净利不同

在本例中，采用完全成本计算法求得的税前净利比采用变动成本计算法算出的结果要多2 000元（10 000−8 000）。这是因为完全成本计算法把1 000件期末存货中每件所包含的固定制造费用2元，从销售成本转至下一个会计年度，共计转出2 000元（2×1 000）。正是由于销售成本少了2 000元，于是销售毛利就多了2 000元。而变动成本计算法因为已把全部固定成本列入期间成本作为当期的费用开支，故其期末存货只包含变动成本，不存在固定制造费用转入下一会计年度的问题。两者对比，变动成本计算法算出的税前净利当然就比完全成本计算法的结果少2 000元。总之，两种成本计算法所算出的税前净利之所以有差别，是因为它们从销售收入中扣除的固定成本的金额不同。变动成本计算法不管产销量怎样，总是把本期的固定成本总额全部扣除，而完全成本计算法所扣除的固定成本，则是期初存货中的固定成本+本期固定成本总额−期末存货中的固定成本。

【提示】利用变动成本法编制的贡献式利润表和利用完全成本法编制的职能式利

润表存在着显著的差别，主要表现为成本项目的排列方式不同、对固定成本的处理方式不同、计算出来的税前净利不同。

七、适用性不同

完全成本法是传统的成本计算方法，它主要遵循企业财务会计原则，汇总和分配企业在一定期间内所发生的生产费用，计算和确定产品成本和存货成本，因此，完全成本法主要适用于财务会计的系统，用来编制对外的财务报表；而变动成本法是为了适应加强内部经营管理的需要、对成本进行规划和日常控制，以及改善经营决策而产生的，故变动成本法主要适用于管理会计系统，用于编制企业内部的管理报表，为内部管理提供有用的信息。

【动脑筋】变动成本法与完全成本法在计算产品成本和确定企业损益时，对固定制造费用的处理方法截然不同，从而导致了两种方法的一系列差异。变动成本法与完全成本法的主要区别有哪些？如何理解这些差异？

【育德于技 3-2】湖南宇新能源科技股份有限公司新产品投产

背景：湖南宇新能源科技股份有限公司（以下简称“公司”）的控股子公司惠州博科环保新材料有限公司（以下简称“博科新材”）年产 6 万吨全生物降解塑料的 PBAT 项目（以下简称“该项目”）已于 2023 年 3 月 13 日取得《危险化学品建设项目试生产（使用）方案备案回执》。该项目进入试生产阶段后，经过对装置相关设备的安装和调试、技术工艺参数的优化和调整，现已产出各项指标均达到优等品标准的产品。

该项目的顺利投产是公司迈向可降解塑料领域的第一步，为公司进入该领域打下了良好的基础，未来公司将着力于产品改性及可降解塑料新产品的研发，生产比现有产品质量更好、价格更接近普通塑料的可降解塑料产品，助力可降解塑料产品的推广和应用，为减少塑料污染和保护生态环境贡献一份力量。

资料来源：湖南宇新能源科技股份有限公司董事会. 湖南宇新能源科技股份有限公司关于控股子公司年产 6 万吨全生物降解塑料 PBAT 项目产出合格产品的公告［EB/OL］.［2023-05-25］. https：//pdf.dfcfw.com/pdf/H2_AN202305041586257262_1.pdf？1683219508000.pdf.

问题：湖南宇新能源科技股份有限公司新产品投产有什么重要意义？

分析：新产品投产属于企业一项重要决策，新产品顺利投产需要企业在加强产品质量管理的同时，加强成本控制。企业需要制定合理的经营决策——既能满足企业盈利的需求，也能满足社会的需求，在为企业和社会创造财富的同时，实现企业与社会、环境和谐发展。

典型任务举例

已知钱塘电机有限责任公司只生产和销售甲产品，年初无存货，2023年共生产甲产品5 000件，当期全部完工。经销售部门努力，全年销售量为4 000件，销售单价为10元。本年发生的有关生产经营性支出见表3-5。

表3-5 本年发生的有关生产经营性支出 单位：元

项目	金额	项目	金额
直接材料	10 000	直接人工	5 000
变动制造费用	5 000	固定制造费用	10 000
变动销售费用	3 000	固定销售费用	1 000
变动管理费用	1 000	固定管理费用	1 000

要求：

(1) 采用完全成本法和变动成本法计算公司2023年的产品成本和期间成本。

(2) 采用变动成本法和完全成本法确定期末存货和本期销货成本。

(3) 采用变动成本法与完全成本法计算公司的税前利润。

(4) 分别按照变动成本法编制贡献式利润表和按照完全成本法编制职能式利润表。

解：(1) 采用完全成本法和变动成本法计算该公司2023年的产品成本和期间成本（见表3-6）。

表3-6 产品成本和期间成本计算表

项目		变动成本法		完全成本法	
		总成本（元）	单位成本（元/件）	总成本（元）	单位成本（元/件）
产品成本	直接材料	10 000	2	10 000	2
	直接人工	5 000	1	5 000	1
	变动制造费用	5 000	1	5 000	1
	固定制造费用			10 000	2
	合计	20 000	4	30 000	6
期间成本	固定制造费用	10 000			
	销售费用	4 000		4 000	
	管理费用	2 000		2 000	
	合计	16 000		6 000	

从计算结果可以发现：完全成本法下产品的单位生产成本为6元，变动成本法下产品的单位生产成本只有4元，前者大于后者；而完全成本法下期间成本总额为6 000元，变动成本法下期间成本总额达到16 000元，后者大于前者。这种差异就在于对固定制造费用的不同处理，是由每件产品负担的固定制造费用2元（10 000÷5 000）造

成的。

（2）分别按变动成本法和完全成本法确定期末存货成本和本期销货成本，结果见表3-7。

表3-7　　期末存货成本和本期销货成本计算表

项　目	完全成本法	变动成本法
期初存货成本（元）	0	0
本期产品成本（元）	30 000	20 000
可供销售产品成本（元）	30 000	20 000
单位产品成本（元/件）	6	4
期末存货量（件）	1 000	1 000
期末存货成本（元）	6 000	4 000
本期销货成本（元）	24 000	16 000

从计算结果可以看出，按变动成本法计算的期末存货成本比按完全成本法计算的期末存货成本少2 000元，而按变动成本法计算的本期销货成本则比按完全成本法计算的本期销货成本少8 000元。之所以产生这个差异，原因在于完全成本法下包含固定生产成本10 000元（每单位产品分摊2元）。这样，按变动成本法计算的期末存货成本就比按完全成本法计算的期末存货成本少2 000元（1 000×（6−4））；按变动成本法计算的本期销货成本就比按完全成本法计算的本期销货成本少8 000元（4 000×（6−4））。

（3）采用变动成本法与完全成本法计算公司的税前利润，结果如下：

①变动成本法：

边际贡献=销售收入−变动成本

=4 000×10−［（4 000×4）+3 000+1 000］=20 000（元）

税前净利=边际贡献−固定成本

=20 000−（10 000+1 000+1 000）=8 000（元）

②完全成本法：

销售毛利=销售收入−销货成本

=4 000×10−［0+（6×5 000）−（6×1 000）］=16 000（元）

税前净利=销售毛利−期间成本

=16 000−（4 000+2 000）=10 000（元）

从以上计算结果可以看出，两种成本计算法算出的税前净利是不相等的，其原因就是这两种方法对期末存货的计价不同。

（4）分别按照变动成本法编制贡献式利润表和按照完全成本法编制职能式利润表，结果见表3-8。

表3-8 按照两种成本法编制的贡献式利润表和职能式利润表 单位：元

贡献式利润表		职能式利润表	
销售收入（10×4 000）	40 000	销售收入（10×4 000）	40 000
减：变动成本		减：销货成本	
变动生产成本（4×4 000）	16 000	期初存货成本	0
变动销售费用	3 000	本期生产成本（6×5 000）	30 000
变动管理费用	1 000	可供销售的产品成本	30 000
变动成本合计	20 000	减：期末存货成本	6 000
边际贡献	20 000	本期销货成本合计	24 000
减：固定成本		销货毛利	16 000
固定制造费用	10 000	减：期间成本	
固定销售费用	1 000	销售费用	4 000
固定管理费用	1 000	管理费用	2 000
固定成本合计	12 000	期间成本合计	6 000
税前净利	8 000	税前净利	10 000

同步训练

一、判断题（正确的在括号内打“√”，错误的打“×”）

（　　）1. 两种成本法计入当期利润表的期间费用，虽然形式上不同，但实质上相同。

（　　）2. 无论在哪一种成本计算法下，非生产成本都作为期间成本处理，必须在发生的当期全额计入利润表，不同的只是列入利润表的位置和补偿的顺序。

（　　）3. 在变动成本法下，产品成本只包括变动生产成本，固定生产成本和固定非生产成本作为期间成本处理。

（　　）4. 变动成本法提供的信息主要为了满足对外提供报表的需要，而完全成本法提供的信息是满足面向未来决策、强化企业内部管理的需要。

（　　）5. 按两种成本计算方法编制的利润表所提供的中间指标不同，变动成本法所提供的中间指标是“营业毛利”，完全成本法所提供的中间指标是“贡献毛益”。

二、选择题（每题至少有一个正确答案，请将正确答案填在括号内）

1. 在变动成本法下，产品成本只包括（　　）。

A. 制造成本　　B. 生产成本　　C. 变动生产成本　　D. 变动成本

2. 完全成本法和变动成本法在计算产品生产成本时，主要差异在于（　　）。

A. 变动制造费用　　B. 变动销售及管理费用

C. 固定制造费用　　D. 固定销售及管理费用

3. 在变动成本法下，固定制造费用应当列为（　　）。

A.非生产成本　　B.期间成本　　C.产品成本　　D.直接成本

4.下列各项中，应当构成变动成本法产品成本内容的有（　）。

A.直接材料　　B.制造费用　　C.直接人工　　D.变动制造费用

5.下列各项中，属于变动成本法与完全成本法的区别的有（　）。

A.产品成本的构成内容不同　　B.计算出的营业利润不相等

C.利润表的格式不同　　D.损益确定的程序不同

三、计算分析题

天地公司过去3年的产销量、成本及售价等资料见表3-9。

表3-9　天地公司产销量、成本及售价一览表

<table>
<tr><th>业务量</th><th>第一年</th><th>第二年</th><th>第三年</th><th>合　计</th></tr>
<tr><td>期初存货量（件）</td><td>0</td><td>0</td><td>1 000</td><td>0</td></tr>
<tr><td>当年生产量（件）</td><td>4 000</td><td>4 000</td><td>4 000</td><td>12 000</td></tr>
<tr><td>当年销售量（件）</td><td>4 000</td><td>3 000</td><td>5 000</td><td>12 000</td></tr>
<tr><td>期末存货量（件）</td><td>0</td><td>1 000</td><td>0</td><td>0</td></tr>
<tr><td colspan="2">售价、成本资料</td><td colspan="3">单位产品成本</td></tr>
<tr><td colspan="2" rowspan="3">每件售价　15元
生产成本：
单位变动成本　5元/件
固定成本总额　12 000元
销售及管理费用：
单位变动成本　3元/件
固定成本总额　8 000元</td><td>完全成本法</td><td colspan="2">变动成本法</td></tr>
<tr><td>变动生产成本5元/件
固定生产成本3元/件</td><td colspan="2">变动生产成本5元/件</td></tr>
<tr><td>单位产品成本8元/件</td><td colspan="2">单位产品成本5元/件</td></tr>
</table>

要求：根据资料，不考虑销售税金，分别采用变动成本法和完全成本法计算各年度税前净利。

参考答案

任务三　评价变动成本法与完全成本法

知识准备

一、变动成本法的优缺点

（一）变动成本法的优点

变动成本法从无到有，再到被人们普遍重视并且广泛应用，根本原因在于其自身所具有的突出优点，而这恰恰是传统的成本计算方法所不具备的。

1. 变动成本法增强了成本信息的有用性，有利于企业的短期决策

从前面的例子中可以看出，完全成本法下计算的利润受到存货变动的影响，而这种影响是有悖于逻辑的：尽管产品的生产是企业实现利润的必要条件之一，但不是充分条件，只有产品销售出去，其价值才被社会所承认，企业才能取得收入和利润。产品的销售，不仅是企业实现收入和利润的必要条件，也是充分条件，多销售才会多得利润。至于在产销均衡的条件下，多生产当然会多得利润，但在变动成本法和完全成本法下利润计算的结果是完全一样的。

完全成本法下由于产量波动而导致的利润波动，有时会达到令人无法忍受的程度，即当期增加销售以前生产的亏损产品时，不仅不会提高利润，反而会使利润下降。也就是说，完全成本法下提供的成本信息不仅无助于进行正确的决策，有时还可能是有害的，而在变动成本法下则可以避免上述问题的发生。

2. 变动成本法更符合配比原则中的“期间配比”

变动成本法的基本原理就是将当期所确认的费用，按照成本性态分为两大部分：一部分是与产品生产数量直接相关的成本（变动成本），包括直接材料、直接人工和变动制造费用，应将这部分成本中已销售产品负担的部分（当期销售成本）与销售收入相配比，未销售产品负担的部分（期末存货成本）与未来收入相配比；另一部分则是与产品生产数量无直接联系的成本，即固定制造费用，这部分成本是企业为维持正常生产所必须负担的成本，它们与生产能力的利用程度无关，既不会因为产量的提高而增加，也不会因为产量的下降而减少，只会随着时间的推移而丧失，因而作为一种为取得收益而已然丧失的成本当然应全部列为期间成本而与当期的收入相配比，故更符合期间配比原则。至于销售费用、管理费用与财务费用，在变动成本法下同样被视作期间成本，只不过在进行相关决策时，也需要按成本性态进行划分。

3. 变动成本法便于进行各部门的业绩评价

制定标准成本和费用预算、考核执行情况、兑现奖惩是加强企业管理的一种有效做法，变动成本法为这一做法提供了正确的思路和恰当的操作方法。

（1）关于供应部门。供应部门的业绩如何，通常可以从以下两个方面来评价：一是供应总成本即供应资金的占用情况。在不影响产品生产需要的前提下，供应资金占用越少越好，因此应当进行总量控制。二是单位供应成本，包括采购成本和保管成本。采购成本包括买价、包装费、运输费、途中保险费、途中损耗、入库前的挑选整理费及差旅费等；保管成本则主要包括保险费、财产税及库中损耗等。上述单位供应成本基本上符合变动成本法下的变动成本概念，应建立标准成本进行控制和业绩评价。至于供应部门的其他费用，要么可控程度不高，如工资、办公费、维修费等；要么根本不可控，如自设仓库的折旧费、水电费、空调费、取暖费等，基本上属于固定成本，与存货的供应数量没有关系，也不包含在供应部门的业绩评价范围内。

（2）关于生产部门。变动成本法便于业绩评价这一优点在生产部门表现得最为突出。生产部门应该只对生产产品的物耗水平负责，直接材料、直接人工和变动制造费用等方面如有节约或超支，会立即从产品的变动生产成本指标上反映出来。至于固定

制造费用，如按期计提的厂房和设备折旧费，其高低通常由管理部门而不是生产部门负责，对生产部门的业绩评价当然不应包括这部分的内容。

（3）关于销售部门。变动成本法便于业绩评价这一优点在销售部门表现得最为直接。销售部门只对销售数量负责，销售越多则业绩越好。生产数量与销售数量之间只是简单的“生产数量是销售数量的上限”这种关系。销售部门业绩的好与坏只能根据特定时期销售数量的多少进行独立评价，当然不能根据前述的“销量相同而产量不同时各期损益不同”这一不合逻辑的情况来评价。

4. 变动成本法能够促使企业管理者重视销售，防止盲目生产

提升产品销量从而增加企业利润是一种常识，但是在完全成本法下，却会出现“销售量下降，但利润因产量大幅上升而不减反增”这样一种极端不正常的现象。这种信息会导致企业盲目生产，结果造成产品积压，而产品积压不仅会导致资金长期占用和保管成本上升，还可能会导致产品的永久性损失，如折价、毁损、报废等。

采用变动成本法后，由于产量的高低与存货的增减对企业的利润均无影响，所以当销售品种构成、销售价格、单位变动成本不变时，企业利润将只随销售数量的变化而变化，销售量大则利润高。这种信息必然会使管理者更加重视销售环节，把注意力更多地集中在分析市场动态、开拓销售渠道、搞好售后服务这些方面，从而防止盲目生产这一情况的出现。

在分析“完全成本法重视生产，而变动成本法重视销售”这一问题时，还必须注意到，随着生产力水平的不断提高、资本有机构成的不断上升，设备折旧费这项重要的固定性制造费用在两种成本法下的杠杆作用也会越来越大。也就是说，两种成本计算方法对损益计算的影响差异有可能进一步扩大。

5. 变动成本法可以简化成本计算工作

在变动成本法下，固定制造费用全部作为期间成本而从贡献毛益中一次扣除，从而省去了各种固定制造费用的分摊工作（在完全成本法下则必须分摊）。这样做不仅大大简化了产品成本的计算工作，而且避免了各种固定制造费用分摊中的主观随意性。在多品种生产的企业，变动成本法的上述优点更为突出。

（二）变动成本法的缺点

与完全成本法相比，应该说变动成本法的优点是主要的。正因为如此，不少人认为变动成本法不仅适用于提供与短期决策相关的成本信息，也适用于提供对外报告的成本信息。当然，变动成本法也有一定局限性，主要表现在：

（1）按变动成本法计算的产品成本至少目前还不合乎税法的有关要求。

（2）按成本性态将成本划分为固定成本与变动成本具有局限性，即这种划分在很大程度上是假设的结果。

（3）当面临长期决策时，变动成本法的作用会随决策期的延长而被削弱。

二、完全成本法的优缺点

完全成本法的优缺点是相对于变动成本法而言的，正如变动成本法的优缺点是相对于完全成本法而言一样。例如，变动成本法下的产品成本不符合传统的成本概念，

而完全成本法下的产品成本就符合传统的成本概念。但变动成本法与完全成本法之间也并不是一种简单的非此即彼的关系。例如，变动成本法使人们更加重视销售环节，这当然是优点；而完全成本法使人们重视生产环节（有刺激生产的作用），这也不一定就是缺点，至少不一定总是缺点（如当产品供不应求时，生产就是第一位的）。值得一提的是，完全成本法更符合配比原则中的“因果配比”，因为生产产品的成本——无论是直接人工、直接材料，还是制造费用——全部要归集到产品中，并在产品实现销售时从收入中一次扣除。

此外，变动成本法与完全成本法还有共同的局限性：决策是面向未来的，而无论是完全成本法还是变动成本法，都是面向过去的，都是对过去经济活动的反映，所以除非它们能协助决策，否则其所提供的成本信息就没有价值可言。

在评价变动成本法与完全成本法的优劣时，有一个问题应该引起足够的重视，那就是社会经济的发展必然导致资本有机构成的提高，固定性制造费用当然也会提高，相对而言，直接成本，特别是直接人工成本在制造成本中所占的比重会越来越小，变动成本法下的成本信息对决策的作用恐怕要做进一步分析。

三、变动成本法的应用

从前面的内容可以看出，完全成本法与变动成本法各有优点和不足，而且从某种意义上讲，双方的不足之处可以通过对方来弥补。比如，完全成本法对企业内部经营管理而言有很大的局限性，尤其不利于企业的短期决策，而变动成本法则对企业内部经营管理有很大帮助，有利于企业的短期决策。再如，变动成本法不适用于编制对外的会计报表，而完全成本法适用。这些都说明变动成本法与完全成本法之间不会也不应该是排斥关系，而应该是相互结合、相互补充的关系。

完全成本法就是传统的成本计算方法，企业对其都有一套成熟的计算程序和方法，如何在这个基础上应用变动成本法呢？企业显然不宜搞两套平行的成本计算系统，而只能以一种成本计算方法为基础来建立统一的成本计算系统。那么，应该以哪一种成本计算方法为基础呢？如前所述，变动成本法的优点是主要的，而且是多方面的，这一方法下的成本信息可以满足企业内部经营管理的多方面的需要，而完全成本法的优点主要表现在会计报表的编制上，但这只是一项非经常性的工作（真正意义上的对外报表——年报——一年只编制一次）。所以，应该以变动成本法为基础建立统一的成本计算系统。以变动成本法为基础还有另外一个理由：变动成本法将固定制造费用全部作为期间成本，只是在编制对外会计报表时做适当的分配调整，以确定应由当期已销产品和期末存货分别负担的份额。这样做不仅可以大大减轻工作量，从手法上讲也更合乎逻辑。这种成本计算系统既在账户层面上将制造费用按成本性态进行了划分和归类，满足了管理的要求，也兼顾了会计报表对账户信息的要求。

以变动成本法为基础建立统一的成本计算系统，具体做法是：

（1）日常核算以变动成本法为基础，“在产品（生产成本）”“产成品”账户均计入变动成本。

（2）设置“变动制造费用”账户，借方用以核算生产过程中发生的变动费用，期末则将其发生额转入“在产品”账户。也可以将“变动制造费用”账户作为“在产品”账户的二级账户处理，这样做更符合传统的成本计算习惯。

（3）设置“固定制造费用”账户，借方用以归集当期发生的固定制造费用，期末则将应由已销产品负担的部分自贷方转入“销售成本”账户的借方而列入利润表。该账户的期末余额为期末在产品和产成品所应负担的固定制造费用，期末与“在产品”和“产成品”账户的余额合计列入资产负债表的“存货”项下。

（4）设置“变动非制造费用”和“固定非制造费用”账户，借方用以分别归集销售费用和管理费用中的变动部分和固定部分，期末则全部由贷方转入“本年利润”账户。

典型任务举例

假设东方有限责任公司生产单一产品，且期末无在产品，其他有关资料见表3-10。

表3-10　其他有关资料

项　目	数量或金额
期初存货	0
当期产量	5 000件
当期销量	4 000件
期末存货	1 000件
单位变动成本	
直接材料	10元
直接人工	6元
变动性制造费用	4元
固定性制造费用	30 000元
变动性非制造费用（假设随销量变动）	16 000元
固定性非制造费用	50 000元
单位产品售价	45元

要求：请以变动成本法为基础完成公司相关成本和利润的计算。

解：以变动成本法为基础的成本计算系统账务处理程序可以用T形账户反映，如图3-4所示。

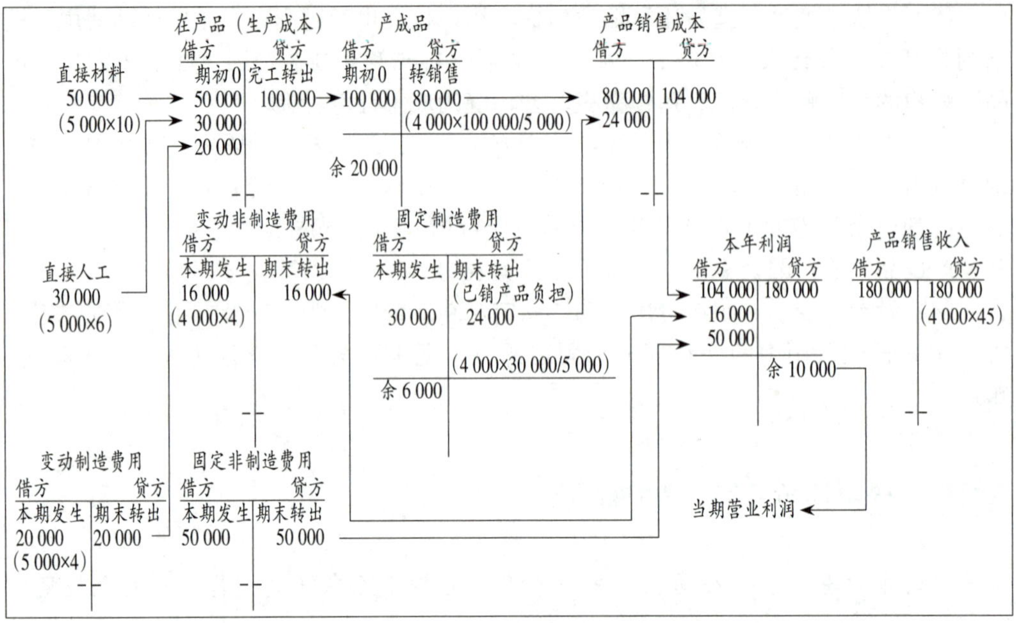

图3-4 成本计算系统账务处理程序图

按照上述账务处理程序计算的结果，列入利润表的产品销售成本为104 000元（变动制造成本80 000元+由已销产品负担的固定制造费用24 000元），与完全成本法下计算的结果（4 000×（10+6+4+30 000/5 000）=104 000）完全一致；而“固定制造费用”的期末余额（6 000元）则作为期末存货成本的一部分，与“产成品”期末余额一起列入了资产负债表。

【请注意】在以变动成本法为基础设置账户时，并不一定完全参照图3-4，企业应结合自己的经营特点设置账户。例如，将直接材料、直接人工和变动制造费用直接作为“在产品（生产成本）”的二级账户；对销售费用和管理费用（它们中绝大多数属于固定成本）仍可沿用企业通常采用的多栏式记账方式，只不过对于其中的变动性费用需要单独列项登记。

同步训练

一、判断题（正确的在括号内打“√”，错误的打“×”）

（　　）1.使用变动成本法既有利于短期决策，也有利于长期决策。

（　　）2.使用变动成本法便于进行各部门的业绩评价。

（　　）3.变动成本法的缺点之一是它不符合“费用与收入相配比”的会计原则。

（　　）4.变动成本法使人们更重视销售环节，而完全成本法使人们更重视生产环节。

（　　）5.变动成本法可以简化成本计算工作，但容易造成固定性制造费用分摊中的主观臆断性。

二、选择题（每题至少有一个正确答案，请将正确答案填在括号内）

1. 下列说法中不属于变动成本法的优点的是（　　）。

A. 能够促使企业以销定产　　B. 便于简化成本核算

C. 有利于降低成本　　D. 能更好地满足对外提供报告的要求

2. 两种成本计算法下的利润产生差额的根本原因是（　　）。

A. 期间成本不同

B. 产品成本不同

C. 对固定制造费用的处理方式不同

D. 计入当期利润表的固定制造费用的水平不同

3. 变动成本法提供信息的主要用途是（　　）。

A. 满足对外提供报表的需要

B. 满足决策、强化内部管理的需要

C. 使营业净利润的计算更加科学

D. 使销货成本及存货成本的计算更为合理

4. 变动成本法的优点主要包括（　　）。

A. 简化成本计算　　B. 便于成本控制　　C. 便于短期决策　　D. 促使盲目生产

5. 下列各项中属于变动成本法和完全成本法结合的应用有（　　）。

A. 日常核算以变动成本法为基础　　B. 期末编制完全成本法的会计报表

C. 单独核算变动制造费用　　D. 单独核算固定制造费用

参考答案

项目小结

本项目主要知识点归纳总结见表3-11。

表3-11　本项目主要知识点归纳总结

主要知识点		内　容
变动成本法认知	变动成本法的概念	变动成本法是指在组织常规的产品成本计算的过程中，以成本性态分析为前提，在计算产品成本时只将产品生产过程所消耗的直接材料、直接人工和变动制造费用（即变动生产成本）作为产品成本的构成内容，而将固定制造费用（即固定生产成本）及非生产成本全部作为期间成本处理的产品成本计算方法
	完全成本法的概念	人们把财务会计中的传统的成本计算方法称为“完全成本法”，即在计算产品成本和存货成本时，把一定时期发生的直接材料、直接人工和全部制造费用（包括变动制造费用和固定制造费用）都包括在内的方法
	变动成本法的理论依据	变动成本法的理论依据包括：产品成本只是随着产量增减而增减的变动成本，固定制造费用应该作为期间成本

续表

主要知识点	内 容	
比较变动成本法和完全成本法	(1)理论依据不同;(2)应用的前提条件与成本构成内容不同;(3)产品成本与期间成本的构成内容不同;(4)销货成本与存货成本的水平及成本流程不同;(5)确定税前净利的程序与税前净利的结果可能不同;(6)利润表的编制不同;(7)适用性不同	
评价变动成本法与完全成本法	变动成本法的优缺点	变动成本法的优点:(1)增强了成本信息的有用性,有利于企业的短期决策;(2)更符合配比原则中的"期间配比";(3)便于进行各部门的业绩评价;(4)能够促使企业管理者重视销售,防止盲目生产;(5)可以简化成本计算工作,避免固定制造费用分摊中的主观臆断性 变动成本法的缺点:(1)按变动成本法计算的产品成本目前还不符合税法的有关要求;(2)按成本性态将成本划分为固定成本与变动成本具有局限性,即这种划分在很大程度上是假设的结果;(3)当面临长期决策时,变动成本法的作用会随决策期的延长而被削弱
	完全成本法的优缺点	完全成本法的优点:(1)完全成本法下的产品成本符合传统的成本概念;(2)完全成本法使人们重视生产环节(有刺激生产的作用);(3)完全成本法更符合配比原则中的"因果配比" 完全成本法的缺点:决策是面向未来的,而无论是完全成本法还是变动成本法,都是面向过去的,是对过去经济活动的反映,所以除非它们能协助决策,否则其所提供的成本信息就没有价值可言
	变动成本法的应用	(1)日常核算以变动成本法为基础,"在产品(生产成本)""产成品"账户均计入变动成本 (2)设置"变动制造费用"账户,借方用以核算生产过程中发生的变动费用,期末则将其发生额转入"在产品"账户。也可以将"变动制造费用"账户作为"在产品"账户的二级账户处理,这样做更符合传统的成本计算习惯 (3)设置"固定制造费用"账户,借方用以归集当期发生的固定制造费用,期末则将应由已销产品负担的部分自贷方转入"销售成本"账户的借方而列入利润表。该账户的期末余额为期末在产品和产成品所应负担的固定性制造费用,期末与"在产品"和"产成品"账户的余额合计列入资产负债表的"存货"项下 (4)设置"变动非制造费用"和"固定非制造费用"账户,借方用以分别归集销售费用和管理费用中的变动部分和固定部分,期末则全部由贷方转入"本年利润"账户

项目四

本量利分析

【学习目标】	1. 掌握达到盈亏平衡点的销售量或实现目标利润的销售量 2. 掌握达到盈亏平衡点的销售额或实现目标利润的销售额 3. 掌握如何在多种产品条件下应用本量利分析 4. 能够编制本量利关系图 5. 能够应用本量利关系图进行分析 6. 能够对影响利润的各因素进行敏感性分析
【素养目标】	1. 能本着敬业精神仔细分析和掌握本量利的规律，为实现保本和预定的盈利合理规划产品产量，提高生产数量精准性，提高企业经营效益，为国家和社会富强贡献力量 2. 根据产品种类和其不同成本类型，采取不同方式与策略进行收入、成本和利润控制，做到产品生产结构合理、有效控制成本、利润最大化；减少甚至杜绝浪费，促进企业内部各产品生产、企业与外部市场需求和谐，增加企业和社会财富
【知识点】	本量利分析　盈亏平衡点　盈亏平衡点销售量（额）　安全边际　安全边际率　贡献毛益率　变动成本率　销售利润率　本量利关系图　敏感性分析
【技能点】	计算盈亏平衡点　编制本量利关系图　应用本量利关系图进行分析　对影响利润各因素进行敏感性分析

案例导入

箭牌家居产品升级驱动盈利扩张

箭牌家居创立于1994年，覆盖卫生陶瓷、龙头五金、浴室家具等以卫浴为主的家居产品，2022年收入规模达75亿元，毛利率32.8%。其主要品牌包括箭牌、法恩莎、安华，分别定位于智慧、艺术、时尚家居。其渠道以经销零售为主，直销电商业务快速增长。箭牌家居在中国拥有1.2万余家销售网点、十大生产基地。

卫浴行业品牌与功能属性利于龙头集中，智能化趋势推动国产品牌份额提升。我国卫浴行业的零售市场高端国际品牌份额居前，国产品牌中箭牌位列第三，市占率约9.8%；线上平台国产品牌份额居前，且集中度逐年提升；智能坐便器行业市场增速较快，国内目前渗透率、集中度较低。消费者对于产品功能性有需求，进而推动产品智能化升级进程，渗透率与精装房配套率持续提升。在产品端，智能产品占比提升拉动单价和毛利率。2019—2022年，卫浴行业智能产品收入占比从20%提升至25%，智能马桶价格约为传统马桶价格的4.3倍，毛利率较普通卫生陶瓷产品高4%。在渠道端，经销家装及直销电商渠道引领增长。渠道结构变化拉动净利率提升；传统线下零售渠道经销商人数/店数/提货额快速增长；专卖店渠道发展较好，家装店和下沉市场成长性高。在产能方面，八大生产基地分布广东、江西等地，自产比例较高。

成长性：智能坐便器行业增长可期，箭牌家居市占率及利润率持续提升。卫浴行业的成长性在于替换需求与产品智能化升级。智能坐便器行业渗透率年均提升2%，驱动行业快速增长，有望实现双位数复合增长。箭牌家居的成长性在于渠道及品类多元化，产品升级及智能化带动收入增长，大力拓展的经销家装及直销电商渠道引领增长；同时，产品结构及渠道结构改善、自产比例提升拉动毛利率和净利率增长。

资料来源：丁诗洁. 箭牌家居（001322）：乘卫浴智能化东风 产品升级驱动盈利扩张［EB/OL］.［2023-05-25］. http://stock.finance.sina.com.cn/stock/go.php/vReport_Show/kind/company/rptid/735287591523/index.phtml.

思考：

（1）箭牌家居2022年收入下降，盈利水平为什么会上升？

（2）箭牌家居的盈利水平上升给你哪些提示？

分析：

（1）箭牌家居2022年收入下降，但是盈利上升的根源在于箭牌家居2022年盈利能力较强，毛利率较高的智能产品比重上升，盈利较多的产品比重上升弥补了盈利较少的产品收入下降的损失，并获得更高的总体盈利水平。

（2）当企业生产和销售多种产品时，企业应该根据市场行情和企业本身的优势及时调整各产品的比重，力图提高盈利能力强的产品比重，提高总体盈利水平。

任务一　本量利分析认知

知识准备

本量利分析着重研究销售数量、价格、成本和利润之间的数量关系，它所提供的原理、方法在管理会计中有着广泛的用途，同时它又是企业进行决策、计划和控制的重要工具。

一、本量利分析的基本概念

本量利分析是成本-产量（或销售量）-利润依存关系分析的简称，也称为CVP分析（Cost-Volume-Profit Analysis），是指在变动成本计算模式的基础上，以数学化的会计模型与图文来揭示固定成本、变动成本、销售量、单价、销售额、利润等变量之间的内在规律性联系，为会计预测、决策和规划提供必要的财务信息的一种定量分析方法。

二、本量利分析的基本假设

在现实经济生活中，成本、销售数量、价格和利润之间的关系非常复杂。例如，成本与业务量之间可能呈线性关系，也可能呈非线性关系；销售收入与销售量之间也不一定是线性关系，因为售价可能发生变动。为了建立本量利分析理论，必须对上述复杂的关系做一些基本假设，由此来严格限定本量利分析的范围，对于不符合这些基本假设的情况，可以进行本量利扩展分析。

（一）相关范围和线性关系假设

由于本量利分析是在成本性态分析基础上发展起来的，所以成本性态分析的基本假设也就成为本量利分析的基本假设，即在相关范围内，固定成本总额保持不变，变动成本总额随业务量变化呈正比例变化。前者用数学模型来表示就是y=a，后者用数学模型来表示就是y=bx，所以，总成本与业务量呈线性关系，即y=a+bx。相应地，假设售价也在相关范围内保持不变，销售收入与销售量之间也呈线性关系，用数学模型来表示就是以售价为斜率的直线y=px（p为销售单价）。这样，在相关范围内，成本与销售收入均分别表现为直线。

由于有了相关范围和线性关系这种假设，就把在相关范围之外，成本和销售收入分别与业务量呈非线性关系的实际情况排除在外了。但在实际经济活动中却存在成本、销售收入和业务量之间呈非线性关系这种现象。为了解决这一问题，后面会放宽这些假设，讨论非线性条件下的情况。

【请注意】本量利分析的线性假设要求我们通过数学工具将实际经济活动中的非

线性问题转化成线性问题。

（二）品种结构稳定假设

品种结构稳定是指在一个生产和销售多种产品的企业里，每种产品的销售收入占总销售收入的比重不会发生变化。但在现实经济生活中，企业很难始终按照一个固定的品种结构来销售产品，如果销售产品的品种结构发生较大变动，必然导致利润与原来品种结构不变假设下预计的利润有很大差别。有了这种假定，就可以使企业管理人员关注价格、成本和业务量对营业利润的影响。

（三）产销平衡假设

产销平衡是指企业生产出来的产品总是可以销售出去，能够实现生产量等于销售量。在这一假设下，本量利分析中的量就是指销售量而不是生产量，进一步讲，在销售价格不变时，这个量就是销售收入。但在实际经济生活中，生产量可能会不等于销售量，这时产量因素就会对本期利润产生影响。

正因为本量利分析建立在上述假设基础上，所以一般只适用于短期分析。在实际工作中应用本量利分析原理时，必须从动态的角度去分析企业生产经营条件、销售价格、品种结构和产销平衡等因素的实际变动情况，调整分析结论，积极应用动态分析和敏感性分析等技术来克服本量利分析的局限性。

三、本量利分析的基本概念

（一）基本公式

本量利分析是以成本性态分析和变动成本法为基础的，其基本公式是变动成本法下计算利润的公式，该公式反映了价格、成本、业务量和利润各因素之间的相互关系。公式为：

税前利润=销售收入-总成本=销售价格×销售量-（变动成本+固定成本）

=销售单价×销售量-单位变动成本×销售量-固定成本

即：$P=px-bx-a=(p-b)x-a$

式中：P为税前利润；p为销售单价；b为单位变动成本；a为固定成本；x为销售量。

该公式是本量利分析的基本出发点，以后的所有本量利分析可以说都是在该公式基础上进行的。

（二）基本概念

1.贡献毛益

贡献毛益是指产品的销售收入扣除变动成本之后的金额，表明该产品为企业作出的贡献，也称边际贡献、边际利润或创利额，是用来衡量产品盈利能力的一项重要指标。

贡献毛益可以用总额形式表示，也可以用单位贡献毛益和贡献毛益率形式表示。

（1）贡献毛益总额。贡献毛益总额是指产品销售收入总额与变动成本总额之间的差额。其用公式表示为：

贡献毛益总额=销售收入总额-变动成本总额

即：$TCM = px - bx$

由于：税前利润=销售收入总额-变动成本总额-固定成本=贡献毛益总额-固定成本

可以写成：$P = TCM - a$

所以：贡献毛益总额 = 税前利润 + 固定成本

即：$TCM = P + a$

（2）单位贡献毛益。单位贡献毛益是指单位产品售价与单位变动成本的差额。其用公式表示为：

单位贡献毛益 = 销售单价 - 单位变动成本

即：$UCM = p - b$

该指标反映每销售一件产品所带来的贡献毛益。

（3）贡献毛益率。贡献毛益率是指贡献毛益总额占销售收入总额的百分比，或单位贡献毛益占单价的百分比。其用公式表示为：

贡献毛益率 = 贡献毛益总额/销售收入总额 × 100% = 单位贡献毛益/销售单价 × 100%

该指标反映每百元销售收入所创造的贡献毛益。与贡献毛益率相关的另一个指标是变动成本率。

2.变动成本率

变动成本率是指变动成本总额占销售收入总额的百分比或单位变动成本占单价的百分比。其用公式表示为：

变动成本率 = 变动成本总额/销售收入总额 × 100% = 单位变动成本/单价 × 100%

将变动成本率与贡献毛益率两个指标联系起来，可以得出：

贡献毛益率 + 变动成本率 = 1

由此可以推出：贡献毛益率 = 1 - 变动成本率

或：变动成本率 = 1 - 贡献毛益率

可见，变动成本率与贡献毛益率是互补的。企业变动成本率越高，贡献毛益率就越低；变动成本率越低，其贡献毛益率必然越高。

典型任务举例

飞亚达公司生产电动自行车，每辆电动自行车耗用的材料、人工等变动成本共1 800元，固定成本共600万元，共生产销售了1万辆电动自行车，每辆售价3 000元。

要求：分析计算该公司的贡献毛益、贡献毛益率、变动成本率和利润等指标。

解：单位贡献毛益 = 3 000 - 1 800 = 1 200（元/辆）

贡献毛益 = 1 200 × 1 = 1 200（万元）

贡献毛益率 = 1 200/3 000 × 100% = 40%

变动成本率 = 1 800/3 000 × 100% = 60%

变动成本率 + 贡献毛益率 = 60% + 40% = 1

利润 = 贡献毛益 - 固定成本 = 1 200 - 600 = 600（万元）

【动脑筋】贡献毛益率和变动成本率之和为什么是1？

【育德于技4-1】民慧股份2022年扭亏为盈

背景：民慧股份（873082）（以下简称公司）近日发布2022年年度报告，报告期内公司实现营业收入664 645 139.33元，同比减少57.33%；归属于挂牌公司股东的净利润2 158 338.90元，同比扭亏为盈。报告期内经营活动产生的现金流量净额为-6 763 567.45元，归属于挂牌公司股东的净资产53 983 488.79元。

2022年，公司营业收入下降的主要原因是公司主动调整业务结构，加上宏观经济低迷，供应链受到巨大冲击。

2022年，公司营业利润和净利润较上年同期大幅上升，主要原因是公司注重提高产品质量和产品竞争力，毛利率提高，同时控制相关费用的支出，做到开源节流，利润较上年同期有所上升。

资料来源：佚名. 民慧股份2022年净利215.83万 同比扭亏为盈 提高产品质量同时控制相关费用支出［EB/OL］.［2023-05-25］. https: //www.360kuai.com/pc/9c015a4bde8906e35? cota=3&kuai_so=1&sign=360_57c3bbd1&refer_scene=so_1.

问题：民慧股份2022年营业收入下降却能扭亏为盈的主要原因是什么？

分析：根据本量利分析，要使产品保本甚至盈利，要么提高单价、增加销量，要么降低成本。2022年民慧股份受到市场制约收入下降，公司将主要精力用于成本控制，包括控制销售成本、期间费用，也提升了业绩。这为企业改善业绩、增加财富提供了另一种思路。开源节流符合可持续发展的要求，也符合高质量发展的要求。

同步训练

一、判断题（正确的在括号内打“√”，错误的打“×”）

（　　）1.贡献毛益小于零的企业，必然是亏损企业。

（　　）2.所谓产销平衡就是企业生产出来的产品总是可以销售出去，能够实现生产量等于销售量。

（　　）3.本量利分析是在成本性态分析基础上发展起来的。

（　　）4.一般情况下，变动成本率越高，利润就越高。

（　　）5.如果贡献毛益等于固定成本，则企业处于盈亏平衡点。

二、选择题（每题至少有一个正确答案，请将正确答案填在括号内）

1.下列各项中属于本量利分析的基本假设的是（　　）。

A.相关范围和线性关系假设　　B.品种结构稳定假设

C.产销平衡假设　　D.产品价格确定性假设

2.下列各式中，计算结果不等于贡献毛益率的是（　　）。

A. 1-安全边际率　　B. 1-变动成本率

C.单位贡献毛益/单价　　D.贡献毛益/收入

3.当单价为100元，单位变动成本为60元时，贡献毛益率等于（　　）。

A.60%　　　B.40%　　　C.30%　　　D.20%

4.当收入为100 000元，贡献毛益率为50%，固定成本为20 000元时，利润等于（　　）元。

A.50 000　　　B.20 000　　　C.30 000　　　D.10 000

5.下列关于盈亏平衡点状态的描述不正确的是（　　）。

A.变动成本率=1-贡献毛益率　　　B.安全边际为零

C.贡献毛益等于固定成本　　　D.销售利润为零

三、计算分析题

海坚公司生产360度全景安防设备，每台设备耗用的材料、人工等变动成本共5 400元，固定成本共1 800万元，共生产销售了1万台，每台售价为9 000元。

要求：计算单位贡献毛益、贡献毛益、贡献毛益率、变动成本率。

参考答案

任务二　单一品种本量利分析

知识准备

一、盈亏平衡点销售量的确定

公司要想扭亏为盈，必须关心销售量的变化对收入、成本、利润的影响，通过提高公司的销售量或降低盈亏平衡点的销售量来实现目标。那么很自然地，我们先要确定盈亏平衡点销售量（额）。盈亏平衡点指总收入与总成本相等、利润为零的状态。在盈亏平衡点上，收入、成本和利润的关系如图4-1所示。

微课

盈亏平衡点

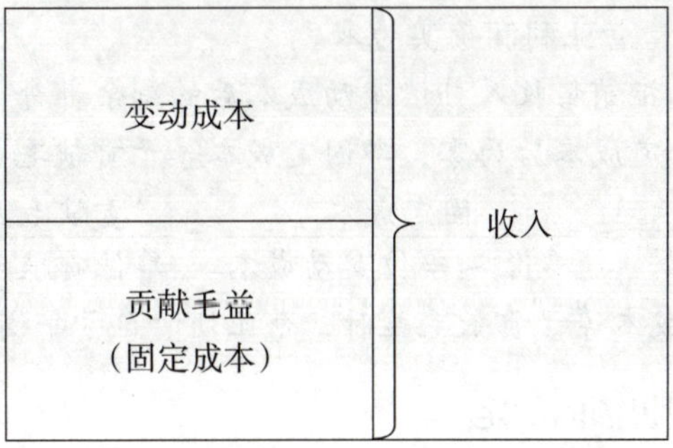

图4-1　收入、变动成本、固定成本和贡献毛益的关系

从图4-1中我们得知：

营业利润 = 销售收入 - 销售成本 = 销售收入 -(固定成本 + 变动成本)

= 单价 × 销售量 - 单位变动成本 × 销售量 - 固定成本

=(单价 - 单位变动成本) × 销售量 - 固定成本 = 0

即：
$$盈亏平衡点的销售量 = \frac{固定成本}{单价 - 单位变动成本}$$

【做中学4-1】惠尔公司生产简易割草机，相关资料见表4-1。

表4-1 惠尔公司相关资料 单位：元

项 目	金 额
销售单价（每台）	4 000
单位变动成本	3 250
固定成本	450 000

要求：计算惠尔公司盈亏平衡点的销售量。

解：根据公式计算如下：

$$盈亏平衡点的销售量 = \frac{固定成本}{单价 - 单位变动成本} = \frac{450\ 000}{4\ 000 - 3\ 250} = 600（台）$$

因此，惠尔公司必须销售600台割草机才能补偿全部固定成本和变动成本。我们可以编制销售量为600台的利润表来验证（见表4-2）。

表4-2 惠尔公司销售600台割草机的利润表 单位：元

项 目	金 额
销售收入	2 400 000
减：变动成本	1 950 000
贡献毛益	450 000
减：固定成本	450 000
营业利润	0

销售量为600台时，营业利润确实为零。

这里的贡献毛益是指销售收入补偿变动成本后的剩余部分。当企业处于盈亏平衡点时，贡献毛益补偿固定成本后为零，即固定成本等于贡献毛益。其计算公式为：

$$盈亏平衡点的销售量 = \frac{固定成本}{单价 - 单位变动成本} = \frac{贡献毛益}{单位贡献毛益}$$

【请注意】当固定成本等于贡献毛益时，企业处于盈亏平衡点。

二、盈亏平衡点销售额的确定

在某些情况下进行本量利分析，经理宁愿以销售收入代替销售量来衡量销售水平。把销售量转化为销售收入，只要用单价乘以销售量即可。例如，惠尔公司盈亏平衡点的销售量是600台，由于每台割草机的价格为4 000元，那么盈亏平衡点的销售收入为2 400 000元（4 000×600）。

任何用销售量来表示的结果都很容易转化成用销售收入表示的结果。但这一结果也可以用单独的销售收入公式更直接地计算得出。

$$盈亏平衡点的销售收入=\frac{固定成本}{单位贡献毛益\div 单价}=\frac{固定成本}{贡献毛益率}=\frac{固定成本}{1-变动成本率}$$

变动成本率是指每单位销售收入中可用来补偿变动成本的比例。当然，补偿变动成本后剩余的销售百分比则是贡献毛益率。贡献毛益率是指每单位销售收入中可用来补偿固定成本并提供利润的比例。

【做中学4-2】接【做中学4-1】要求：编制惠尔公司销售1 000台割草机的利润表。

解：惠尔公司销售1 000台割草机的利润表见表4-3。

表4-3　割草机销售量为1 000台的利润表　单位：元

项　目	金　额	销售收入的百分比
销售收入	4 000 000	100%
减：变动成本	3 250 000	81.25%
贡献毛益	750 000	18.75%
减：固定成本	450 000	
营业利润	300 000	

必须注意，销售收入、变动成本和贡献毛益已用销售的百分比表示。变动成本率是81.25%（3 250 000÷4 000 000×100%或3 250÷4 000×100%），贡献毛益率是18.75%（750 000÷4 000 000×100%或1−81.25%）。根据以上我们可得出：

$$变动成本率=\frac{变动成本}{销售收入}=\frac{单位变动成本}{单价}$$

$$贡献毛益率=\frac{销售收入-变动成本}{销售收入}=\frac{贡献毛益}{销售收入}$$

$$或者：贡献毛益率=\frac{单价-单位变动成本}{单价}=\frac{单位贡献毛益}{单价}$$

变动成本率+贡献毛益率=1

根据以上数据，惠尔公司盈亏平衡点的销售收入的更为直接的计算方法应为：

$$盈亏平衡点的销售收入=\frac{固定成本}{贡献毛益率}=\frac{450\,000}{18.75\%}=2\,400\,000（元）$$

当然，在盈亏平衡点上，企业的贡献毛益会刚好等于固定成本450 000元。

三、目标利润下销售量的确定

如上所述，企业要想实现扭亏为盈，必须达到盈亏平衡点的销售量。盈亏平衡点是企业赖以生存的根本。但是大多数企业都希望实现一定的目标利润，以使企业不断地发展壮大。在目标利润条件下，企业的收入、成本和利润的关系如图4-2所示。

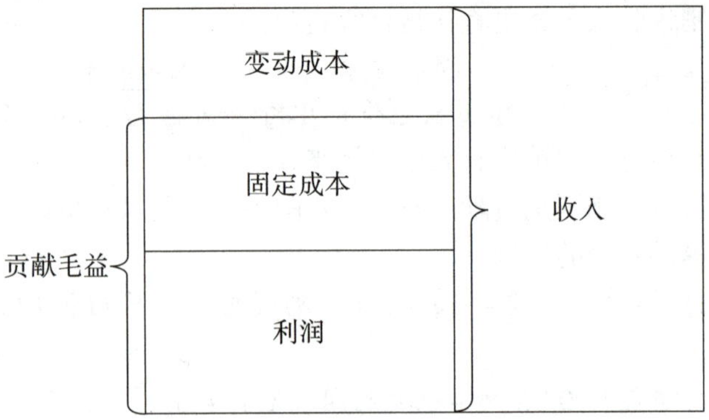

图4-2　收入、变动成本、固定成本和贡献毛益的关系

从图4-2中我们得知：

目标利润 = 销售收入 - 销售成本 = 销售收入 -（固定成本 + 变动成本）

= 单价 × 销售量 - 单位变动成本 × 销售量 - 固定成本

=（单价 - 单位变动成本）× 销售量 - 固定成本

$$\text{目标利润下的销售量} = \frac{\text{固定成本} + \text{目标利润}}{\text{单价} - \text{单位变动成本}} = \frac{\text{贡献毛益}}{\text{单位贡献毛益}}$$

注：这里的目标利润是指营业利润（下同）。

【做中学4-3】接【做中学4-1】假设惠尔公司明年的预算是实现目标利润600 000元。要求：计算惠尔公司割草机的销售量。

$$\text{解：目标利润下的销售量} = \frac{\text{固定成本} + \text{目标利润}}{\text{单价} - \text{单位变动成本}} = \frac{450\,000 + 600\,000}{4\,000 - 3\,250}$$

= 1 400（台）

因此，惠尔公司必须销售1 400台割草机才能实现利润600 000元。用利润表进行验证，见表4-4。

表4-4　销售1 400台割草机的利润表　单位：元

项　目	金　额
销售收入	5 600 000
减：变动成本	4 550 000
贡献毛益	1 050 000
减：固定成本	450 000
营业利润	600 000

另一种检验销售量是否正确的方法是运用盈亏平衡点。如前所述，惠尔公司必须销售1 400台割草机，即比盈亏平衡点的销售量多800台，才能实现目标利润600 000元。每台割草机的贡献毛益为750元，乘以800台刚好等于600 000元。也就是说，目标利润=单位贡献毛益×（目标利润下的销售量-盈亏平衡点销售量）。

我们一般用安全边际来表示目标利润下的销售量超过盈亏平衡点销售量的部分。

安全边际是评价企业的经营安全程度的指标。在实际具体运用中有安全边际量、安全边际额和安全边际率等表现形式。其计算公式为：

安全边际量 = 目标利润下的销售量 - 盈亏平衡点的销售量

安全边际额 = 目标利润下的销售额 - 盈亏平衡点的销售额

$$安全边际率 = \frac{安全边际量}{目标利润下的销售量} \times 100\% = \frac{安全边际额}{目标利润下的销售额} \times 100\%$$

安全边际额 = 安全边际量 × 单价

企业经营安全性评价标准见表4-5。

表4-5　企业经营安全性评价标准

安全边际率	10%以下	10%～20%	21%～30%	31%～40%	40%以上
安全程度	危险	值得注意	较安全	安全	很安全

【请注意】安全边际率越高，目标利润下的销售量超过盈亏平衡点的销售量越多。

四、目标利润下销售额的确定

【做中学4-4】接【做中学4-2】惠尔公司欲实现利润600 000元。

要求：计算其销售额。

解：欲求惠尔公司销售额，只要将目标利润下的销售量1 400台乘以单价4 000元即可。

销售额 = 1 400 × 4 000 = 5 600 000（元）

计算目标利润下的销售额，可以用更直接的计算公式，即：

$$目标利润下的销售额 = \frac{固定成本 + 目标利润}{贡献毛益率} = \frac{固定成本 + 目标利润}{1 - 变动成本率}$$

$$= \frac{450\,000 + 600\,000}{0.1875} = 5\,600\,000（元）$$

由此可见，惠尔公司的销售额必须达到5 600 000元，才能实现目标利润600 000元。由于盈亏平衡点的销售额为2 400 000元，因此超过盈亏平衡点的销售收入，即安全边际额等于3 200 000元（5 600 000-2 400 000）。

请注意，贡献毛益率乘以安全边际额等于目标利润600 000元（0.1875×3 200 000），即：

目标利润 = 贡献毛益率 × 安全边际额

两边同时除以目标利润下的销售额：

销售利润率 = 贡献毛益率 × 安全边际率

由于超过盈亏平衡点的贡献毛益率等于利润率，因此它代表了每1元销售额可提供的利润的比例。

在【做中学4-4】中，超过盈亏平衡点的销售收入每增加1元，利润即增加0.1875元。

【思考】若销售额为5 400 000元而不是5 600 000元，那么利润将受多大影响？销售额降低200 000元，将使利润降低37 500元（0.1875×200 000）。

【请注意】销售利润率=贡献毛益率×安全边际率：表明产品的销售利润率不仅跟产品的科技含量有关，而且跟产品的市场占有率有关。

将成本、销量、利润的关系反映在直角坐标系中，即本量利关系图。通过描绘图形，可以加深我们对本量利关系的理解。图形能清晰地显示企业不盈利也不亏损时应达到的产销量，也有助于管理人员了解变动成本与销售收入之间的区别，以及增加或减少销售收入对盈亏平衡点的影响。

五、本量利关系图

（一）基本的本量利关系图

1.基本的本量利关系图绘制步骤

（1）选定直角坐标系，以横轴表示销售数量，纵轴表示成本和销售收入的金额。

（2）在纵轴上找出固定成本数值，以此点（0，固定成本值）为起点，绘制一条与横轴平行的固定成本线F。

（3）点（0，固定成本值）为起点，以单位变动成本为斜率，绘制变动成本线V。

（4）坐标原点0（0，0）为起点，以单价为斜率，绘制销售收入线S。

图4-3是根据有关数据绘制的基本的本量利关系图。

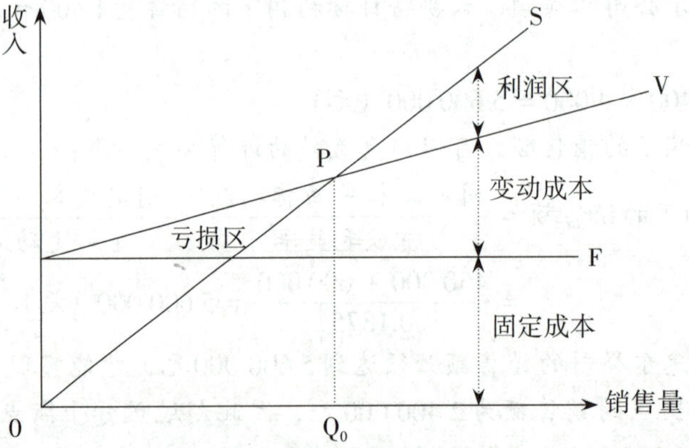

图4-3 基本的本量利关系图

2.基本的本量利关系图表达的意义

（1）固定成本线与横轴之间的距离为固定成本值，它不因产量增减而变动。

（2）变动成本线与固定成本线之间的距离为变动成本，它与产量呈正比例变化。

（3）变动成本线与横轴之间的距离为总成本，它是固定成本与变动成本之和。

销售收入线与总成本线的交点P是盈亏平衡点。它在横轴上对应的销售量Q_0是盈亏平衡点的销售量，表明企业在此销售量下总收入与总成本相等，既没有利润，也不发生亏损。在此基础上，增加销售量，销售收入超过总成本，S和V的距离为利润值，形成利润区；反之，形成亏损区。

（二）方形本量利关系图

图4-3中的销售量（横轴）不仅可以用实物量表示，也可以用金额来表示，其编

制方法与上面介绍的大体相同。通常，这种图呈正方形，如图4-4所示。

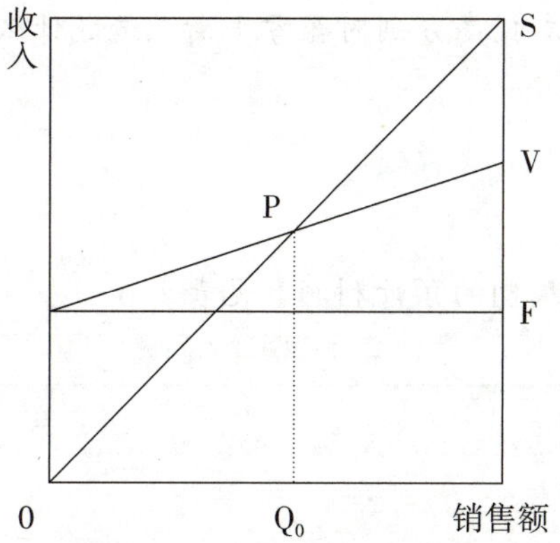

图4-4　方形本量利关系图

在绘制时，销售收入线S为从原点出发的对角线，其斜率为1；变动成本线V从点（0，固定成本值）出发，斜率为变动成本率。这种图不仅适用于单一产品，还适用于多种产品，只不过需要计算加权平均的变动成本率。

（三）贡献毛益式的本量利关系图

图4-5是根据以下资料绘制的贡献毛益式的本量利关系图。

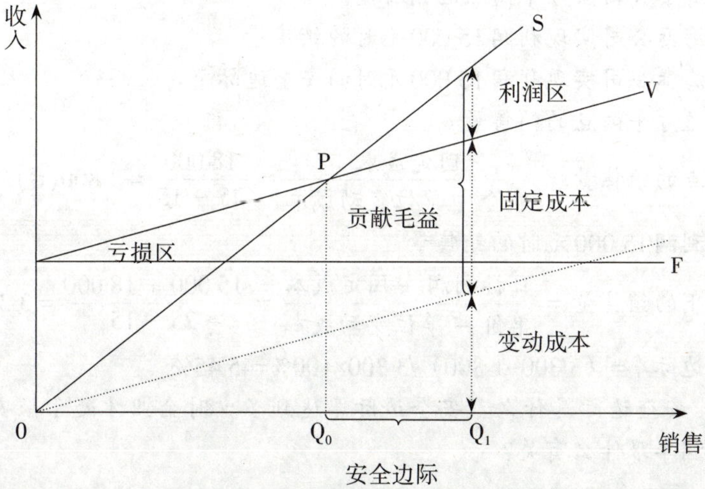

图4-5　贡献毛益式的本量利关系图

这种图绘制的特点是先画变动成本线V，然后在此基础上以点（0，固定成本值）为起点画一条与变动成本线V平行的总成本线T。其他部分的绘制方法与基本的本量利关系图相同。

这种图的主要优点是可以表示贡献毛益的数值。企业的销售收入S随销售量呈正比例增长。这些销售收入首先用于弥补产品自身的变动成本，剩余的是贡献毛益，即SOV围成的区域。贡献毛益随销量增加而增加，当其达到固定成本值时（到达P点），企业处于盈亏平衡状态；当贡献毛益超过固定成本后，企业进入盈利状态。企业实际的销售量超出盈亏平衡点的部分为安全边际。销售利润率就等于贡献毛益率乘以安全边际率。

【思考】用本量利关系图描述：在其他条件不变的情况下，产品的单价提高、固定成本下降、单位变动成本提高分别对盈亏平衡点造成什么样的变化？

典型任务举例

海泰公司的财务主管编制的预计利润表见表4-6。

表4-6 海泰公司预计利润表 单位：元

项 目	金 额
销售收入（2 000台，25元/台）	50 000
减：变动费用	30 000
贡献毛益	20 000
减：固定费用	18 000
利润	2 000

要求：

（1）计算海泰公司盈亏平衡点的销售量。

（2）计算海泰公司实现利润15 000元时的销售量。

（3）计算海泰公司实现利润15 000元时的安全边际率。

解：（1）盈亏平衡点的销售量

$$\text{盈亏平衡点的销售量}=\frac{\text{固定成本}}{\text{单价}-\text{单位变动成本}}=\frac{18\,000}{25-15}=1\,800(\text{台})$$

（2）实现利润15 000元时的销售量

$$\text{目标利润下的销售量}=\frac{\text{目标利润}+\text{固定成本}}{\text{单价}-\text{单位变动成本}}=\frac{15\,000+18\,000}{25-15}=3\,300（\text{台}）$$

（3）安全边际率=（3 300−1 800）/3 300×100%=45.45%

【动脑筋】安全边际是什么？安全边际率达到多少时企业才处于很安全的状态？企业的销售利润率跟什么有关？

同步训练

一、判断题（正确的在括号内打“√”，错误的打“×”）

（ ）1.当贡献毛益等于固定成本时，企业处于盈亏平衡状态。

（ ）2.变动成本率加上贡献毛益率等于1。

（ ）3.安全边际率越大，企业的经营风险越小。

（ ）4.在其他条件一定的情况下，企业的销量增长越多，则安全边际率越高。

（ ）5.安全边际率和贡献毛益率互为倒数。

二、选择题（每题至少有一个正确答案，请将正确答案填在括号内）

1.在其他因素不变的情况下，单价变动会引起下列各项变动的是（　　）。

A.边际贡献　　　　B.盈亏平衡点

C.目标利润　　　　D.安全边际

2.下列表述中，正确的是（　　）。

A.盈亏平衡点不变，销售量越大，实现的利润越多

B.销售量不变，盈亏平衡点越低，实现的利润越少

C.在销售收入一定的条件下，盈亏平衡点的高低取决于固定成本总额和单位变动成本的多少

D.固定成本总额越高，或单位变动成本越高，盈亏平衡点也越高

3.影响目标利润的主要因素有（　　）。

A.单价　　　　B.单位变动成本

C.税率　　　　D.固定成本总额

4.下列公式中正确的是（　　）。

A.销售利润率 = 贡献毛益率 × 安全边际率

B.盈亏平衡点的销售量 = 固定成本 ÷（单价 − 单位变动成本）

C.变动成本率 =（销售收入 − 变动成本）÷动销售收入

D.安全边际的销售量=目标利润下的销售量-盈亏平衡点的销售量

5.下列各项中，只能提高安全边际而不能降低盈亏平衡点的是（　　）。

A.提高单价　　　　B.增加业务量

C.降低单位变动成本　　　　D.压缩固定成本开支

三、计算分析题

中成公司今年的预计利润见表4-7。

表4-7　中成公司今年的预计利润表　金额单位：元

项　目	金　额	件　数
销售收入	200 000	20
减：变动费用	120 000	12
贡献毛益	80 000	8
减：固定费用	64 000	
净利润	16 000	

要求：

（1）计算盈亏平衡点的销售量。

（2）计算实现目标利润30 000元时的销售量。

（3）计算贡献毛益率，使用该比率计算中成公司的销售收入比预计的多25 000元

参考答案

时可多实现的利润。

（4）假设中成公司要实现的营业收益为销售收入的20%，计算销售量并编制利润表验证结果。

（5）计算预计销售水平的安全边际。

任务三　多品种本量利分析

知识准备

在多品种条件下，本量利分析方法有多种形式，具体包括：加权平均法、联合单位法、分别计算法、顺序法和主要品种法等。

一、加权平均法

所谓加权平均法，就是根据各种产品的单价、单位变动成本和销售数量计算出一个加权平均的贡献毛益率，再根据计算出的加权平均贡献毛益率和固定成本总额计算出盈亏平衡点销售额。这种方法实际上是将全部产品的贡献毛益作为补偿企业全部固定成本及利润的来源。加权平均法是计算多种产品盈亏平衡点最常用的方法。

采用加权平均法计算多品种盈亏平衡点销售额的关键，是根据各种产品的销售单价、单位变动成本和销售数量计算出一个加权平均的贡献毛益率，然后根据固定成本总额和加权平均的贡献毛益率计算出盈亏平衡点销售额。其计算公式如下：

$$\text{加权平均贡献毛益率} = \sum \frac{\text{各种产品的贡献毛益}}{\text{销售总额}} \times 100\%$$

$$= \sum \text{各种产品的贡献毛益率} \times \text{各种产品的销售比重}$$

$$\text{综合盈亏平衡点的销售额} = \frac{\text{固定成本总额}}{\text{加权平均贡献毛益率}}$$

各种产品盈亏平衡点的销售额=综合盈亏平衡点销售额×各种产品的销售比重

二、联合单位法

如果企业产品结构保持不变，则多种产品条件下的盈亏平衡点计算还可以采用联合单位法。所谓联合单位法，实际上是将由固定实物比例构成的一组产品的盈亏平衡点的计算问题转换成单一产品盈亏平衡点的计算问题，通过用每一个联合单位的贡献毛益取代单一产品盈亏平衡点计算公式中的单位贡献毛益，而得出盈亏平衡点的销售量（以联合单位度量），并以此为基础，计算出各种产品在企业盈亏平衡点的销售额与销售量。其计算公式为：

$$联合保本量 = \frac{固定成本总额}{(联合单价 - 联合单位变动成本)}$$

在上式中，联合单价等于一个联合单位的全部收入，联合单位变动成本等于一个联合单位的全部变动成本。在此基础上，计算出每种产品的保本量。其计算公式为：

某产品保本量 = 联合保本量 × 一个联合单位中包含的该产品的数量

三、分别计算法

所谓分别计算法，就是根据所采取的合理的分配标准，将共同固定成本预先分配给各种产品。各种产品所应分担的全部固定成本即为各种产品的专属固定成本加上分配给各种产品的共同固定成本。在这一基础上，就可以采用与单一产品条件下相同的方法，分别计算各种产品的盈亏平衡点。这种方法主要适用于产品品种不是很多，且各种产品的生产都属封闭式的，即其固定制造费用都可按恰当的比例进行分配的企业。

四、顺序法

顺序法是指按事先规定的品种顺序，依次用各种产品的贡献毛益补偿全部的固定成本，进而完成本量利分析任务的一种方法。该法通常要以事先掌握的各种产品贡献毛益和销售收入计划数为前提，并按各产品贡献毛益率的高低确定品种的销售顺序。

由于人们对风险的态度不同，在确定品种顺序时会选择截然不同的两种标准：一种是乐观的排列，即假定各品种的销售顺序是按其贡献毛益率由高到低排列的，贡献毛益率高的产品先实现销售，低的后售出；另一种是悲观的排列，即假定销售顺序恰恰与乐观排列相反。

五、主要品种法

如果企业生产经营的多种产品中有一种是主要产品，它提供的贡献毛益额占企业的贡献毛益总额的比重很大，且又代表企业的产品专业方向，有发展前途，而其他产品贡献毛益很小，或为无足轻重的副产品，或发展余地不大，则可以按该主要产品的有关数据进行本量利分析，视同单一品种。

这种方法的理论依据是：既然主要品种是企业经营的重点，那么，由其承担企业的全部固定成本也合情合理。尽管这样做会形成一定的计算误差，但影响不会太大。

【育德于技 4-2】2022 年永鼎股份的业务结构优化

背景：2023 年 4 月 18 日，永鼎股份公司（以下简称公司）发布 2022 年年报：2022 年公司实现营业收入 42.28 亿元，同比增长 8.13%；实现归母净利润 2.26 亿元，同比增长 87.37%；实现扣非归母净利润 0.73 亿元，同比增长 188.59%。

公司产量下降，营业收入上升，净利润实现同比高增长。其中，宏观经营环境及公司调整产品销售结构等对公司的客户需求、供应链物流、生产运营等方面产生不利影响，主营产品光缆、铜缆的生产量分别较上年下降15.90%、21.58%，销售量分别较上年下降14.29 %、21.91%，但营业收入不降反增，光电缆及通信设备实现营收13.84 亿元，同比增长21.40%。海外业务方面，受国际形势影响，公司海外市场业务减少，产销量同比下降，2022 年度公司海外业务营业收入和营业成本分别较上年下降21.12%、22.45%，毛利率增长1.48%。

资料来源：李宏涛．永鼎股份（600105）：业务结构优化 光通信与汽车线束打开成长空间［EB/OL］．［2023-05-25］．http：//stock.finance.sina.com.cn/stock/go.php/vReport_Show/kind/company/rptid/735254867117/index.phtml.

问题：2022年永鼎股份的业务结构优化带来什么好处？

分析：根据多种产品本量利分析，实现产品保本甚至盈利的方法有提高单价、增加销量、降低成本，以及提高盈利能力强的产品比重。2022年永鼎股份的业务结构优化加强了总体盈利能力。当企业生产和销售多种产品时，企业应该根据市场行情和企业本身的优势及时调整各产品的比重，力图提高盈利能力强的产品比重，提高总体盈利水平。这为企业改善业绩、增加财富提供了另一种思路。开源节流符合可持续发展的要求，也符合和谐发展的要求。

典型任务举例

某公司生产销售A、B、C三种产品，销售单价分别为20元、30元、40元；预计销售量分别为30 000件、20 000件、10 000件；预计各产品的单位变动成本分别为12元、24元、28元；预计固定成本总额为180 000元。相关数据资料见表4-8。

要求：按加权平均法、联合单位法、分别计算法（假设固定成本按边际贡献的比重分配）进行多种产品的保本点分析。

表4-8 数据资料表

项目	销售量（件）	单价（元）	单位变动成本（元）	销售收入（元）	各产品的销售比重（%）	边际贡献（元）	边际贡献率（%）
A产品	30 000	20	12	600 000	37.5	240 000	40
B产品	20 000	30	24	600 000	37.5	120 000	20
C产品	10 000	40	28	400 000	25	120 000	30
合计				1 600 000	100	480 000	30

解：（1）按加权平均法进行多种产品的保本点分析。

①综合边际贡献率 = 40% × 37.5% + 20% × 37.5% + 30% × 25% = 30%

②综合保本销售额 = 180 000 ÷ 30% = 600 000（元）

③A产品的保本销售额 = 600 000 × 37.5% = 225 000（元）

B产品的保本销售额 = 600 000 × 37.5% = 225 000（元）

C产品的保本销售额 = 600 000 × 25% = 150 000（元）

④A产品的保本销售量 = 225 000 ÷ 20 = 11 250（件）

B产品的保本销售量 = 225 000 ÷ 30 = 7 500（件）

C产品的保本销售量 = 150 000 ÷ 40 = 3 750（件）

（2）按联合单位法进行多种产品的保本点分析。

产品销售比 = A ∶ B ∶ C = 30 000 ∶ 20 000 ∶ 10 000 = 3 ∶ 2 ∶ 1

联合单价 = 20 × 3 + 30 × 2 + 40 × 1 = 160（元）

联合单位变动成本 = 12 × 3 + 24 × 2 + 28 × 1 = 112（元）

联合保本量 = 180 000 ÷ (160 − 112) = 3 750（件）

各种产品的保本销售量计算：

A产品的保本销售量 = 3 750 × 3 = 11 250（件）

B产品的保本销售量 = 3 750 × 2 = 7 500（件）

C产品的保本销售量 = 3 750 × 1 = 3 750（件）

（3）按分别计算法进行多种产品的保本点分析。

固定成本分配率 = 180 000 ÷ 480 000 = 0.375

分配给A产品的固定成本 = 240 000 × 0.375 = 90 000（元）

分配给B产品的固定成本 = 120 000 × 0.375 = 45 000（元）

分配给C产品的固定成本 = 120 000 × 0.375 = 45 000（元）

A产品的保本量 = 90 000 ÷ (20 − 12) = 11 250（件）

A产品的保本额 = 11 250 × 20 = 225 000（元）

B产品的保本量 = 45 000 ÷ (30 − 24) = 7 500（件）

B产品的保本额 = 7 500 × 30 = 225 000（元）

C产品的保本量 = 45 000 ÷ (40 − 28) = 3 750（件）

C产品的保本额 = 3 750 × 40 = 150 000（元）

同步训练

一、判断题（正确的在括号内打“√”，错误的打“×”）

（　　）1. 在多品种分析中计算各产品盈亏平衡点时，可以将多品种产品作为一个组合，以销售比率为权重计算组合的单位贡献毛益。

（　　）2. 在生产多品种产品的企业，如果成本水平和各产品单位售价不变，在各产品单位贡献毛益一致的情况下，改变品种结构，则盈亏平衡点的销售额一定上升。

（　　）3. 共同固定成本和直接固定成本没有区别。

（　　）4. 产品组合本量利分析的关键在于权重的取舍。

（　　）5.共同固定成本的分摊具有主观随意性。

二、选择题（每题至少有一个正确答案，请将正确答案填在括号内）

1.在生产多品种产品的企业，如果成本水平和各产品单位售价不变，在各产品单位贡献毛益一致的情况下，改变品种结构，则盈亏平衡点的销售额（　　）。

A.下降　　B.上升　　C.不变　　D.不确定

2.假设某企业生产甲、乙、丙三种产品，各产品的贡献毛益率分别为10%、15%和30%，销售比重分别为30%、30%和40%，则该企业综合的加权贡献毛益率为（　　）。

A.55%　　B.19.5%　　C.15%　　D.30%

3.A、B产品的单位贡献毛益分别为2 000元和1 000元，且销售组合比例为3∶2，则该组合单位贡献毛益为（　　）元。

A.1 200　　B.400　　C.3 000　　D.1 600

4.接上题，如果此时固定成本为480 000元，则单位组合盈亏平衡点的销售量为（　　）个单位组合。

A.400　　B.1 600　　C.300　　D.700

5.接上题，则此时A产品的盈亏平衡点销售量为（　　）件。

A.1 200　　B.1 600　　C.900　　D.2 100

三、计算分析题

东方公司生产A、B、C三种产品，共同的固定成本为20 000元，相关资料见表4-9。

表4-9　　东方公司产品资料　　金额单位：元

产品	单价	单位变动成本	单位贡献毛益	分摊的固定成本	销量（件）
A	100	80	20	4 000	1 000
B	90	60	30	6 000	3 000
C	80	40	40	10 000	5 000

要求：（1）分别计算销售A、B、C三种产品的利润。

（2）你认为要不要停止生产A产品，为什么？

参考答案

项目小结

本项目主要知识点归纳总结见表4-10。

表4-10　　本项目主要知识点归纳总结

<table>
<tr><th>主要知识点</th><th colspan="2">内　容</th></tr>
<tr><td rowspan="9">单一品种本量利分析</td><td rowspan="2">盈亏平衡点销售量和销售额（1）</td><td>$销售量=\frac{固定成本}{单价-单位变动成本}$</td></tr>
<tr><td>$销售额=\frac{固定成本}{贡献毛益率}=\frac{固定成本}{1-变动成本率}$</td></tr>
<tr><td rowspan="2">目标利润下销售量和销售额（2）</td><td>$产品销售成本=\frac{(销售和管理费用+营业收益)}{产品销售成本}$</td></tr>
<tr><td>$直接材料=\frac{(直接人工+制造费用+销售和管理费用+营业收益)}{直接材料}$</td></tr>
<tr><td>安全边际量（额）（3）</td><td>（2）－（1）</td></tr>
<tr><td>安全边际率（4）</td><td>（3）÷（2）</td></tr>
<tr><td>贡献毛益率（5）</td><td>（收入-变动成本）÷收入</td></tr>
<tr><td>变动成本率</td><td>1-贡献毛益率</td></tr>
<tr><td>销售利润率</td><td>（4）×（5）</td></tr>
<tr><td rowspan="2">多品种本量利分析</td><td rowspan="2">转化问题</td><td>多品种本量利问题转化成单一品种本量利问题的关键是确定各种产品的销售数量组合</td></tr>
<tr><td>$单位组合盈亏平衡点的销售量=\frac{固定成本}{单位组合贡献毛益}$</td></tr>
<tr><td>本量利关系图</td><td>基本的本量利关系图</td><td>本量利关系图能更加直观地反映成本、销量和利润之间的关系</td></tr>
</table>

项目五

经营预测

【学习目标】	1. 掌握经营预测的步骤、方法和基本原则 2. 掌握销售预测的影响因素以及销售预测的定性预测和定量预测方法 3. 掌握利润预测的敏感性分析 4. 掌握成本预测的方法 5. 掌握资金需要量预测销售百分比法和资金习性分析法
【素养目标】	1. 能利用多种方法对企业未来的收入、成本、利润等信息作出相对准确的预测，增强企业生产经营活动的准确性和主动性，提高企业经营效率和资源利用效率，增加企业和社会财富 2. 通过准确预测提高企业和社会资源配置效率，促进社会和谐发展
【知识点】	经营预测的步骤　定性分析法　定量分析法　经营预测的基本原则　销售预测的影响因素　高级经理意见法　销售人员意见法　购买者期望法　德尔菲法　回归分析法　时间序列分析法　利润预测的敏感性分析　成本预测的因素变动预测法　历史成本预测法　目标成本预测法　需要量预测销售百分比法　资金习性分析法　本量利分析　盈亏平衡点　盈亏平衡点销售量（额）　安全边际　安全边际率　贡献毛益率　变动成本率　销售利润率　本量利关系图　敏感性分析
【技能点】	运用定量分析法　运用定性分析法　运用敏感性分析法　运用销售百分比法　运用资金习性分析法

案例导入

中公教育预计2022年实现大幅减亏

2023年1月30日晚，中公教育（以下简称“公司”）发布公告称，预计公司2022年实现归属于上市公司股东的净利润-90 000万元至-120 000万元，较2021年度减亏62.02%~49.36%。公司表示，2022年度经营亏损大幅减少主要受益于成本费用的较好控制。

中公教育表示，报告期内，公司管理团队积极整改过去年度在业务开展过程中出现的问题，努力弥补管理过程中的不足，改进了预算工作中的薄弱环节，通过全面调整产品结构、多措并举降本增效、阿米巴经营改革、线上与线下加速融合等措施，使公司成本费用得到良好控制。

此前，中公教育第三季度财报显示，公司以效益为中心，当季的销售费用同比下降25.45%，管理费用同比下降49.75%，成本控制成效已初步显现。

在不久前的机构交流会上，中公教育提到，公司在组织架构层面进行了全面调整，2023年无论是学习中心的设置，还是师资安排、薪酬激励机制等方面都会达到更有效率的状态。

对于产品结构的调整，中公教育表示，目前高收高退的课程已全部取消，协议班课程占比降低，实收班课程占比大幅提升，课程产品设置也从过去的以现金流为导向调整为以实收和利润率为导向。

随着新冠疫情防控进入新阶段，生产经营秩序逐步恢复，中公教育表示，线下和线上教学培训业务已在逐步正常开展。同时，2023年公司将继续加大对职业教育资源的投入，在这一领域充分利用自身优势，建立服务商管理模式，推进产业方和教育方的有机融合，形成品牌、课程、管理的标准化和专业化。

资料来源：龚梦泽. 受益于成本费用较好控制 中公教育预计2022年实现大幅减亏［EB/OL］.［2023-05-25］. https：//new.qq.com/rain/a/20230131A03DRB00.html.

思考：中公教育的利润预测有哪些积极作用？

分析：经营预测是企业经营管理的一项重要手段，有效的预测能提高企业经营效率。中公教育的利润预测能够给相关利益者决策提供有用的信息，在预测中除了提供盈利预测信息，还提供了成本、收入等信息，也为企业未来经营指明了方向。

任务一　经营预测认知

知识准备

企业要想在竞争中立于不败之地，就必须对整个市场的发展趋势作出准确的预计和推测。企业必须在作出准确经营预测的基础上进一步进行决策和规划。

预测是根据过去和现在预计未来，根据已知推测未知，着重于提供一定条件下生产经营各个方面在未来一定时期内可能实现的目标。预测是预计未来事件的一门艺术、一门科学。它也可以是对未来的主观或直觉的预期。它还可以是上述的综合，即经由良好判断调整的数学模型，是用科学的理论和方法来预计、推测事物发展的必然性和可能性的行为。

经营预测是企业制定发展规划与进行决策的依据。在市场经济条件下，企业的生存和发展与市场息息相关，而市场又是瞬息万变的，只有通过预测，掌握大量的第一手市场动态和发展的数据资料，才能情况明、方向准，作出正确的决策。

一、经营预测的步骤

经营预测是一项复杂且要求比较高的工作，一般可按以下步骤进行：

（一）确定预测目标

确定预测目标就是确定对什么进行预测，并达到什么目的。例如，预测企业的销售量还是预测企业的利润，是根据企业经营的总体目标来设计和选择的。确定预测目标是做好经营预测的前提，是制订预测分析计划、确定信息资料来源、选择预测方法及组织预测人员的依据。

（二）收集、整理和分析资料

预测目标确定后，应着手收集有关经济、技术、市场的计划资料和实际资料。这是开展经营预测的前提条件。在收集资料的过程中要尽量保证资料的完整全面，在占有大量资料的基础上，对资料进行加工、整理、归集、鉴别、去伪存真、去粗取精，找出各因素之间相互依存、相互制约的关系，从中发现事物发展的规律，作为预测的依据。

（三）选择预测方法

不同的预测方法能达到不同的目的，所以对于不同的对象和内容应采用不同的预测方法，不能一成不变。对于那些资料齐全、可以建立数学模型的预测对象，应在定量预测方法中选择合适的方法；对于那些缺乏定量资料的预测对象，应当结合以往的经验选择最佳的定性预测方法。

（四）实际预测过程

根据预测模型及掌握的未来信息，进行定性、定量的预测分析和判断，揭示事物的变化趋势，提出企业需要的符合实际的预测结果，为企业的经营管理提供信息。

（五）检查验证

经过一段时间的实际操作，需要对上一阶段的预测结果进行验证和分析评价，即以实际数与预测数进行比较，检查预测的结果是否准确，并找出误差原因，以便及时对原选择的预测方法加以修正。这是一个反复进行信息数据处理和选择判断的过程，也是多次进行反馈的过程，目的是保证预测的正确性。

（六）修正预测结果

对于原用定量方法进行的预测，其预测的精度常常由于某些因素的数据不充分或无法定量而受到影响，这就需要用定性方法考虑这些因素，并修正定量预测的结果。对于原用定性方法预测的结果，往往也需用定量方法加以修正补充，使预测结果更接近实际。总之，这个过程是一个定性和定量相结合的过程。

（七）报告预测结论

将修正补充过的预测结论向企业的有关领导报告。

【请注意】不同的预测方法能达到不同的目的，所以对于不同的对象和内容，应采用不同的预测方法，不能一成不变。

【育德于技5-1】新五丰大幅下调2022年业绩预告

背景：2023年都过去四分之一了，这两家尚未披露2022年年报的上市公司却大幅计提减值，发布业绩预减。一家由盈转亏，另一家净利润亏损规模扩大超9亿元，原因都怪到了“猪”身上。

2023年3月30日晚间，新五丰更正业绩预告，预计2022年度实现归属于上市公司股东的净利润-6 000万元至-8 000万元；扣除非经常性损益事项后，归属于上市公司股东的净利润预计-15 500万元至-17 500万元。

此前，新五丰的业绩预告为盈利。1月31日，该公司披露的2022年度业绩预盈公告显示，预计2022年度实现归属于上市公司股东的净利润800万元到1 200万元；扣除非经常性损益事项后，归属于上市公司股东的净利润-9 200万元到-13 800万元。新五丰在公告中称，发布业绩预盈公告时是基于行业周期趋势，预测生猪市场价格进入上涨阶段，对2023年1至6月份生猪市场价格预测较为乐观。根据目前2023年1至3月份生猪实际价格情况，基于谨慎性原则，计提消耗性生物资产减值准备约6 400万元。

该公司进一步进行风险提示，认为生猪市场价格的大幅波动可能会对公司的经营业绩产生重大影响。如果未来生猪市场价格出现大幅下滑，仍然可能造成公司的业绩下滑。

资料来源：罗子君. 都是“猪”惹的祸 这两家上市公司大幅下调2022年业绩预告［EB/OL］.［2023-05-25］. https://cj.sina.com.cn/articles/view/1704103183/65928d0f020034oeh?finpagefr=p_104.

问题：如何看待新五丰下调盈利预测及其说明？

分析：管理会计为企业提供决策信息，其生命力在于信息质量。预测作为企业在竞争中立于不败之地的一个重要方面，需要决策者在充分掌握信息和规律的基础上，发挥自身专业优势，为提高企业经营效率和信息使用者作出合理决策提供重要支撑。新五丰公司应该提高预测水平，努力为企业和股东创造财富。

二、经营预测的方法

如前所述，经济规律的客观性及其可认识性是预测分析方法论的基础；系统的、准确的会计信息及其他有关资料，是开展预测分析工作的必要条件。至于进行预测分析所采用的专门方法，种类繁多，随分析对象和预测期限的不同而各有所异。但其基本方法大体上可归纳为定量分析法和定性分析法两大类。现分述如下：

（一）定量分析法

定量分析法亦称“数量分析法”，它主要应用现代数学方法（包括运筹学、概率论和微积分等）和各种现代化计算工具对与预测对象有关的各种经济信息进行科学的加工处理，并建立预测分析的数学模型，充分揭示各有关变量之间的规律性联系，最终还要对计算结果作出结论。定量分析法按照具体做法不同，又可分为趋势预测分析法和因果预测分析法。

1.趋势预测分析法

趋势预测分析法，是根据预测对象过去的、按时间顺序排列的一系列数据，应用一定的数学方法进行加工、计算，借以预测其未来发展趋势的分析方法，亦称“时间序列分析法”或“外推分析法”。它的实质就是遵循事物发展的“延续性原则”，采用数理统计的方法，来预测事物发展的趋势。例如，算术平均法、移动加权平均法、指数平滑法、回归分析法、二次曲线法等都属于趋势预测分析法。

2.因果预测分析法

因果预测分析法，是根据预测对象与其他相关指标之间相互依存、相互制约的规律性联系，来建立相应的因果数学模型所进行的预测分析方法。它的实质就是遵循事物发展的相关性原则，以此推测事物发展的趋势。例如，本量利分析法、投入产出分析法、经济计量法等都属于因果预测分析法。

（二）定性分析法

定性分析法亦称“非数量分析法”，是一种直观性的预测方法，主要依靠预测人员的丰富实践经验及主观的判断和分析能力（它们必须建立在预测者的智慧和广博的科学知识的基础上），在不用或少量应用计算的情况下，就能推断事物的性质和发展趋势的分析方法。当然这种方法在量的方面不易准确，一般是在企业缺乏完备、准确的历史资料的情况下，首先邀请熟悉该行业经济业务和市场情况的专家，根据他们过去所积累的经验进行分析判断，提出预测的初步意见；然后再通过召开调查会或座谈会的方式，对上述初步意见进行修正补充，并作为提出预测结论的依据。

（三）定性分析法和定量分析法的关系

定性分析法和定量分析法在实际应用中并非相互排斥，而是相互补充、相辅相成的。定量分析法虽然较精确，但许多非计量因素无法考虑，这就需要通过定性分析法将一些非计量因素考虑进去，但定性分析法要受主观因素的影响，因此在实际工作中常常将两种方法结合应用，相互取长补短，以提高实用性。

三、经营预测的基本原则

（一）延续性原则

延续性原则是指在企业经营活动中，过去和现在的某种发展规律将会延续下去，并假设决定过去和现在发展的条件同样适用于未来。企业经营预测根据这条原则，就可以把未来视作历史的延伸而进行推测。前面提到的趋势预测分析法，就是基于这条原则建立的。

（二）相关性原则

相关性原则是指在企业经营活动过程中，一些经济变量之间存在着相互依存、相互制约的关系。企业经营预测根据这条原则，就可以利用对某些经济变量的分析研究来推测受它们影响的另一个（或另一些）经济变量发展的规律性。前面提到的因果预测分析法就是基于这条原则而建立的。

（三）相似性原则

相似性原则是指在企业的经营活动过程中，不同的（一般是无关的）经济变量所遵循的发展规律有时会出现相似的情况。预测分析工具根据这条原则，可以利用已知变量的发展规律类推出未知变量的发展趋势。前面提到的定性分析法就是基于这条原则建立的。

（四）统计规律性原则

统计规律性原则是指企业在经营活动过程中对于某个经济变量所作出的一次观测结果往往是随机的，但多次观测的结果却会出现具有某种统计规律性的情况。根据这条原则，可以利用概率分析及数理统计的方法进行预测分析。后面提到的回归分析法就是基于这条原则建立的。

【动脑筋】企业成本可以按照哪些标准进行分类，各包括什么内容？不同分类标准分别适应了企业经营管理的哪些不同需要？

同步训练

一、判断题（正确的在括号内打“√”，错误的打“×”）

（　　）1. 因素预测分析法是根据预测对象与其他相关指标之间相互依存、相互制约的规律性联系来建立相应的因果数学模型所进行的预测分析方法。

（　　）2. 趋势分析法亦称“时间序列分析法”或“外推分析法”。

（　　）3. 定性分析法和定量分析法在实际应用中是相互排斥的。

（　　）4. 因果预测分析法就是基于相关性原则建立的。

（　　）5. 不同的预测方法能达到不同的目的，所以对于不同的对象和内容应采用不同的预测方法，不能一成不变。

二、选择题（每题至少有一个正确答案，请将正确答案填在括号内）

1. 下列各项中属于趋势分析法的是（　　）。

A. 算术平均法　　B. 移动加权平均法

C. 指数平滑法　　D. 专家意见法

2. 下列各项中属于因素分析法的是（　　）。

A. 算术平均法　　B. 移动加权平均法

C. 指数平滑法　　D. 本量利分析法

3. 下列各项中属于经营预测的基本原则的是（　　）。

A. 延续性原则　　B. 相关性原则

C.相似性原则　　D.统计规律性原则

4.下列各项中属于定量分析方法的是（　　）。

A.趋势分析法　　B.移动加权平均法

C.指数平滑法　　D.因素分析法

5.下列各项中属于定性分析方法的是（　　）。

A.趋势分析法　　B.移动加权平均法

C.指数平滑法　　D.专家意见法

参考答案

任务二　销售预测

知识准备

销售预测方法可以按照定性预测和定量预测相结合的办法，在充分考虑未来各种影响因素的基础上，对企业提出一个切实可行的销售目标。

销售计划的中心任务之一就是销售预测，无论企业规模大小、销售人员多少，销售预测影响到包括计划、预算和销售额确定在内的销售管理的各方面工作。销售预测是指对未来特定时间内，全部产品或特定产品的销售数量与销售金额的估计。销售预测是在充分考虑未来各种影响因素的基础上，结合本企业的销售实绩，通过一定的分析方法提出切实可行的销售目标。

一、影响因素

尽管销售预测十分重要，但进行高质量的销售预测却并非易事。在进行预测和选择最合适的预测方法之前，了解对销售预测产生影响的各种因素是非常重要的。

一般来讲，在进行销售预测时应考虑两大类因素：

（一）外界因素

1.需求动向

需求是外界因素之中最重要的一项，如流行趋势、爱好变化、生活形态变化、人口流动等，均可成为产品（或服务）需求的质与量方面的影响因素，因此必须加以分析与预测。企业应尽量收集有关对象的市场资料、市场调查机构资料、购买动机调查等统计资料，以掌握市场的需求动向。

2.经济变动

销售收入深受经济变动的影响，经济因素是影响商品销售的重要因素，为了提高销售预测的准确性，应特别关注商品市场中的供给和需求情况。近年来科技、信息的快速发展，更带来无法预测的影响因素，导致企业销售收入发生波动。因此，为了正确预测，需特别注意资源问题的未来发展、政府及财经界对经济政策的见解，以及基础工业、加工业生产、经济增长率等指标的变动情况，尤其要关注突发事件对经济的影响。

3. 同业竞争动向

销售额的高低深受同业竞争者的影响，古人云“知己知彼，百战不殆”。为了生存，必须掌握对手在市场上的所有活动，如竞争对手的目标市场在哪里、产品价格高低、促销与服务措施等。

4. 政府、消费者团体的动向

考虑政府的各种经济政策、方案措施，以及消费者团体所提出的各种要求等。

（二）内部因素

1. 营销策略

考虑市场定位、产品政策、价格政策、渠道政策、广告及促销政策等变更对销售额所产生的影响。

2. 销售政策

考虑变更管理内容、交易条件或付款条件、销售方法等对销售额所产生的影响。

3. 销售人员

销售活动是一种以人为核心的活动，所以人为因素对于销售额的实现具有相当深远的影响力，这是我们不能忽略的。

4. 生产状况

考虑货源是否充足、能否保证销售需要等。

【育德于技5-2】新电价政策落地 天富能源2023年业绩改善可期

背景：天富能源（以下简称“公司”）近日发布的2022年度业绩预告显示，公司预计2022年度亏损。但是从单季度来看，2022年第四季度，公司结束了前三季度连续亏损的不利局面，实现大幅扭亏。展望2023年，基于电价政策的连续性，以及已处于高位的煤炭价格继续上涨所面临的压力，预计电价上涨后公司2023年业绩将转盈。公司近日公告，近期收到1.08亿元政府居民电价补贴，也有望进一步提升公司2023年业绩。

据了解，坐拥发-输-配-售全产业链优势的天富能源2022年第四季度大幅扭亏或与当地从2022年7月8日起执行新电价有关。回看公告，公司此前披露收到新疆生产建设兵团发展改革委下发的《兵团发展改革委关于核定2022—2025年第八师电网输配电价（试行）的通知》（兵发改价格规〔2022〕174号），明确新电价机制将从2022年7月8日起实施。据此，公司预测2022年下半年电费收入将增加6亿元左右（不含税）。

公司近日披露的关于《兵团发展改革委关于核定2022—2025年第八师电网输配电价（试行）的通知》实施进展公告显示，截至2023年1月31日，用电量占同期电价调整范围内客户用电量47.30%的客户已签署了电价调增后的新供用电合同。同时，2022年7月8日至2022年年底的增量电费收入已计入公司2022年电费收入。公司2022年第四季度实现扭亏或与此次增量电费收入计入有关。

另外，由于2022年全年煤价维持高位，而上半年电力销售价格不能覆盖电力成本，导致公司2022年整体业绩出现亏损。新电价机制落实后，用电量占比超过80%的工业大客户电价回归合理区间，2022年下半年公司业绩改善明显。

资料来源：陈国庆．新电价政策落地 天富能源2023年业绩改善可期［EB/OL］．［2023-05-25］．https://www.163.com/dy/article/HSLN17GJ0552C2FY_pdya11y.html.

问题：如何看待天富能源2023年的业绩预测？

分析：经营预测要为相关利益者提供有用信息，需要本着爱岗敬业精神，全面深入思考，为决策者进行科学决策提供重要预测信息。

二、销售预测方法

常用的销售预测方法有很多，一般可分为定性预测和定量预测。

（一）定性预测

一般来说，在销售预测中常用的定性预测方法有四种：高级经理意见法、销售人员意见法、购买者期望法和德尔菲法。

1. 高级经理意见法

高级经理意见法是依据销售经理（经营者与销售管理者为中心）或其他高级经理的经验与直觉，通过一个人或所有参与者的平均意见求出销售预测值的方法。

2. 销售人员意见法

销售人员意见法是利用销售人员对未来销售进行预测。有时是由每个销售人员单独作出这些预测，有时则是销售人员与销售经理共同讨论而作出这些预测。预测结果按地区或行政区划一级一级汇总，最后得出企业的销售预测结果。

3. 购买者期望法

许多企业经常关注新顾客、老顾客和潜在顾客未来的购买意向情况，如果存在少数重要的顾客占据企业大部分销售量这种情况，那么购买者期望法是很实用的。

购买者期望法是通过征询客户的潜在需求或未来购买商品计划的情况，了解其购买商品的活动、变化及特征等，然后在收集消费者意见的基础上分析市场变化，预测未来市场需求。

4. 德尔菲法

微课 德尔菲法

德尔菲法又称专家意见法，是指以不记名方式根据专家意见作出销售预测的方法。至于谁是专家，则由企业来确定，如果对专家有一致的认同则是最好不过的。德尔菲法通常包括召开一组专家参加的会议，第一阶段得到的结果总结出来可作为第二阶段预测的基础，通过组中所有专家的判断、观察和期望来进行评价，最后得到具有更少偏差的预测结果。

德尔菲法的最大优点是充分民主地收集专家意见，把握市场的特征。但是，德尔菲法一般只能得到企业或行业的预测结果，用此方法所求得的地区、顾客、产品分类等预测结果就没有那么精确了。

【请注意】德尔菲法的最大优点是充分民主地收集专家意见，把握市场的特征。

（二）定量预测

用来进行销售预测的定量预测方法可以分成两大类：一类是时间序列分析法；另

一类是回归和相关分析法。

1. 时间序列分析法

时间序列分析法是利用变量与时间存在的相关关系，通过对以前数据的分析来预测将来的数据。在分析销售收入时，大家都懂得将销售收入按照年或月的次序排列下来，以观察其变化趋势。时间序列分析法现已成为销售预测中具有代表性的方法。例如，算术平均法、移动加权平均法、指数平滑法等都属于时间序列分析法。

2. 回归和相关分析法

各种事物彼此之间都存在直接或间接的因果关系。同样地，销售量亦会随着某种变量的变化而变化。当销售与时间之外的其他事物存在相关性时，就可运用回归和相关分析法进行销售预测。例如，回归分析法、二次曲线法等都属于回归和相关分析法。

【动脑筋】销售预测方法中的定量预测包括哪些？定性预测包括哪些？德尔菲法是什么？它最大的优点是什么？

典型任务举例

某企业聘请7位专家，采用德尔菲法对该企业某种商品3月份的销售量进行预测，预测结果见表5-1。

表5-1 专家意见汇总表

单位：件

专家编号	第一次判断情况			第二次判断情况			第三次判断情况		
	最高	最可能	最低	最高	最可能	最低	最高	最可能	最低
1	650	620	570	650	620	580	670	630	560
2	680	610	580	700	610	590	660	610	580
3	700	630	600	690	630	600	720	640	600
4	620	590	560	620	590	570	620	600	570
5	630	610	560	630	600	550	640	610	560
6	660	620	590	660	620	580	650	620	580
7	710	640	600	690	640	600	700	640	600
平均值	664	617	580	663	616	581	666	621	579

要求：假设最高、最可能和最低预测销售量的概率分别为0.2、0.6和0.2，采用加权平均法预测销售量。

解：该企业在此基础上，按最后一次预测结果，采用加权平均法确定最终的预测值为621件（666×0.2+621×0.6+579×0.2）。

同步训练

一、判断题（正确的在括号内打"√"，错误的打"×"）

（　　）1.当销售与时间之外的其他事物存在相关性时，就可运用回归和相关分析法进行销售预测。

（　　）2.德尔菲法的最大优点是充分民主地收集专家意见，把握市场的特征。

（　　）3.高级经理意见法是定量分析法。

（　　）4.市场定位、产品政策、价格政策、渠道政策、广告及促销政策等的变更会对销售额产生影响，所以销售政策是影响销售预测的外界因素。

（　　）5.德尔菲法是定性分析法之一。

二、选择题（每题至少有一个正确答案，请将正确答案填在括号内）

1.销售预测常用方法中的趋势外推法和因果预测法属于（　　）。

A.定性分析法　B.定量分析法　C.购买者期望法　D.德尔菲法

2.销售预测的常用定量分析法有（　　）。

A.判断分析法　B.趋势外推法　C.统计推测法　D.因果预测法

3.在缺乏可靠的历史资料时，下列方法中可进行销售预测的是（　　）。

A.主观判断法　B.趋势外推法　C.统计推测法　D.德尔菲法

4.在企业预测中，处于先导地位的是（　　）。

A.利润预测　B.资金预测　C.销售预测　D.成本预测

5.在销售预测中，下列各项属于定性预测方法的是（　　）。

A.高级经理意见法　B.购买者期望法

C.销售人员意见法　D.德尔菲法

参考答案

任务三　成本预测

知识准备

成本预测是指运用一定的科学方法，对未来成本水平及其变化趋势作出科学的估计。通过成本预测，掌握未来的成本水平及其变动趋势，有助于减少决策的盲目性，使经营管理者易于选择最优方案，作出正确决策。

一、目标成本预测法

目标成本是指在确保目标利润的前提下，企业在成本方面应达到的目标。进行目标成本预测是为了控制企业生产经营过程中的物质消耗或劳动消耗，降低产品成本，保证目标利润的实现。企业选择某一先进成本作为目标成本，它可以是国内外同种产品的先进成本，也可以是本企业历史最好的成本水平，还可以是按平均先进水平制定的定额成本或标准成本。

目标成本的预测一般可采用倒扣测算法和比率测算法。

（一）倒扣测算法

单一产品条件下的产品目标成本=预计销售收入-应缴税金-目标利润

倒扣测算法是在事先确定目标利润的基础上，首先预计产品的售价和销售收入，然后扣除价内税和目标利润，余额即为目标成本的一种预测方法。此方法既可以预测单一产品生产条件下的产品目标成本，也可以预测多产品生产条件下的全部产品的目标成本。当企业生产新产品时，也可以采用这种方法预测，此时新产品目标成本的预测与单一产品目标成本的预测相同。相关的计算公式如下：

$$\text{多产品生产条件下全部产品的目标成本}=\sum\text{预计销售收入}-\sum\text{应缴税金}-\sum\text{总体目标利润}$$

目标利润 = 销售利润率 × 预计销售收入

= 资产利润率 × 预计资产平均占用额

= 成本利润率 × 预计成本总额

式中的销售收入必须结合市场销售预测及客户的订单等予以确定。应缴税金指应缴流转税金，它必须按照国家的有关规定予以缴纳。由于增值税是价外税，因此这里的应缴税金不包括增值税。目标利润通常可采用先进（指同行业或企业历史较高水平）的销售利润率乘以预计的销售收入，或先进的资产利润率乘以预计的资产平均占用额，或先进的成本利润率乘以预计的成本总额确定。

这种方法以确保目标利润的实现为前提条件，坚持以销定产原则，将目标成本的确定与销售收入的预计紧密结合。

（二）比率测算法

比率测算法的实质是倒扣测算法的延伸，它是依据成本利润率来测算单位产品目标成本的一种预测方法。这种方法要求事先确定先进的成本利润率，并以此推算目标成本。这种方法常常用于新产品目标成本的预测。其计算公式为：

单位产品目标成本=产品预计价格×（1-税率）÷（1+成本利润率）

这种方法建立在上年预计成本水平的基础之上，从实际出发，实事求是，充分考虑降低产品成本的内部潜力，因此仅适用于可比产品目标成本的预测。

二、历史成本预测法

历史成本预测法是根据已有的相关资料，将成本按成本习性进行划分，运用数理统计方法来估计推测成本发展趋势的一种方法。成本的发展趋势一般可以用直线方程式来反映：y=a+bx。在这个直线方程式中，只要求出固定成本总额（a）和单位变动成本（b）的值，就能预测出任何产量（x）的总成本（y）。预测成本变动趋势的方法有很多，最常用的有高低点法、加权平均法和直线回归分析法。

【请注意】历史成本预测法的前提是按照产品的成本习性将成本分解成固定部分和变动部分。

典型任务举例

假定某企业生产甲、乙两种产品，且产销平衡。预计甲产品的销售量为6 000件，单价为500元，增值税税率为13%，另外还需缴纳10%的消费税。该企业甲产品购进货物成本占甲产品销售额的预计比重为40%，该企业所在地区的城市维护建设税税率为7%，教育费附加税率为3%。预计乙产品的销售量为4 000件，单价为300元，不用缴纳消费税，乙产品购进货物成本占乙产品销售额的预计比重为50%。同行业先进的销售利润率为20%。

要求：预测该企业的总体目标成本。

解：（1）计算总体目标利润。

总体目标利润 =（6 000×500+4 000×300）×20%=840 000（元）

（2）分别计算甲、乙产品的应缴税金。

甲产品应缴税金 = 6 000 ×500×10%+［6 000 ×500×10%+6 000 ×500（1- 40%）×13%］×（7%+3%）

= 353 400（元）

乙产品应缴税金 = 4 000×300×（1 – 50%）× 13%×（7% + 3%）= 7 800（元）

（3）确定总体的目标成本。

总体目标成本 = 4 200 000 –（353 400 + 7 800）– 840 000 = 2 998 800（元）

同步训练

一、判断题（正确的在括号内打“√”，错误的打“×”）

（　　）1.高低点法是历史成本分析法的一种。

（　　）2.定额成本不可作为选择目标成本预测法的目标成本。

（　　）3.成本预测是指运用一定的科学方法，对未来成本水平及其变化趋势作出科学的估计。

（　　）4.标准成本就是最先进的成本。

（　　）5.目标利润就是预计销售收入扣除目标成本所得。

二、选择题（每题至少有一个正确答案，请将正确答案填在括号内）

1.按目标成本进行成本预测，目标成本等于预计销售收入（　　）。

A.加上目标利润　　B.扣除目标利润

C.扣除销售费用　　D.扣除管理费用

2.成本预测方法中的历史成本分析法包括（　　）。

A.定额测算法　　　　　　　　　　B.因素变动预测法

C.高低点法　　　　　　　　　　　D.直线回归分析法

3.在事先确定目标利润的基础上，首先预计产品的售价和销售收入，然后扣除价内税和目标利润，余额即为目标成本的预测方法是（　　）。

A.倒扣测算法　　B.比率测算法　　C.高低点法　　D.直线回归分析法

4.目标成本预测法的目标成本可以是（　　）。

A.国内外同种产品的先进成本　　　B.本企业历史最好的成本水平

C.定额成本　　　　　　　　　　　D.标准成本

5.根据已有的相关资料，将成本按成本习性进行划分，运用数理统计方法来估计推测成本发展趋势的一种方法是（　　）。

A.定额测算法　　　　　　　　　　B.因素变动预测法

C.目标成本预测法　　　　　　　　D.历史成本预测法

三、计算分析题

假设中成公司销售笔记本电脑，2023年预计实现目标利润600 000元，其他的预计相关资料见表5-2。

表5-2　中成公司2023年预计相关资料　金额单位：元

项　目	金　额
销售单价（每台）	4 000
预计销售量（台）	1 400
固定成本	450 000

参考答案

要求：计算中成公司2023年预计的变动成本和单位变动成本。

任务四　利润预测

知识准备

产品的价格、单位变动成本、销售量以及固定成本的变动都会对利润造成影响，并且影响的程度各有不同。

利润预测是对公司未来某一时期可实现的利润的预计和测算。它是按影响公司利润变动的各种因素，预测公司将来所能达到的利润水平，或按实现目标利润的要求，预测需要达到的销售量或销售额。

一、利润预测的方法

（一）比率预测法

1.根据销售利润率预测

销售利润总额 = 预计销售收入 × 销售收入利润率

2.根据销售成本利润率预测

销售利润总额 = 预计产品销售成本 × 销售成本利润率

3.根据产值利润率预测

销售利润总额 = 预计产品总产值 × 产值利润率

（二）本量利分析预测法

本量利分析预测法是指利用本量利分析的基本公式来预测目标利润。其计算公式为：

$$L=(p-b)x-a$$

式中：L为利润额，p为产品销售单价，b为单位变动成本，x为销售量，a为固定成本。

二、利润的敏感性分析

所谓利润敏感性分析是研究当制约利润的有关因素发生某种变化时，利润变化程度的一种分析方法。在现实经济环境中，影响利润的因素是经常发生变动的。有些因素增长会导致利润增长（如单价），而有些因素降低才会使利润增长（如单位变动成本）；有些因素略有变化就会使利润发生很大的变化，而有些因素虽然变化幅度很大，却只对利润产生微小的影响。那些对利润影响大的因素被称为敏感因素，反之，则为非敏感因素。所以对于一个管理者来说，不仅需要了解哪些因素对利润增加有影响，而且要知道影响利润的因素中，哪些是敏感因素，哪些是非敏感因素。只有抓住重点，综合利用各有关因素之间的相互关系，采取综合措施，才是成功的关键。

（一）相关因素的影响方向及程度

影响企业利润的因素主要有四个：产品的价格、产品的单位变动成本、产品的销售量和产品的固定成本。其中任何一个因素的变动都会引起企业利润的变动，甚至会使一个企业由盈变亏，也会使一个企业扭亏为盈。其关系见表5-3。

表5-3 利润的相关因素影响

影响因素	保本点	利润
单价	反向	同向
单位变动成本	同向	反向
固定成本	同向	反向
业务量	不影响	同向

（二）利润敏感度指标的计算

反映敏感程度的指标是敏感性系数，其计算公式为：

敏感性系数 = 利润变动的百分比 ÷ 因素值变动的百分比

1.单因素敏感性分析

单因素敏感性分析是就单个不确定因素的变动对利润的影响所做的分析。

2.多因素敏感性分析

在进行单因素敏感性分析的过程中，当计算某特定因素的变动对利润的影响时，假定其他因素均不变。实际上，许多因素的变动具有相关性，一个因素的变动往往也伴随着其他因素的变动。所以，单因素敏感性分析有其局限性。改进的方法是进行多因素敏感性分析，即考察多个因素同时变动对利润的影响。多因素敏感性分析要考虑可能发生的各种因素不同变动幅度的多种组合，计算起来要比单因素敏感性分析复杂得多。

典型任务举例

恒达公司年预计销售量为1 000件，财务资料见表5-4，公司当期的利润表见表5-5。

表5-4 恒达公司预计的财务资料 单位：元

项 目	金 额
单价	10
单位变动成本	6
固定成本	2 000
销售和管理费用	1 000

表5-5 恒达公司预计的利润表 单位：元

项 目	金 额
销售收入	10 000
减：变动成本	6 000
贡献毛益	4 000
减：固定成本	2 000
销售和管理费用	1 000
利润	1 000

要求：根据公司的生产能力（最大的生产能力为3 000件）和市场预测，在现有基

础上利润增加50%，达到1 500元，为保证目标利润的实现，分析各个因素应如何变动？

解：（1）单价变动的影响。

假设价格为P，则根据本量利方程：

1 500 = 1 000×P−1 000×6−3 000

P = 10.5元

结果表明，在其他条件不变的情况下，单位产品的售价从10元提高到10.5元，提高5%，就可保证实现目标利润。

（2）单位变动成本变动的影响。

假设变动成本为V，则根据本量利方程：

1 500 =1 000×10−1 000×V−3 000

V = 5.5元

结果表明，在其他条件不变的情况下，单位变动成本从6元降低到5.5元，减少8.3%，就可保证实现目标利润。

（3）销售量变动的影响。

假设产销量为Q，则根据本量利方程：

1 500 = Q×10 −Q×6−3 000

Q = 1 125件

结果表明，在其他条件不变的情况下，产销量从1 000件增加到1 125件，增加12.5%，就可保证实现目标利润。

（4）固定成本变动的影响。

假设固定成本为F，则根据本量利方程：

1 500 = 1 000×10−1 000×6−F

F = 2 500元

结果表明，在其他条件不变的情况下，固定成本从3 000元降低到2 500元，降低16.7%，就可保证实现目标利润。

（5）敏感性分析。

表5-6是单价、销量、单位变动成本和固定成本的变化对利润的敏感程度。

表5-6 各因素的敏感系数

项　目	敏感系数
单价	10
销售量	4
单位变动成本	−6
固定成本	−3

就恒达公司而言，影响利润的诸因素中最敏感的是单价（敏感系数为10），其次是单位变动成本（敏感系数为−6），再次是销量（敏感系数为4），最后是固定成本

（敏感系数为–3）。其中敏感系数为正值的，表明它和利润为同向增减；敏感系数为负值的，表明它和利润为反向增减。这说明恒达公司要提升公司的目标利润，首先可以考虑提高单价，因为单价每提高1个百分点，则利润将提高10个百分点；其次是降低单位变动成本，单位变动成本每下降1个百分点，则利润将提高6个百分点；再次是增加销量，销量每增加1个百分点，则利润将提高4个百分点；最后才考虑缩减固定成本，固定成本每缩减1个百分点，则利润将提高3个百分点。

（6）多因素同时变动的影响。

假设恒达公司有剩余生产能力，可以进一步增加产量，但由于售价偏高，使销路受到限制。为了打开销路，经理拟降价10%，采取薄利多销的方针，争取实现1 500元的目标利润。

①计算降价后实现目标利润所需的销售量。

$$\text{目标利润下的销售量}=\frac{\text{固定成本}+\text{目标利润}}{\text{单价}-\text{单位变动成本}}=\frac{2\,000+1\,000+1\,500}{10\times(1-10\%)-6}=1\,500\text{（件）}$$

如果销售部门认为，降价10%后可使销售量达到1 500件，生产部门也可以将其生产出来，则目标利润就可以实现；否则还需要进一步分析。

②计算既定销量下实现目标利润所需的单位变动成本。

假设销售部门认为，降价10%后销售量无法达到1 500件，只能增加到1 300件，为此，需要在降低成本上努力。

$$\text{单位变动成本}=\frac{\text{单价}\times\text{销量}-(\text{固定成本}+\text{目标利润})}{\text{销量}}$$

$$=\frac{10\times(1-10\%)\times1\,300-(3\,000+1\,500)}{1\,300}=5.54\text{（元）}$$

为了实现目标利润，在降价10%的同时，还应使单位变动成本从6元降至5.54元。如果生产部门认为，通过降低原材料和人工成本，这个目标可以实现，则目标利润就可以实现；否则还需要进一步分析。

③计算既定产销量和单位变动成本下实现目标利润所需的固定成本。

假设生产部门认为，通过努力，单位变动成本可降到5.54元。为此，企业还需要压缩固定成本开支。

$$\text{固定成本}=\text{销量}\times\text{单位贡献毛益}-\text{目标利润}$$

$$=1\,300\times[10\times(1-10\%)-5.54]-1\,500=2\,998\text{（元）}$$

为了实现目标利润，在降价10%、使销量增至1 300件、单位变动成本降至5.54元的同时，还需压缩固定成本2元（3 000–2 998），则目标利润可以实现；否则，可以再次协商，寻找进一步增收节支的办法，重新分析计算并分别落实，或向经理汇报，请其考虑修改目标利润。

【动脑筋】在其他条件不变的情况下，产品的单价提高、固定成本下降、单位变动成本提高分别会使产品的目标利润产生什么样的变化？

同步训练

一、判断题（正确的在括号内打“√”，错误的打“×”）

（　　）1.如果价格的敏感性系数是2，表明产品的价格提高10%，产品利润将提高20%。

（　　）2.敏感性系数等于1，表示没有敏感性。

（　　）3.敏感性系数不会小于0。

（　　）4.在利润敏感性分析中，最为敏感的因素是销售单价。

（　　）5.在其他条件不变的情况下，企业要想提高利润，可以通过提高单价或销量、降低单位变动成本或固定成本等单一方式来实现。

二、选择题（每题至少有一个正确答案，请将正确答案填在括号内）

1.当产品的单价提高10%，产品利润将提高35%时，则价格的敏感性系数为（　　）。

A.2.5　　B.1　　C.0.35　　D.3.5

2.通过降低产品单位变动成本可提高产品的利润，表明单位变动成本的敏感性系数（　　）。

A.大于0　　B.等于0　　C.小于0　　D.不确定

3.在提高单价的同时提高固定成本，则产品的利润（　　）。

A.上升　　B.下降　　C.不变　　D.不确定

4.在降低单位变动成本的同时降低固定成本，则产品的利润（　　）。

A.上升　　B.下降　　C.不变　　D.不确定

5.下列各项中，影响利润的因素有（　　）。

A.售价　　B.单位变动成本　　C.销量　　D.固定成本

三、计算分析题

天健公司生产A、B、C三种产品，产品共同的固定成本为2 000元，预计相关资料见表5-7。

表5-7　预计相关资料　金额单位：元

产品	单价	单位变动成本	单位贡献毛益	分摊的固定成本	销量（件）
A	10	8	2	400	100
B	9	6	3	600	300
C	8	4	4	1 000	500

要求：

（1）计算销售A、B、C三种产品的利润。

（2）你认为要不要停止生产A产品，为什么？

（3）假设目前市场上这三种产品竞争异常激烈，你认为企业要想继续生存和发展应采取哪些有效措施？

（4）假设C产品的单价和单位变动成本的敏感性系数分别为3和-2，则在其他条件不变的情况下，分别计算提价10%或提高单位变动成本10%时A产品的利润。

参考答案

任务五　资金需要量预测

知识准备

企业在筹资之前，应当采用一定的方法预测资金的需要数量。只有这样，才能使筹集来的资金既能满足生产经营的需要，又不会产生太多的闲置。测定资金需要量的方法包括定性预测法和定量预测法两类。前者也称定性分析法，后者包括比率预测法与资金习性预测法。

一、定性预测法

定性预测法是指利用直观的资料，依靠个人的经验、主观分析及判断能力，预测未来资金需要量的方法。这种方法通常在企业缺乏完备、准确的历史资料的情况下采用。

二、定量预测法

（一）比率预测法

最常见的比率预测法是销售百分比法。这里主要介绍销售百分比法。

销售百分比法是以资金与销售额的比率为基础，预测未来资金需要量的一种方法，其原理是根据预计的销售额预测资金的需要量。根据资产负债表中资金占用与销售收入变动关系的不同，资产负债项目可以分为两类：一是与销售额的变动呈同比例变动的项目；二是不随销售额的变动而变动的项目。在资产负债项目分类的基础上，作出预计的资产负债表，可以推算出在一定预计销量下的资金需要量。

销售百分比法有两个基本假设：一是假定某项目与销售额的比率已知且固定不变；二是假定未来销售预测已经完成。

销售百分比法的基本原理用会计等式表示为：

资产 = 负债 + 所有者权益

追加筹资以后的等式可表示为：

资产+Δ资产=负债+Δ自发性负债+Δ外部负债+所有者权益+Δ留存收益+Δ外部股权筹资额

还可以进一步转化为：

Δ资产 = Δ自发性负债 + Δ外部负债 + Δ留存收益 + Δ外部股权筹资额

销售百分比法的具体步骤如下：

（1）将资产负债表中的资产负债项目划分为变动项目和不变项目。所谓变动项目，是指随销售额的变动而同步变动的项目，主要包括货币资金、应收账款、存货等流动资产项目和应付账款、应付票据、应交税费等流动负债项目，但短期借款一般不作为变动项目。与变动项目相对应的是不变项目，如固定资产、长期投资、短期借款、长期负债和实收资本等，它们在短期内都不会随销售规模的扩大而相应改变。

（2）计算基年各变动项目销售百分比，其计算公式为：

某变动项目销售百分比 = 该项目金额 ÷ 销售额 × 100%

资产销售百分比 = 各资产类变动项目销售百分比之和

= 资产类变动项目总金额 ÷ 销售额 × 100%

自发性负债销售百分比 = 各负债类变动项目销售百分比之和

= 负债类变动项目总金额 ÷ 销售额 × 100%

（3）计算预计留存收益增加额（Δ留存收益），其计算公式为：

预计留存收益 = 预计销售额×销售净利率×（1−股利支付率）

（4）计算外部融资额，其计算公式为：

外部融资额=Δ资产−Δ自发性负债−Δ留存收益

=资产销售百分比×新增销售额−自发性负债销售百分比×新增销售额−预计销售额×销售净利率×（1−股利支付率）

微课

销售百分比法

【请注意】划分变动项目和不变项目是销售百分比法的关键，那些随销售额的变动而同步变动的项目主要包括货币资金、应收账款、存货等流动资产项目和应付账款、应付票据、应交税费等流动负债项目，但短期借款一般不作为变动项目。在短期内都不会随销售规模的扩大而相应改变的项目主要包括固定资产、长期投资、短期借款、长期负债和实收资本等。

（二）资金习性预测法

资金习性是指资金的变动同产销量变动之间的依存关系。按照资金同产销量之间的依存关系的不同，资金可分为不变资金、变动资金和半变动资金。

不变资金指在一定的产销量范围内保持不变的那部分资金，如为维持营业而占用的最低数额的现金、固定资产和原材料的保险储备。

变动资金指随产销量变动而呈同比例变动的那部分资金，如最低储备以外的现金、存货、应收账款等。

半变动资金指受产销量变动的影响，但不呈同比例变动的资金，如一些辅助材料占用的资金。半变动资金也可以划分为不变资金和变动资金。

资金习性预测法就是根据历史上企业资金占用总额与产销量之间的关系，把资金划分为不变资金和变动资金两部分，然后结合预计的销售量来预测资金需要量的一种方法。

资金习性预测法的基本预测模型为：

$$Y = a + bX$$

式中：Y为资金占用量，X为产销量，a为不变资金，b为单位产销量所需的变动资金。通过将历史数据代入模型，用高低点法或线性回归法得出a、b值后，再将预计销售量代入已知模型，即可计算出预计资金需要量。

1.高低点法

高低点法是在相关范围内，根据资金量的最高点和产销量的最高点之间的线性关系，以及资金量的最低点与产销量的最低点之间的线性关系，推算出资金中的不变资金（a）和单位产销量所需变动资金（b）的数值，进而计算出预测期的资金需要量。

根据资金习性预测法的基本预测模型可知：

$$Y_H = a + bX_H$$

$$Y_L = a + bX_L$$

根据以上两式解得：

$$b = \frac{Y_H - Y_L}{X_H - X_L}$$

$$a = Y_H - bX_H$$

或

$$a = Y_L - bX_L$$

预测期资金需要量 = a + b × 预测期产销量

【请注意】高低点的选择以自变量为依据。

【做中学5-1】某企业2019—2023年资金占用与销售收入之间的关系见表5-8。

表5-8　企业销售收入与资金占用表　单位：元

年　度	销售收入	资金占用
2019	120 000	80 000
2020	140 000	90 000
2021	136 000	88 000
2022	160 000	100 000
2023	158 000	110 000

要求：

（1）采用高低点法计算不变资金和单位变动资金。

（2）当2024年的销售收入为190 000元时，预测其需要占用的资金数额。

解：（1）采用高低点法计算不变资金和单位变动资金的步骤：

根据高低点选取原则，应选择2019年和2022年作为低点和高点。

b =（100 000 − 80 000）÷（160 000−120 000）=0.5

a = 80 000 − 120 000 ×0.5=20 000

Y = 20 000 + 0.5X

（2）预测其需要占用的资金数额可通过如下步骤计算：

Y = 20 000 + 0.5 ×190 000 =115 000（元）

2. 回归分析法

回归分析法是根据有关历史资料，用数学的最小平方法原理，计算能代表平均资金水平的直线截距和斜率，建立回归直线方程，并利用其预测资金需要量的方法。

回归直线方程及截距和斜率的计算公式为：

$$Y = a + bX$$

$$a = \frac{\sum X^2 \sum Y - \sum X \sum XY}{n \sum X^2 - (\sum X)^2}$$

$$b = \frac{n \sum XY - \sum X \sum Y}{n \sum X^2 - (\sum X)^2}$$

【做中学5-2】某企业2019—2023年的产销量和资金占用量见表5-9。

表5-9 企业产销量与资金占用量

年度	产销量（X）（万件）	资金占用（Y）（万元）	XY	X^2
2019	8.0	650	5 200	64
2020	7.5	640	4 800	56.25
2021	7.0	630	4 410	49
2022	8.5	680	5 780	72.25
2023	9.0	700	6 300	81
合　计	40.0	3 300	26 490	322.50

要求：请预测2024年的资金需要量。

解：将表中数据代入截距和斜率的计算公式：

$$a = \frac{322.5 \times 3\,300 - 40 \times 26\,490}{5 \times 322.5 - 40^2} = 372$$

$$b = \frac{5 \times 26\,490 - 40 \times 3\,300}{5 \times 322.5 - 40^2} = 36$$

预计2024年产销量为86 000件时的资金需要量为：

372+36×86 000=3 096 372（元）

【动脑筋】高低点法与回归分析法都属于资金习性预测法，两者都有相同的形式，即Y=a+bX。这两种方法各有什么优势和劣势？

典型任务举例

某公司2023年的销售收入为1 000万元，销售净利率为10%，净利润的60%分配给投资者。其2023年12月31日的资产负债表（简表）见表5-10。

表5-10　　资产负债表（简表）

2023年12月31日　　单位：万元

资产	期末余额	负债及所有者权益	期末余额
货币资金	100	应付账款	150
应收账款	150	长期借款	450
存货	250	实收资本	300
固定资产	500	留存收益	100
资产总计	1 000	负债与所有者权益总计	1 000

该公司2024年计划销售收入比2023年增长20%。根据历年财务数据分析，公司流动资产与流动负债随销售额同比率增减，公司现有生产能力尚未饱和。假定该公司2024年的销售净利率和利润分配政策与2023年保持一致。

要求：预测该公司2024年的外部融资需求量。

解：(1) 计算资产和负债的销售百分比。

资产销售百分比 =（100 + 150 + 250）÷1 000 ×100%=50%

自发性负债销售百分比 = 150 ÷1 000×100%=15%

(2) 计算外部资金需要量。

外部资金需要量 = Δ资产−Δ自发性负债−Δ留存收益

=资产销售百分比 × 新增销售额 − 自发性负债销售百分比 × 新增销售额 − 预计销售额 × 销售净利率 ×（1 − 股利支付率）

=1 000 × 20% × 50%−1 000 × 20% × 15%−1 000 ×（1 + 20%）× 10%×（1−60%）

=100 − 30 − 48 = 22（万元）

同步训练

一、判断题（正确的在括号内打“√”，错误的打“×”）

（　　）1. 销售百分比法假定某项目与销售额的比率已知且固定不变。

（　　）2. 销售百分比法假定未来的销售预测是不可知的。

（　　）3. 销售百分比法下的外部融资额=Δ资产−Δ自发性负债−Δ留存收益。

（　　）4. 在资金需要量的预测中，存货可作为内部周转资金来源的项目。

（　　）5. 资金习性预测法的基本预测模型为：Y=a+bX。

二、选择题（每题至少有一个正确答案，请将正确答案填在括号内）

1. 销售百分比预测法预测的是（　　）。

A. 现金流量　　B. 资金需要量

C.资金运动状况　　D.投资效果

2.在资金需要量的预测中，可作为内部周转资金来源的项目是（　　）。

A.应收账款　　B.存货

C.折旧、摊销额　　D.周转的货币资金

3.下列各项中说法正确的是（　　）。

A.高低点法是在相关范围内，依据资金量和产销量的最高点及最低点之间的线性关系预测企业资金需要量

B.销售百分比下的外部融资额=资产销售百分比×新增销售额-自发性负债销售百分比×新增销售额-预计销售额×销售净利率×（1-股利支付率）

C.销售百分比法下的外部融资额=Δ资产-Δ自发性负债-Δ留存收益

D.销售百分比法首先将资产负债表中的资产负债项目划分为变动项目和不变项目

4.下列各项中属于变动项目的是（　　）。

A.货币资金　　B.应收账款　　C.长期投资　　D.固定资产

5.下列各项中属于不变项目的是（　　）。

A.货币资金　　B.应收账款　　C.长期投资　　D.固定资产

三、计算分析题

某公司2023年的销售收入为100万元，销售净利率为4%，净利润的50%分配给投资者。其2023年12月31日的资产负债表（简表）见表5-11。

表5-11　　资产负债表（简表）

2023年12月31日　　单位：万元

资产	期末余额	负债及所有者权益	期末余额
货币资金	5	应付账款	12
应收账款	16	应交税费	8
存货	20	长期借款	22
固定资产	32	实收资本	30
无形资产	5	留存收益	6
资产总计	78	负债及所有者权益总计	78

该公司2024年计划销售收入比2023年增长20%。根据历年财务数据分析，公司流动资产与流动负债随销售额同比率增减，公司现有生产能力尚未饱和。

要求：假定该公司2023年的销售净利率和利润分配政策与上年保持一致，预测该公司2024年的外部融资需求量。

参考答案

项目小结

本项目主要知识点归纳总结见表5-12。

表5-12 本项目主要知识点归纳总结

主要知识点	内容	
经营预测	经营预测的步骤	确定预测目标，收集、整理和分析资料，选择预测方法，实际预测过程，检查验证，修正预测结果
	趋势预测分析法	算术平均法、移动加权平均法、指数平滑法、回归分析法、二次曲线法
	因果预测分析法	本量利分析法、投入产出分析法、经济计量法
销售预测	定性预测	高级经理意见法、销售人员意见法、购买者期望法、德尔菲法
	时间序列分析法	算术平均法、移动加权平均法、指数平滑法
	回归分析法	回归分析法、二次曲线法
成本预测	目标成本预测法	目标成本是指在确保目标利润的前提下，企业在成本方面应达到的目标
	历史成本预测法	根据已有的相关资料，将成本按成本习性进行划分，运用数理统计方法来推测成本发展趋势的一种方法
	因素变动预测法	通过对影响成本的各项因素的具体分析，预测计划期成本水平的方法
利润预测	敏感性分析	单价变动的影响 单位变动成本变动的影响 固定成本变动的影响 销量变动的影响
资金需要量预测	销售百分比法	销售百分比法是以资金与销售额的比率为基础，预测未来资金需要量的一种方法，其原理是根据预计的销售额预测资金的需要量
	资金习性预测法	基本预测模型为：Y=a+bX

项目六

经营决策

【学习目标】

1. 熟悉决策的分类
2. 掌握经营决策模型
3. 掌握成本加成定价法
4. 掌握目标成本定价法
5. 能够进行自制与外购决策
6. 能够进行亏损产品是否停产决策
7. 能够进行特殊订单决策
8. 能够在各种经营环境条件下进行经营决策
9. 掌握进一步加工决策
10. 掌握差量损益分析法
11. 掌握成本对定价决策的影响

【素养目标】

1. 掌握决策的基本知识，制定合理科学的决策流程，确保企业作出合理的经营决策，提高企业经营效率，增加企业和社会财富
2. 能够在充分掌握成本特点的基础上作出定价、销售和生产决策，增加企业和社会财富

【知识点】

经营决策模型　相关成本　不相关成本　定量分析　定性分析　成本加成定价法　目标成本定价法　自制与外购　亏损产品是否停产决策　特殊订单决策　差量损益分析法　定价决策

【技能点】

分清相关成本和不相关成本　能够运用定量分析和定性分析进行经营决策

案例导入

思南电气场地问题经营决策

思南电气有限公司是制造、销售高压开关设备、控制设备及其配件的公司。目前，公司产品所需的零件都由公司内部生产。公司开业已经5年了，只在河南平顶山有一个工厂。生产高压开关的设施是由公司租赁的，还有5年的租期。公司拥有全部设备的所有权。由于需求的扩大，公司的产量在前5年中大幅度提高，超过租赁设施的生产能力。目前，公司需要更多的仓库和生产模具的场地。这些模具是用来生产高压开关的。为适应高压开关需求量的日益增长，公司需要扩充模具的产量。

公司的总经理韩海春召集销售部经理李彦林和财务部经理程占共同讨论生产能力受限制的问题。这是他们三人第二次讨论这个问题。在第一次会议上，韩海春拒绝了程占提出的自建厂房的建议。他认为在目前的发展阶段投入大量资本建造厂房太冒险。他们也曾考虑租用更大的厂房并把现有的厂房转租给他人，但转租可能性较小。

"目前场地的问题比较严重，我们已经在实行三班倒。但如果再租赁一个厂房的话，费用比较高并且无法充分利用。"李彦林说。"是的，"程占回答，"我有两个可行的备选方案。第一个方案是另租一间仓库，旧仓库经过清理后可用作厂房。我已经找到这样的房子，距离公司工厂不到一公里，它的容量足以满足我们现有的生产能力和适度增长的需要。第二个方案是外购各种高压开关控制配件而不自己生产，目前这些配件价格下降得很厉害，如果我们停止生产这些配件，就能清理出所需的场地。"

"这两个方案我都喜欢。"韩海春回答，"其实，它们正是我们要寻找的。现在我们需要做的是看哪个方案更好。"

思考：

(1) 如果你是财务部经理程占，你应如何编制该决策的相关报告？

(2) 假设你接受财务部经理程占的第一个备选方案，必须考虑哪些非成本因素？

(3) 假设你接受财务部经理程占的第二个备选方案，必须考虑哪些非成本因素？

分析：

(1) 这属于经营决策问题，财务部经理程占需要在编制该决策的报告中提供有关仓库租金和自制高压开关成本的信息，同时也要提供外购高压开关成本的信息，选择二者中成本较低的方案。

(2) 假设接受财务部经理程占的第一个备选方案，必须考虑的非成本因素包括：仓库租金的稳定性、未来对高压开关需求的稳定性；与雇员的关系和社会形象。

(3) 假设接受财务部经理程占的第二个备选方案，必须考虑的非成本因素包括：外购产品的质量；供货渠道的可靠性；今后几年价格的稳定性。

任务一 经营决策认知

知识准备

经营决策是指对较短时间（一般为1年以内）的生产经营活动产生影响的决策，一般不涉及固定资产投资。决策一般有六个步骤，需要从定量分析和定性分析两个角度进行分析决策。

一、决策的含义

决策是指企业为了实现一定的目标，借助于科学的理论和方法，对可供选择的各种方案进行分析比较，权衡利弊得失，从中选出最满意（或最优）方案的过程。进行决策除了必须考虑财务上的可行性以外，还需要考虑某些非财务因素。

二、决策的分类

现代企业经营管理活动的复杂性、多样性，决定了决策有多种不同的类型。

（一）按决策对经营活动影响期的长短分类

按决策对经营活动影响期的长短可将决策分为短期决策和长期决策。

1.短期决策

短期决策是指对较短时间（一般为1年以内）的生产经营活动产生影响的决策。短期决策主要是解决生产经营过程中碰到的1年内的生产安排、品种规划等问题，如定价决策、成本决策等，一般不涉及固定资产投资。

2.长期决策

长期决策是指对较长时间（一般为1年以上）的生产经营活动产生影响的决策。长期决策通常涉及需要将大量资金投资在固定资产方面，如是否需要增添设备扩大生产规模、对原有设备是否需要进行更新改造等方面的决策。

（二）按决策问题所处条件不同分类

按决策问题所处条件不同可将决策分为确定型决策、风险型决策和非确定型决策。

1.确定型决策

确定型决策是指在决策过程中，提出各个备选方案，在确知的客观条件下，每个方案只有一种结果，比较其结果优劣后作出最优选择的决策。确定型决策是一种肯定状态下的决策。决策者对被决策问题的条件、性质、后果都有充分了解，各个备选方案只能有一种结果。这类决策的关键在于选择肯定状态下的最佳方案。

2.风险型决策

风险型决策是指这样一类决策：在决策过程中提出各个备选方案，已知每个方案都有几种不同结果，其发生的概率也可测算。例如，某企业为了增加利润，提出两个备选方案：一个方案是扩大老产品的销售规模；另一个方案是开发新产品。无论哪一种方案都会遇到市场需求高、市场需求一般和市场需求低几种不同可能性，它们发生的概率都可测算。若市场需求低，企业就要亏损。因而在上述条件下决策，带有一定的风险性，故称风险型决策。风险型决策之所以存在，是因为影响预测目标的各种市场因素是复杂多变的，因而每个方案的执行结果都带有很大的随机性。在决策中，无论选择哪种方案，都存在一定的风险性。

3. 非确定型决策

非确定型决策是指这样一类决策：在决策过程中提出各个备选方案，已知每个方案都有几种不同的结果，但每一种结果发生的概率无法知道。它与风险型决策的区别在于：在风险型决策中，每一方案产生的几种可能结果及其发生概率决策者都知道；而在非确定型决策中，决策者只知道每一方案产生的几种可能结果，但发生的概率并不知道。由于人们对市场需求的几种可能客观状态出现的随机性规律认识不足，就增大了决策的不确定程度。

（三）按决策的影响范围和重要程度不同分类

按决策的影响范围和重要程度不同可将决策分为战略决策和战术决策。

1. 战略决策

战略决策是指对企业发展方向和发展远景作出的决策，是关系到企业发展的全局性、长远性、方向性的重大决策，如对企业的经营方向、经营方针、新产品开发等进行的决策。

战略决策由企业最高层领导作出。它具有影响时间长、涉及范围广、作用程度深刻的特点，是战术决策的依据和中心目标。它的正确与否直接决定企业的兴衰成败，决定企业的发展前景。

2. 战术决策

战术决策是指企业为保证战略决策的实现而对局部的经营管理业务工作作出的决策。例如，对企业原材料和机器设备的采购，生产、销售的计划，商品的进货来源，人员的调配等进行的决策属战术决策。战术决策一般由企业中层管理人员作出。战术决策要为战略决策服务。

（四）按决策方案之间的关系分类

按决策方案之间的关系不同可将决策分为独立方案决策、互斥方案决策和组合方案决策。

1. 独立方案决策

独立方案决策是指每个备选方案各自独立存在，不受其他方案影响的决策。这种决策只需要对一个备选方案作出接受或拒绝的选择。

2. 互斥方案决策

互斥方案决策是指在两个或两个以上相互排斥的备选方案中只能选出一个方案的决策。

3. 组合方案决策

组合方案决策是指在企业资源总量受到一定限制的条件下，从多个备选方案中选出一组最优组合方案，使企业的综合效益达到最大。

三、经营决策的决策模型

经营决策需要从定量分析和定性分析两个角度进行分析决策。进行经营决策有以下六个步骤：

（1）确定问题；

（2）确定该问题可能的备选方案，排除明显不可行的方案；

（3）确定各备选方案的相关成本与收益；

（4）汇总每个备选方案的相关成本与收益；

（5）对定性因素进行评价；

（6）选择总体收益最高的备选方案。

这六个步骤定义了一个简单的决策模型。决策模型是指进行决策所需要遵循的一系列程序。

【请注意】经营决策中需要协调并听取各个部门的意见，选择尽可能多的备选方案，并且从定性分析和定量分析两个角度进行决策。

典型任务举例

根据本项目的案例导入"思南电气场地问题经营决策"，分析思南电气场地问题经营决策的基本步骤。

经营决策基本步骤如下：

步骤1：确定问题。思南电气有限公司的管理当局认为，当前公司最需要的是更多的仓库和生产模具的场地。为适应高压开关需求量的日益增长，公司必须要扩大仓库和生产场地。

步骤2：确定该问题可能的备选方案。思南电气有限公司确定的可选方案有：（1）建造新厂房；（2）租赁更大的厂房，把现有厂房转租；（3）再租赁一个厂房；（4）租赁仓库；（5）外购配件，清理出所需要的场地。

作为该步骤的一部分，思南电气有限公司管理当局必须排除明显不可行的方案。思南电气有限公司管理当局经过调查和讨论后，认为方案（1）的风险太大，应该排除；而方案（2）因为无法转租，也被排除；方案（3）不但不能解决场地问题，且成本太高，也必须排除。方案（4）和（5）可行，它们不仅能解决公司所面临的场地问题，而且风险和成本较低。

步骤3：确定各备选方案的相关成本与收益。要注意排除明显不相关的成本和收益。

思南电气有限公司所确定的与生产高压开关控制配件有关的成本见表6-1。

表6-1 与生产高压开关控制配件有关的成本 单位：元

项 目	金 额
直接材料	130 000
直接人工	150 000
变动性制造费用	65 000
总变动性生产成本	345 000

此外，如果思南电气有限公司继续自制生产高压开关控制配件，必须再租赁仓库以解决场地问题。合理的仓库租赁费为每年135 000元。另一个可行的备选方案是外购高压开关控制配件，并使用清理出来的场地。外购足够的配件每年需要花费460 000元。

步骤4：汇总每个备选方案的相关成本与收益。备选方案（4）和（5）的相关成本与收益资料汇总见表6–2。

表6–2 备选方案（4）和（5）的相关成本与收益 单位：元

备选方案（4）	金 额	备选方案（5）	金 额
变动性生产成本	345 000	外购价格	460 000
仓库租赁费	135 000		
合计	480 000	合计	460 000
差别成本	20 000		

通过两个方案的相关成本与收益比较，方案（5）较优。

步骤5：评价定性因素。虽然与备选方案相关的成本与收益十分重要，但是它们不能决定一切，定性因素也会显著地影响经理的决策。比如，在思南电气有限公司所面临的自制还是外购的决策中，公司的总经理韩海春要考虑的定性因素包括：外购产品的质量；供货渠道的可靠性；今后几年价格的稳定性；与雇员的关系和企业社会形象。

如果外购产品的质量低于自制的质量，那么外购的成本优势将无法体现。低质量的配件将降低高压开关的质量，从而影响销售量。因此，思南电气有限公司可能考虑自制。

同样，如果供货渠道不可靠，会扰乱生产计划，使公司不能及时履行顾客的订货合同。这些因素会增加人工成本和制造费用，从而降低销售量。经过仔细权衡供货渠道的可靠性，公司可能认为自制比外购好。

另外，今后几年配件价格的不稳定性可能会加剧公司生产的风险。外购行为可能会造成公司裁员从而导致公司内部人员关系的不和谐并影响公司良好的社会形象。

步骤6：进行决策。一旦确定了每个方案的全部相关成本和收益，并权衡了定性因素，就能进行决策了。思南电气有限公司的总经理韩海春如何进行决策呢？如果两个备选方案的成本差别很小，而且公司的重点在于保证质量和充分利用人员上，那么他将继续生产高压开关控制配件并租赁仓库。表6–3描述了进行决策所应遵循的各步骤的顺序。

表6–3 思南电气有限公司场地问题经营决策模型

步骤1：确定问题	扩大仓库和生产场地
步骤2：确定该问题可能的备选方案	（1）建造新厂房 （2）租赁更大的厂房，把现有厂房转租 （3）再租赁一个厂房 （4）租赁仓库 （5）外购配件，清理出所需要的场地

续表

步骤3：确定各备选方案的相关成本与收益	备选方案（4） 变动性生产成本 345 000元 仓库租赁费 135 000元 备选方案（5） 购买价格 460 000元
步骤4：汇总每个备选方案的相关成本与收益	备选方案（4） 480 000元 备选方案（5） 460 000元 差别成本 20 000元
步骤5：评价定性因素	（1）外购产品的质量 （2）供应商的可靠性 （3）价格的稳定性 （4）劳动关系和企业社会形象
步骤6：进行决策	继续生产高压开关控制配件，租赁仓库

【动脑筋】经营决策有哪六个步骤？如何从定量分析和定性分析两个角度进行分析决策？

同步训练

一、判断题（正确的在括号内打“√”，错误的打“×”）

（　　）1.在经营决策中，要选尽可能少的备选方案。

（　　）2.在经营决策中，要将定性因素分析和定量因素分析相结合。

（　　）3外购商品的质量属于定量因素分析。

（　　）4.只要价格低，无须考虑供应商的关系。

（　　）5.为了维护劳动关系和企业社会形象，在经营决策中，可适当考虑增加成本。

二、选择题（每题至少有一个正确答案，请将正确答案填在括号内）

1.经营决策按决策问题所处条件不同分为（　　）。

A.确定型决策　B.风险型决策　C.非确定型决策　D.独立性决策

2.经营决策按决策的影响范围和重要程度不同分为（　　）。

A.短期决策　B.长期决策　C.战略决策　D.战术决策

3.下列各项中属于定量因素的是（　　）。

A.产品的采购成本　B.产品的运输成本

C.产品的质量　D.员工与雇主的关系

4.下列各项中属于定性因素的是（　　）。

A.产品的质量　B.员工与雇主的关系

C.和供应商的关系　　D.产品的相关成本

5.下列各项中属于战略决策的是（　　）。

A.机器设备的采购　　B.新产品的研发

C.企业的经营方向　　D.材料的采购

参考答案

任务二　定价决策

知识准备

在市场经济条件下，任何企业都需要为其生产、经营的产品或服务制定适当的价格。价格是影响市场需求的主要因素，如果制定出的产品或服务价格适当、合理，就能提高销量，提高市场占有率，增加企业盈利。一般而言，在既定的销量下，销售单价越高，销售收入就越高，销售利润就越高。同时，产品售价的高低直接影响着销售量的高低，从而决定着生产量的高低，进而影响产品生产水平的高低，最终影响企业盈利水平的高低。

一、定价目标及影响价格的因素

在日常的生产经营活动中，企业管理层必须要为其生产的产品或提供的服务作出合理的定价决策，以确保企业实现长远利益和最佳经济效益。在为产品制定价格之前，决策者首先应明确企业的定价目标，并考虑影响价格的各种因素。

在实务中，企业通常以获得最大利润、提高市场占有率、适应或避免竞争为定价目标。但无论以什么为定价目标，一般应考虑产品的成本、市场的供求关系、产品的生命周期、市场的竞争类型及相应的价格政策法规等影响产品定价的因素。

【育德于技6-1】无锡雪浪环境签订销售合同

背景：2023年2月16日无锡雪浪环境科技股份有限公司（以下简称“公司”）在巨潮资讯网刊登了《关于〈中标结果公告〉的公告》，披露了公司（牵头方）与苏华建设集团有限公司（成员方）组成的联合体被确定为遵义环保生态产业园市政污泥处理工程设备采购及安装项目的中标人。当日，公司收到了由遵义红城市政集团有限公司及贵州吉阳项目咨询有限公司签发的《中标通知书》，通知公司为上述项目的中标人。

一、中标项目基本情况

1.项目名称：遵义环保生态产业园市政污泥处理工程设备采购及安装。

2.业主名称：遵义红城市政集团有限公司。

3.中标价格：11 695万元。

4.工期：330日历天。

5.设备质量标准：满足国家及地方现行有关行业标准和招标人要求。

6.施工质量标准：满足现行有关施工质量验收规范标准。

二、中标项目对公司的影响

根据《中标通知书》，此次中标价格为11 695万元，占公司2021年度经审计营业收入181 249.38万元的6.45%。若后续能够签订正式项目合同并顺利实施，将对公司经营业绩产生积极影响，且不会影响公司经营的独立性。

公司及董事会全体成员保证信息披露的内容真实、准确、完整，没有虚假记载、误导性陈述或重大遗漏。

三、风险提示

公司虽已收到《中标通知书》，但是项目尚未签订正式合同，合同签订及合同条款尚存在不确定性，具体内容以最终签署的正式合同为准，公司将根据相关规定及时披露项目相关进展情况。敬请广大投资者注意投资风险。特此公告。

无锡雪浪环境科技股份有限公司董事会

2023年2月17日

资料来源：佚名．雪浪环境：关于收到《中标通知书》的公告［EB/OL］．［2023-05-25］．https：//vip.stock.finance.sina.com.cn/corp/view/vCB_AllBulletinDetail.php？stockid=300385&id=8837542.

问题：雪浪环境签订销售合同对企业有哪些积极影响？

分析：在企业日常经营决策中，需要制定合理的定价决策以确保长远利益和短期利益，这也是企业为社会作出贡献的基本方式。雪浪环境签订的销售合同能够增加企业盈利，增加对社会产品和劳务的供给，为社会和企业本身和谐发展打下良好的基础。签订和履行销售合同也是企业创造财富的基本手段。

二、定价决策方法

微课

成本加成定价法

根据经济学的观点，在市场经济中由于供需规律的作用，企业若要提高销售量，就应降低产品价格，同时不断改进产品，进行产品创新，以不断满足消费者的需求。销量、价格、成本和利润之间存在紧密的因果关系。而由于每个企业自身的产品特点不同，影响定价的因素和定价的目标就会有所差异，企业的定价方法也千差万别，具体包括成本加成定价法、目标成本定价法、保本定价法、新产品定价法、特殊订单定价法、市场基础定价法、保利定价法、极限定价法、心理定价法和折扣定价法等。下面主要介绍成本加成定价法和目标成本定价法。

（一）成本加成定价法

以成本为导向的定价最常用的方法是成本加成定价法，其理论基础是：产品的价格必须首先补偿成本，然后再考虑为投资者提供合理的利润。成本加成定价法是在单位产品成本的基础上按预定的加成率计算相应的加成额，进而确定产品的目标售价。其基本的计算公式如下：

$$单位产品价格 = 单位产品成本 \times（1 + 加成率）$$

零售商店常使用成本加成定价法，典型的加成为成本的100%。如果格拉汗姆百货商店以每件24元的价格购进毛线衫，那么毛线衫的零售价格将为48元（24+1.00×24）。

当然，100%的加成不是纯利润，它必须补偿职工的工资、场地和设备费（现金收款机费用等）、电费和广告费等。成本加成定价法的主要优点是容易应用统一的加成标准制定价格，否则，为五金商店或百货商店的每件商品都分别制定价格是难以想象的。

由于成本计算有完全成本法和变动成本法，它们计算出来的成本内涵各不相同，因而成本定价法又分为完全成本加成定价法和变动成本加成定价法。

1.完全成本加成定价法

完全成本加成定价法的基本计算公式为：

$$单位产品价格 = 单位产品完全成本 \times (1 + 加成率)$$

以完全成本为基础的成本加成定价法具有以下几方面的优点：

（1）从长远来看，产品或劳务的价格必须要补偿全部成本并应获得正常利润，全部成本可以证明产品或劳务价格的正确性。

（2）全部成本信息容易从会计部门获得，因此相应的单位产品价格计算就比较简单，易于理解。

但这种方法也存在以下几方面的缺陷：

（1）由于全部成本中存在分配的间接固定制造费用，当产销存在严重不平衡时，企业以此为定价基础的预计单位产品完全成本就和实际数相差太远，从而导致确定的单位产品价格不合理。

（2）完全成本加成定价法并未区分变动成本和固定成本，这就不便于进行本量利分析，不能预测价格和销售量的变动对利润的真正影响程度。因此，它不适用于短期定价决策。

2.变动成本加成定价法

变动成本加成定价法的基本计算公式为：

$$单位产品价格 = 单位产品变动成本 \times (1+加成率)$$

以变动成本为基础的成本加成定价法具有以下几方面的优点：

（1）变动成本注重的是与产品或劳务相关的成本，它不要求将共同性的固定成本分配到各个产品或劳务上。在短期定价决策中，通常最低价格就是接受订单所增加的变动成本，所以它特别适用于短期定价决策。

（2）由于变动成本加成定价法区分变动成本和固定成本，因此可以利用本量利分析来考察价格和销售量的变动对利润的影响，并有助于管理部门进行盈亏平衡分析和边际贡献分析，从而制定合理的单位产品价格。

以变动成本为基础的成本定价法的主要缺陷在于，如果将产品或劳务的变动成本作为定价的最低限额，而固定成本在企业成本中占很大比重，那么有可能将价格定得太低而不能弥补固定成本，最终给企业带来灾难。

【请注意】 完全成本加成定价法和变动成本加成定价法的优点和缺陷。

（二）目标成本定价法

目标成本定价法是指以顾客愿意支付的价格（目标价格）为基础确定产品或服务

的成本的方法。大多数的美国公司和几乎全部的欧洲公司都用成本加上目标利润来制定新产品的价格。其理由是公司必须实现足够的收入以补偿全部成本并创造利润。而彼得·德鲁克则认为："这不尽合理，因为顾客没有义务保证制造商获得利润。制定价格唯一合理的方法是以市场愿意支付的价格为基础。"

目标成本计算法是一种由价格来推定成本的方法。销售部门先确定顾客最能接受的产品特性和价格，然后，工程师着手设计和开发产品，确保该价格能补偿成本并创造利润。例如，博兰特国际公司运用目标成本计算法开发了1993年版Quattro Pro for Windows电子表格软件。该软件价格仅为49美元（相比之下，莲花和微软的版本为495美元），是为吸引新用户而专门设计的。"当我们进行开发时，已经预测了它的价格和用户，我们充分考虑到用户的需要"，这款软件具有简洁的指令、50种常用格式化电子表格、交互式屏幕向导等特点。迎合首次使用者的需要不是Quattro Pro具有内置式帮助功能的唯一原因，要知道以49美元的价格出售，公司可负担不起太多的技术服务费。

采用目标成本计算法要比成本基础定价法进行更多的准备工作。不过，请记住如果以成本为基础的价格超过顾客的承受能力，则还要进行额外的工作，把成本降到能维持一个较低价格的程度，否则企业就要承担推动市场的机会成本。在产品寿命周期的设计和开发阶段运用目标成本计算法特别有效。此时调整产品的特性和成本都十分方便。

【动脑筋】按成本制定价格和按价格确定成本之间的区别和适用情形有哪些？

典型任务举例

创威公司由李威亲自经营，按顾客要求组装电脑。配件和其他直接材料的成本易于追溯，直接人工也较容易追溯到各项业务中。装配工人的工资为12元/小时，公司还支付相当于工资额25%的津贴。2023年，创威公司承接了650项业务，平均每项业务耗时5小时。制造费用由电费、小型工具费和场地费组成，达到80 000元。创威公司2023年的收益表见表6-4。

表6-4 创威公司2023年收益 单位：元

项　目	金额
销售收入	856 500
产品销售成本	713 750
其中：直接材料	585 000
直接人工	48 750
制造费用	80 000
毛利	142 750
销售和管理费用	25 000
营业收益	117 750

要求：请帮助创威公司运用成本加成定价法和目标成本定价法进行2024年定价决策。

解：假设李威希望2024年每项业务所实现的利润与2023年相同，他只要将销售费用、管理费用和营业收益相加，除以产品销售成本，即可计算出产品销售成本的加成：

$$\text{产品销售成本加成率}=\frac{\text{销售和管理费用}+\text{营业收益}}{\text{产品销售成本}}=\frac{25\,000+117\,750}{713\,750}=0.20$$

产品销售成本的加成为20%。请注意，20%的加成中包括了利润及销售和管理费用。因而，这一加成并非纯粹的利润。

加成可运用各种基数来计算。显然，创威公司外购材料成本所占的比重最大，2023年直接材料的加成达到了其他所有成本和利润的46.4%。

$$\text{直接材料加成率}=\frac{\text{直接人工}+\text{制造费用}+\text{销售和管理费用}+\text{营业收益}}{\text{直接材料}}=\frac{48\,750+80\,000+25\,000+117\,750}{585\,000}=0.464$$

假如公司营业量和其他费用保持不变，46.4%的直接材料成本加成比例也能使公司获得相同的利润额。公司选择的成本基数和加成比例主要是基于便利性的考虑。如果李威发现直接人工与直接材料成本大致呈比例变动（如配件越多，所需安装时间越多），直接材料成本比产品销售成本更容易确定，那么以直接材料成本作为基数可能更好。

为了说明如何在投标中应用加成，假设李威有机会参加当地某保险公司一项业务的投标，该业务要求创威公司按特定要求组装100台电脑。李威估计的相关成本见表6-5。

表6-5　相关成本　　单位：元

项　目	金　额
直接材料（电脑配件、软件、电线）	100 000
直接人工（100×6×15）	9 000
制造费用（直接人工成本的60%）	5 400
预计产品销售成本	114 400
加20%的产品销售成本加成	22 880
报价	137 280

因此，创威公司的最初报价为137 280元。请注意这是该公司的第一次报价，李威还可根据竞争对手的情况及其他因素调整报价。加成只是定价指南，并不是绝对

规则。

如果创威公司对每项业务都按成本加成20%来投标就足以盈利吗？不，绝对不会，如果获得的业务量太少，那么全部的加成将不足以补偿销售和管理费用，这样就无法获利。

让我们再来看看创威公司运用目标成本计算与定价的决策。假如李威发现保险公司不会考虑超过100 000元的任何报价。而他以成本为基础的报价为137 280元，那么他将退出角逐吗？不，只要他把价格降低到顾客愿意支付的水平就行了。如前所述，最初报价包括了直接材料100 000元和直接人工9 000元。显然，调整材料能使成本降低很多。由于是按顾客要求进行组装，李威必须确定采用较便宜的电脑配件能否达到保险公司的要求。假设保险公司指定每台电脑必须有足够的硬盘空间容纳专用软件，最低要求为800MB。而李威确定最初报价时采用的是3GB的硬盘。如果他把硬盘容量降低到1.5GB并使用速度较慢的驱动器，就能节约25 000元。此外，如果李威采购稍贵一点的显示器（价格比原来高20元），那么就不必安装屏幕保护软件，则每台电脑除可节约30元的软件成本，还能节约15分钟（15元/小时）的安装时间。这样，每台电脑的组装成本降低13.75元（（30+3.75）−20）。现在，李威的成本资料见表6−6。

表6−6 成本资料 单位：元

项目	金额
直接材料（100 000−25 000）	75 000
直接人工（100×5.75小时×15）	8 625
基本成本合计	83 625

如前所述，创威公司按直接人工成本的60%分配制造费用。不过，李威还应该仔细考虑该项业务。也许制造费用会较少，因为外购成本（不需要购买屏幕保护软件）和检测成本（硬盘的空间较小，只需较少时间检测）都降低了。也许该项业务的制造费用为4 313元（直接人工的50%），这样，该业务的总成本为87 938元（4 313+83 625）。

不过，并非所有的成本都得到了补偿。管理费用和目标利润还未弥补。如果采用20%的标准加成计算，那么报价将达105 526元。这还是太高。因此，李威还要确定是否能进一步降低成本，或者确定是否降低费用和目标利润。可见，目标成本计算法是一个不断重复的过程。直到李威达到目标成本或确定不能达到目标成本时，他才完成了整个过程。不管怎样，根据该价格上限（100 000元），李威现在已经有了获胜的机会。

李威还要继续考虑其他有关问题。在从最初报价到目标成本报价的过程中改变电脑配件违反了道德准则吗？答案是没有，新的电脑配件符合顾客的要求，并且在投标中详细说明。其实，李威的最初投标方案远超过顾客的要求，如果顾客想要一辆雪佛莱，那么投标者就不必提供劳斯莱斯，尤其是按雪佛莱的价格来供货。不过，如果根据李威的职业判断，保险公司应该提高电脑的配置，他应该向保险公司提出这一建议。例如，如果李威认为保险公司的文字处理软件应该升级，需要更大的硬盘空间，他应该把这种情况通知保险公司并促使其扩大硬盘空间。

同步训练

一、判断题（正确的在括号内打“√”，错误的打“×”）

（　　）1.需求量和供应量是决定价格的两个因素。

（　　）2.目标成本计算法是指以顾客愿意支付的价格（目标价格）为基础确定产品或服务的成本的方法。

（　　）3.目标成本计算法是根据价格确定成本。

（　　）4.成本基础定价是根据价格确定成本。

（　　）5.采用成本基础定价法要比采用目标成本计算法进行更多的准备工作。

二、选择题（每题至少有一个正确答案，请将正确答案填在括号内）

1.决定价格的两个因素包括（　　）。

A.需求量　　B.生产量　　C.供应量　　D.采购量

2.下列各项属于成本基础定价的是（　　）。

A.产品销售成本的加成　　B.产品生产成本的加成

C.产品管理费用的加成　　D.产品全部成本的加成

3.下列各项中属于成本基础定价优点的是（　　）。

A.特别适用于短期定价决策

B.可以利用本量利分析来考察价格和销售量的变动对利润的影响

C.有助于管理部门进行盈亏平衡分析和边际贡献分析

D.有可能将价格定得太低而不能弥补固定成本

4.目标成本法的主要优点包括（　　）。

A.突出从原材料到产品出货全过程的成本管理，有助于提高成本管理的效率

B.强调产品寿命周期成本的全过程和全员管理，有助于提高客户价值和产品市场竞争力

C.谋求成本规划与利润规划活动的有机统一，有助于提升产品的综合竞争力

D.能够提供更加准确的各维度成本信息，有助于企业提高产品定价、作业与流程改进、客户服务等决策的准确性

5.下列各项中更适合运用成本基础定价的是（　　）。

A.百货公司　　B.产品研发部门

C.产品寿命周期的设计　　D.五金商店

三、计算分析题

科华公司的业主王科华准备参加某业务的投标。该业务需要直接材料12 000元，直接人工600元和制造费用250元。科华公司通常以产品销售成本加成来计算初始报价，然后再根据其他因素快速报价（如竞争压力）。科华公司去年的收益表见表6-7。

表6-7　　去年的收益表　　单位：元

项　目	金　额
销售收入	100 000
产品销售成本	45 000
毛利	55 000
销售和管理费用	24 500
净利润	30 500

参考答案

要求：

（1）计算王科华将使用的成本加成率。

（2）计算王科华的初始报价。

任务三　生产决策

知识准备

生产决策包括自制或外购某零件的决策；部门的亏损产品是否停产的决策；接受低于正常价格的特殊订单的决策；产品继续加工或在分离点出售的决策等。无论是哪种生产决策，关键点都是判断哪些是相关成本，哪些是不相关成本。当然，在生产决策过程中，有时定性因素会支配定量评价，如零部件的质量、和供货商之间保持长期的互利关系等。

一、认识相关成本

从思南电气有限公司场地问题的经营决策中我们知道了确定和使用相关成本的重要性。那么如何确定和定义影响决策的相关成本呢？相关成本指各个备选方案之间不同的未来成本。所有决策都面向未来，但相关成本不仅应是未来成本，其在各备选方案之间还应有所不同。如果某项未来成本对于至少两个备选方案而言是相同的，那么它就不影响决策。这样的成本被称为不相关成本。区分相关成本和不相关成本是一项十分重要的决策技能。

为了进一步说明相关成本，请考虑思南电气有限公司的自制或外购备选方案。该公司每年生产高压开关控制配件的直接人工成本是150 000元（以正常生产量为基础）。这项成本是该项决策必须要考虑的因素吗？公司自制高压开关控制配件的话在未来必然会发生直接人工成本，而外购的话则不会发生直接人工成本，直接人工成本对于这两个备选方案而言是不同的。也就是说，直接人工成本是两个备选方案间不同的未来成本。因而，直接人工成本是相关成本。

思南电气有限公司用机器设备生产高压开关控制配件，这台机器是五年前买的，买价为625 000元，每年的折旧费用是125 000元。买价和折旧费用是相关成本吗？买价是过去已经发生的成本，而折旧费用是过去已经发生成本的分摊。它们都是在过去发生的，不受未来决策的影响。因而它们是沉没成本，是和决策无关的成本。在两个备选方案间进行选择时，买价和折旧费是不需要考虑的。不过，请注意这台机器的残余价值（思南电气有限公司目前出售机器所得）与决策相关，它是外购方案的一项收益。为简便起见，本例中假设机器的残余价值为零。

相关成本计算法能解决很多问题，如自制或外购某零件的决策、部门的亏损产品是否停产决策、接受低于正常价格的特殊订单决策、产品继续加工或在分离点出售的决策等。

【请注意】区分相关成本和不相关成本是进行经营决策的前提。

二、自制或外购决策

企业生产产品所需的零部件，既可以自行制造，也可以从市场购买，这就是说企业经理人员经常面临自制或外购某零件的决策。究竟采用哪种方式获得生产所需的零部件，需要对自制和外购两种取得方式进行定量和定性分析。在具体的分析决策中需要注意以下几点：

（1）当剩余生产能力无法转移时，由于自制零部件包括一部分分摊的固定性制造费用，无论自制还是外购都会发生，所以这部分固定费用属于不相关成本，决策时不予以考虑。

（2）当剩余生产能力可以转移时，转移的收益将是自制零部件的机会成本，在决策中就需要予以考虑。

（3）在自制或外购某零件的决策中，定性因素同样至关重要。有些企业总是选择自己生产零部件，是为了控制质量；有些企业是为了和供应商之间保持长期的互利关系而一直购买零部件。

当然，在零部件是自制还是外购的决策中，有时定性因素会支配定量评价。如果从定量角度分析是自制还是外购，一个关键的因素是企业是否有剩余生产能力。许多企业只有当其设备没有其他更好的用途时才自己生产零部件。

三、亏损产品是否停产决策

当某种产品或某个分部发生亏损时，经理通常要决定某个产品或某个分部应该保留还是撤销。以变动成本法为基础编制的分部报告为亏损产品是否停产决策提供了十分有价值的信息。一般来说，亏损产品是否停产决策应遵循以下原则：

（1）当亏损产品的生产能力无其他用途时，只要亏损产品能产生边际贡献，通常就不应当舍弃。

（2）若亏损产品的生产能力有其他用途，如转产、出租或出售等，只要它们带来的额外收益大于亏损产品所提供的边际贡献，通常就应当舍弃。

（3）在亏损产品是否停产决策中，定性因素同样需要被考虑，如企业的劳动关系问题。撤销某个产品或某个部门会涉及解雇一部分员工，这样会带来一系列劳动关系问题，并不利于企业维护社会形象。

【请注意】无论是自制与外购决策，还是亏损产品是否停产决策，定性因素都是必须要考量的因素。

四、特殊订单决策

特殊订单决策是指企业决策者对是否接受客户低于正常购价的追加订单的选择。一般来说，特殊订单决策需要遵循以下原则：

（1）企业有闲置的生产能力。

（2）该客户是非正常性客户，即该订单不影响正常的客户销售，他们之间是非相互竞争顾客，没有违反价格歧视法等相关法律法规。

（3）该客户的单位定价高于产品单位变动成本。

随着互联网时代的到来，基于非正常性客户的特殊订单成为采购商订购货物的一种策略，选择具备资质且有闲置生产能力的生产商是企业取得富有竞争力的产品成本的一个不错选择。

价格歧视法规定公司必须以相同的价格把相同的产品销售给同一市场上的相互竞争的顾客，不过这些限制不适合竞争性投标和非相互竞争的顾客。公司对同一市场的不同顾客给出的投标价格可以不同，并且，公司常有机会从不常打交道的潜在顾客处获得特殊订单。特殊订单决策指公司应接受还是拒绝特定价格的订单。这些订单常常很具有吸引力，尤其是在公司还未充分利用其生产能力的时候。

【请注意】特殊订单决策中三个需要遵循的原则，特别是以不影响正常性客户为前提的原则。

五、销售或进一步加工决策

联产品在分离点前共同加工并发生相同的成本，在分离点上，它们成为不同的产品。例如，某种矿含有铜和金，在铜和金分离之前，必须共同进行开采、粉碎和加工。产品分离的瞬间称为分离点。采矿、粉碎和加工成本是两种产品的共同成本。

联产品通常在分离点出售，但有时某种联产品在分离后继续加工再出售，能获利更多。决定出售或继续加工是经理所面临的一项重要决策。

典型任务举例

实例一

假设贝尔公司当前正在自制打印机用的某种电子元件。一年后，贝尔公司将转向生产另一种打印机，而这种电子元件将不再使用。不过，该公司仍需再生产10 000个这种元件，以满足旧打印机的需要。公司的大部分设备是租用的，但有一台设备是专门定做的。租用的设备能随时偿还，不需支付违约金，只要支付设备持有期间的租金。到目前为止，专用机器的折旧没有提完，但该机器不能变卖，只得报废。自制该电子元件的车间是整个公司厂房不可分割的一部分，整个公司厂房发生的固定制造费用为1 000 000元，按照占地面积向该车间分配了固定制造费用30 000元。

贝尔公司已经与某个潜在的供应商接触。该供应商愿意生产贝尔公司特殊规格的打印机电子元件，要价是4.75元/单位。贝尔公司生产10 000个电子元件的有关成本见表6-8。

表6-8 电子元件的有关成本 单位：元

	总成本	单位成本
设备租金	12 000	1.20
设备折旧费	2 000	0.20
直接材料	10 000	1.00
直接人工	20 000	2.00
变动性制造费用	8 000	0.80
总固定制造费用	30 000	3.00
合计	82 000	8.20

这笔订单看起来价格非常诱人，因为该元件的单位生产成本为8.20元，远远高于4.75元。

要求：请帮助贝尔公司进行决策，该公司是自制还是外购该电子元件？

解：贝尔公司自制还是外购该电子元件的分析决策如下：

首先分析自制该电子元件的相关成本。在这些成本项目中，应该排除折旧费，它是沉没成本。总固定制造费用也是不相关成本，因为即使外购电子元件，所分配的共同固定制造费用也依然会发生。其他成本都与自制决策有关，而与外购决策无关，因而是自制决策的相关成本。

现在我们再来考虑外购。采购价格4.75元/单位显然是外购决策的相关成本。假设在外购过程中还发生其他费用8 500元（如运费、检验费等）。进行以上分析后，我们再来看看两个备选方案的相关成本，见表6-9。

表6-9 两个备选方案的相关成本 单位：元

项 目	自 制	外 购	差别成本
设备租金	12 000	—	12 000
设备折旧费	—	—	—
直接材料	10 000	—	10 000
直接人工	20 000	—	20 000
变动性制造费用	8 000	—	8 000
总固定制造费用	—	—	—
采购成本	—	47 500	(47 500)
其他费用	—	8 500	(8 500)
合计	50 000	56 000	(6 000)

以上分析表明自制比外购电子元件节约6 000元，因此应该拒绝供应商的要价。

实例二

贝尔公司同时生产A、B和C三种产品。关于下一年度产销量、售价、成本和人工小时的预算资料见表6-10。

表6-10 三种产品的有关预算资料

项目	A产品	B产品	C产品
产销量（件）	8 000	2 000	4 000
销售单价（元）	60	90	80
单位变动成本（元）	32	70	42
单位人工小时	4	9	6
固定制造费用（元）	185 000（按产品人工小时比例分配）		
销售和管理费用（元）	135 000（全部为固定成本）		

要求：

（1）按完全成本法编制营业利润预算表。

（2）是否停止生产亏损产品B?

（3）假设A产品存在较大的市场，如果停止生产B产品，则其生产设备可用来生产A产品，但企业需要增加10 000元的广告费才能使A产品的销量在原预计的基础上增长30%。在这种情况下，是继续生产B产品，还是停止生产B产品而转产A产品?

解：贝尔公司的相关决策计算分析如下：

（1）根据上述资料编制完全成本法的营业利润预算，见表6-11。

表6-11 营业利润预算 单位：元

项目	A产品	B产品	C产品	合计
销售收入	480 000	180 000	320 000	980 000
减：销售成本				
变动成本	256 000	140 000	168 000	564 000
固定制造费用	80 000	45 000	60 000	185 000
销售毛利	144 000	（5 000）	92 000	231 000
减：销售和管理费用				135 000
营业利润				96 000

其中：A产品人工小时 = 4×8 000=32 000（小时）

B产品人工小时 = 9×2 000=18 000（小时）

C产品人工小时 = 6×4 000=24 000（小时）

总人工小时 = 74 000小时

固定制造费用分配率 = 185 000 ÷ 74 000 = 2.5（元/小时）

A产品分配的固定制造费用 = 2.5 × 32 000 = 80 000（元）

B产品分配的固定制造费用 = 2.5 × 18 000 = 45 000（元）

C产品分配的固定制造费用 = 2.5 × 24 000 = 60 000（元）

（2）从表6-11可见，制造B产品预计会发生亏损5 000元，为了增加企业的盈利，似乎应该停产B产品。但如果按照变动成本进行分析可以看出，由于B产品本身可以提供边际贡献40 000元，从而可以弥补40 000元的固定成本，营业利润预算（1）见表6-12。

表6-12 营业利润预算（1） 单位：元

项 目	A产品	B产品	C产品	合 计
销售收入	480 000	180 000	320 000	980 000
减：变动成本	256 000	140 000	168 000	564 000
边际贡献	224 000	40 000	152 000	416 000
减：固定制造费用				185 000
销售和管理费用				135 000
营业利润				96 000

如果盲目将B产品停产，则会损失40 000元的边际贡献，而原来分配给B产品的固定制造费用还会照常发生，并将全部转嫁给A产品和C产品。这样，企业的总利润不但不会增加，反而会减少，营业利润预算（2）见表6-13。

表6-13 营业利润预算（2） 单位：元

项 目	A产品	C产品	合 计
销售收入	480 000	320 000	800 000
减：变动成本	256 000	168 000	424 000
边际贡献	224 000	152 000	376 000
减：固定制造费用			185 000
销售和管理费用			135 000
营业利润			56 000

（3）转产A产品增加的产量 = 8 000 ×30%=2 400（件）

差量损益分析见表6-14。

表6-14 差量损益分析 单位：元

项 目	停产B产品生产A产品	继续生产B产品	差 异
相关收入	60×2 400=144 000	180 000	-36 000
相关成本：			
变动成本	32×2 400=76 800	140 000	-63 200
专属成本	10 000		10 000
差量损益			17 200

如表6-14所示，转产A产品比继续生产B产品多产生17 200元的收益，因而转产更优。但值得注意的是，在此项决策中，定性因素同样需要考虑。比如，撤销B产品转产A产品会不会带来解雇生产B产品的员工并招募A产品的员工等劳动关系问题，在决策时这些问题需要和17 200元的损益结合在一起综合考虑。

实例三

假设一个冰激凌公司目前只利用了80%的生产能力，该公司的生产能力为2 000万支半加仑冰激凌，并只生产一种冰激凌。生产并销售1 600万支冰激凌的有关成本见表6-15。

表6-15 冰激凌的有关成本 单位：千元

	总成本	单位成本
变动成本		
牛奶	11 200	0.70
糖	1 600	0.10
面粉	2 400	0.15
直接人工	4 000	0.25
包装	3 200	0.20
佣金	320	0.02
销售费用	480	0.03
其他	800	0.05
变动成本合计	24 000	1.50
固定成本		
工资	960	0.060
折旧费	320	0.020
电费	80	0.005
税金	32	0.002
其他	160	0.010
固定成本合计	1 552	0.097
总成本	25 552	1.597
批发价	32 000	2 000

现有某地区的批发商（不是公司的正常顾客）愿以每支1.55元的价格购买200万支冰激凌，条件是贴上自己的商标出售，而且，该批发商愿意支付运输费。由于批发商直接与公司接触，因此该公司不必支付佣金。

请问：如果你是冰激凌公司的经理，你应该接受还是拒绝该订单？

解：批发商的报价1.55元远低于正常售价2.00元。实际上，它甚至低于单位完全成本。即使这样，接受该份订单还可能有利可图。公司确实有闲置生产能力，并且该订单不影响其他产品以正常价格出售。此外，有许多成本是不相关成本，无论是否接受这份订单，固定成本照样发生。

如果接受该份订单，虽然报价为1.55元，但是公司仍能从中获利。除了销售成本0.03元和佣金0.02元之外，其他变动成本仍然发生，因此，单位相关生产成本为1.45元，单位净收益为0.10元（1.55–1.45）。相关成本分析见表6–16。

表6–16　相关成本分析　单位：元

	接　受	拒　绝	接受的差别收益
销售收入	3 100 000	—	3 100 000
牛奶	1 400 000	—	1 400 000
糖	200 000	—	200 000
面粉	300 000	—	300 000
直接人工	500 000	—	500 000
包装	400 000	—	400 000
其他	100 000	—	100 000
合计	200 000	0	200 000

因此，公司接受该份订单将使利润增加200 000元（0.1×2 000 000）。

【动脑筋】为什么唯品会取得一部分成本低于同行业水平的商品？特殊订单决策需要具备什么条件？

同步训练

一、判断题（正确的在括号内打“√”，错误的打“×”）

（　　）1. 当A备选方案所有相关成本低于B备选方案所有相关成本时，就应该选A方案而无须考虑供应商等其他定性因素。

（　　）2. 当项目出现亏损时，就应该立即停止生产。

（　　）3. 一般来说，机器设备的折旧费用是不相关成本。

（　　）4. 如果一台机器设备的账目价值高于变现价值，则账目价值就是不相关成本。

（　　）5.所有的固定成本都是跟决策无关的不相关成本。

二、选择题（每题至少有一个正确答案，请将正确答案填在括号内）

1.与决策无关的成本是（　　）。

A.沉没成本　　B.增量成本

C.专属成本　　D.机会成本

2.某公司有3 000件积压的在产品，总制造成本为60 000元。如果花40 000元进一步加工产品，出售该批商品可得销售收入75 000元。该批商品也可卖给某批发公司，可得销售收入50 000元。在分析这两个备选方案时，沉没成本是（　　）。

A.50 000元　　B.10 000元

C.40 000元　　D.60 000元

3.亏损产品只要符合下列各项条件，就不应该停产的是（　　）。

A.单位边际贡献大于零　　B.单位变动成本大于零

C.单位边际贡献小于零　　D.单位利润等于零

4.某公司有1 000件积压的在产品，总制造成本为83 000元。如果花40 000元进一步加工产品，该批商品出售可得销售收入75 000元。该批商品也可卖给某批发公司，可得销售收入50 000元。在分析这两个备选方案时，沉没成本是（　　）。

A.50 000元　　B.20 000元　　C.40 000元　　D.83 000元

5.在不考虑其他定性因素的情况下，如果某企业需要一种零部件，外购单价比自制单位变动成本高出1.5元，另外自制零部件每年需追加固定成本4 500元，则当企业每年该零部件需求量为3 000件时，应该采取的决策是（　　）。

A.外购　　B.自制

C.外购、自制均可　　D.不能确定

6.接受特殊订单，必须具备的条件是（　　）。

A.顾客为非正常性顾客

B.公司有闲置生产能力

C.产品单位变动成本小于顾客的订单价格

D.产品单位成本小于顾客的订单价格

三、计算分析题

某公司需要的甲零件可以自制，也可以外购。其自制的单位变动成本为8元，专属固定成本总额为6 000元；其外购的单价为10元。

要求：

（1）请作出是自制还是外购的决策。

（2）若该零件全年需求量为5 000件，自制的生产能力可以对外出租，出租可获租金20 000元，请作出是自制还是外购的决策。

（3）上述结论对你有什么启示？

参考答案

任务四 成本决策

知识准备

成本决策是指用决策理论，根据成本预测及有关成本资料，运用定性与定量的方法，抉择最佳成本方案的过程。成本决策可分为宏观成本决策和微观成本决策。它贯穿于整个生产经营过程，涉及面广，因此，在每个环节都应选择最优的成本决策方案，才能达到总体决策的最优。

一、与成本决策有关的成本概念

单纯从成本核算的角度来看，产品成本是非常重要的概念，它属于历史成本，必须在账簿中予以反映，而成本管理更侧重于成本的预测和决策，关注未来成本可能达到的水平。成本决策中常常考虑与决策有关的成本概念，这些成本概念统称为相关成本。相关成本与成本核算中的产品成本概念不同：首先，相关成本所属概念多样化，是与决策有关的一系列成本概念的总称，如机会成本、差量成本、专属成本、重置成本等；其次，这些与决策有关的成本概念一般无须在凭证和账簿中反映，但在决策中必须考虑。

（一）差量成本

差量成本又称差别成本，它有广义和狭义之分。广义的差量成本是指两个不同备选方案预计未来成本的差额，如零部件自制较外购所增加的成本。这类成本是决策的重要依据之一。狭义的差量成本又称增量成本，是指由于方案本身产量（产量的增减变动）利用程度不同而表现在成本方面的差额。在相关范围内，由于固定成本保持不变，狭义差量成本等于相关变动成本，即单位变动成本与相关产量的乘积；如果突破相关范围，则狭义差量成本不仅包括变动成本差额，也包括固定成本差额。

（二）机会成本

机会成本又称择一成本，是指在经济决策过程中，因选取某一方案而放弃另一方案所付出的代价或丧失的潜在利益。企业中的某种资源常常有多种用途，即有多种使用的“机会”，但资源用在某一方面，就不能同时用在另一方面，因此在决策分析中，必须把已放弃方案可能获得的潜在收益，作为被选取方案的机会成本，这样才能对中选方案的经济效益作出正确的评价。

例如，某公司准备将其所有的商店改为餐厅，预计餐厅未来一年中可获收入100 000元，成本支出为40 000元，利润为60 000元。如果仅分析至此并不全面，实际中还应考虑原商店的预计收益，并以此作为餐厅的机会成本，如果改为餐厅后，预计的利润值高于原商店的预计收益，则应开设餐厅，否则保留原商店。由此可见，机会成本在决策中不容忽视，优选方案的预计收益必须大于机会成本，否则所选中的方案就不是最优方案。

【请注意】实际中如果某项资源只有一种用途，则其机会成本为零。例如，自来水公司或煤气公司的地下管道只有一种用途，故其机会成本为零。

（三）专属成本

专属成本又称特定成本，是指那些能够明确归属于特定备选方案的固定成本，如零部件自制时所追加的专用工具支出等。这类成本与特定的方案相联系，在决策中必须考虑。

（四）重置成本

重置成本又称现行成本，是指目前从市场上购买同一项原有资产所需支付的成本。这一概念常常用于产品定价决策及设备以旧换新的决策中。例如，某公司某一库存商品的单位成本为25元，重置成本为27元，共1 000件，现在有一客商准备以单价26元购买全部该种库存商品，如果只按库存成本考虑，每件可获利1元，共计1 000元。但如果该公司销售的目的是重新购进，则在此应该考虑的是重置成本而不是库存成本，按重置成本计算，该公司将亏损1 000元。由此可见，企业在进行价格决策时应考虑重置成本而不是历史成本。

（五）无关成本

无关成本是相关成本的对立概念，是指与决策无关的成本。为保证决策的正确性，决策中必须区分相关成本和无关成本，凡无关成本在决策中不予考虑，可以剔除。无关成本包括沉没成本、共同成本等。

1. 沉没成本

沉没成本又称沉入成本或旁置成本，是指那些由于过去的决策所引起的，已经发生并支付过款项的成本。这类成本由于已经发生，并记入账簿，与现在的决策无关，因此是典型的无关成本，在决策中不予考虑。一般大多数固定成本属于沉没成本，但新增的固定成本为相关成本，另外某些变动成本也属于沉没成本。例如，半成品无论是自制还是外购，所涉及的半成品成本（包括固定成本和变动成本）已经发生，因此为沉没成本，在决策中不予考虑。

2. 共同成本

共同成本是指那些由多个方案共同负担的固定成本。由于这类成本注定要发生，与特定方案的选择无关，因此在决策中不予考虑，如企业计提的折旧费及发生的管理人员工资等。

二、成本决策的方法

成本决策的方法很多，因成本决策的内容及目的不同而采用的方法也不同，主要有总额分析法、差量损益分析法、相关成本分析法、成本无差别点法、线性规划法、边际分析法等。

（一）总额分析法

总额分析法是以利润作为最终的评价指标，按照销售收入-变动成本-固定成本的模式计算利润，由此决定方案取舍的一种决策方法。之所以称为总额分析法，是因为决策中涉及的收入和成本是指各方案的总收入和总成本，这里通常不考虑总成本与决策的关系，不需要区分相关成本与无关成本。这种方法一般通过编制总额分析表进行决策。

此法便于理解，但由于将一些与决策无关的成本也加以考虑，计算中容易出错，从而会导致决策的失误，因此在决策中不常使用。

（二）差量损益分析法

所谓差量是指两个不同方案的差异额。差量损益分析法是以差量损益作为最终的评价指标，由差量损益决定方案取舍一种决策方法。计算的差量损益如果大于零，则前一方案优于后一方案，接受前一方案；如果差量损益小于零，则后一方案为优，舍弃前一方案。

差量损益这一概念常常与差量收入、差量成本两个概念密切相关。所谓差量收入是指两个不同备选方案预期相关收入的差异额；差量成本是指两个不同备选方案的预期相关成本之差；差量损益是指两个不同备选方案的预期相关损益之差。某方案的相关损益等于该方案的相关收入减去该方案的相关成本。

差量成本及差量损益必须坚持相关性原则，凡与决策无关的收入、成本、损益均应予以剔除。差量损益的计算有两个途径，一是依据定义计算，二是用差量收入减去差量成本计算，决策中多采用后一方式。差量损益分析法适用于同时涉及成本和收入的两个不同方案的决策分析，常常通过编制差量损益分析表进行分析评价。

【请注意】决策中须注意的问题是，如果决策中的相关成本只有变动成本，在这种情况下，可以直接比较两个不同方案的边际贡献，边际贡献最大者为最优方案。

（三）相关成本分析法

相关成本分析法是以相关成本作为最终的评价指标，由相关成本决定方案取舍的一种决策方法。相关成本越小，说明企业所费成本越低，因此决策时应选择相关成本最低的方案为优选方案。

相关成本分析法适用于只涉及成本的方案决策，如果不同方案的收入相等，也可以视为此类问题的决策。这种方法可以通过编制相关成本分析表进行分析评价。

（四）成本无差别点法

成本无差别点法是以成本无差别点业务量作为最终的评价指标，根据成本无差别点所确定的业务量范围来决定方案取舍的一种决策方法。这种方法适用于只涉及成本，而且业务量未知的方案决策。

成本无差别业务量又称为成本分界点，是指两个不同备选方案总成本相等时的业务量。

如果业务量X的取值范围为$0<X<X_1$，则应选择固定成本较小的Y_2方案；如果业务量X在$X>X_1$的区域内变动，则应选择固定成本较大的Y_1方案；如果$X=X_1$，说明两个方案的成本相同，决策中选用其中之一即可。

应用此法时值得注意的是，如果是对两个以上的备选方案进行决策，应首先确定两方案的成本无差别点业务量，然后通过比较进行评价，比较时最好根据已知资料先作图，这样可以直观地进行判断，不容易失误，因为图中至少有一个成本无差别点业务量没有意义，通过作图，可以剔除不需要的点，在此基础上再进行综合判断分析。

（五）线性规划法

线性规划法是数学中的线性规划原理在成本决策中的应用，此法是依据所建立的约束条件及目标函数进行分析评价的一种决策方法。其目的在于利用有限的资源解决具有线性关系的组合规划问题。其基本程序如下：

（1）确定约束条件，即确定反映各项资源限制情况的系列不等式。

（2）确定目标函数，即确定反映目标极大或极小的方程。

（3）确定可能极值点，即确定满足约束条件的两方程的交点，常常通过图示进行直观反映。

（4）进行决策，将可能极值点分别代入目标函数，使目标函数最优的极值点为最优方案。

（六）边际分析法

边际分析法是微分极值原理在成本决策中的应用，此法是依据微分求导结果进行分析评价的一种决策方法。其主要用于成本最小化或利润最大化等问题的决策。

三、成本决策的应用

成本决策的应用主要包括自制或外购零件的决策，亏损产品是否停产的决策，接受低于正常价格的特殊订单的决策，产品继续加工或在分离点出售的决策等。

典型任务举例

微星公司用一台机器可以生产甲产品，也可以生产乙产品，其预计的销售单价、数量和单位变动成本资料见表6-17。

表6-17　　销售单价、数量和单位变动成本表

项　目	甲产品	乙产品
预计销售量（件）	160	120
预计销售单价（元）	18.50	30.80
单位变动成本（元）	12.50	26.40

要求：请你帮助该公司作出究竟生产哪一种产品较为有利的决策。

解：（1）计算差量收入。

制造乙产品与制造甲产品的差量收入 = 120 × 30.80 − 160 × 18.50 = 3696 − 2960 = 736（元）

（2）计算差量成本。

制造乙产品与制造甲产品的差量成本 = 120 × 26.40 − 160 × 12.50 = 3168 − 2000 = 1 168（元）

(3) 计算差量损益。

制造乙产品与制造甲产品的差量损益 = 736 - 1168 = -432（元）

计算结果说明，生产甲产品比生产乙产品的方案更有利，最多获利432元。具体分析见表6-18。

表6-18 甲、乙产品比较分析表 单位：元

项 目	乙产品	甲产品	差 量
差量收入 乙产品 120 ×30.80 甲产品 160 ×18.50	3 696	2 960	736
产量成本 乙产品 120 ×26.40 甲产品 160 ×12.50	3 168	2 000	1 168
制造乙产品和甲产品的差量损失			-432

【动脑筋】为什么说如果决策中的相关成本只有变动成本，可以直接比较两个不同方案的边际贡献，边际贡献最大者为最优方案？

同步训练

一、判断题（正确的在括号内打“√”，错误的打“×”）

（ ）1. 机会成本是指两个不同备选方案预计未来成本的差额。

（ ）2. 差量成本是指在经济决策过程中，因选取某一方案而放弃另一方案所付出的代价或损失的潜在利益。

（ ）3. 如果决策中的相关成本只有变动成本，在这种情况下，可以直接比较两个不同方案的边际贡献，边际贡献最大者为最优方案。

（ ）4. 专属成本是指目前从市场上购买同一项原有资产所需支付的成本。

（ ）5. 差量损益分析法是以差量损益作为最终的评价指标，由差量损益决定方案取舍的一种决策方法。

二、选择题（每题至少有一个正确答案，请将正确答案填在括号内）

1. 成本决策的方法很多，因成本决策的内容及目的不同而采用的方法也不同，主要有（ ）。

A. 总额分析法　　B. 差量损益分析法
C. 相关成本分析法　　D. 成本无差别点法

2. 下列各项中属于相关成本的是（ ）。

A. 机会成本　B. 差量成本　C. 沉没成本　D. 共同成本

3. 下列各项中属于无关成本的是（ ）。

A. 机会成本　B. 差量成本　C. 沉没成本　D. 共同成本

4. 按照成本无差别点法，当业务量X的取值范围为$0<X<X_1$时，应选择（　　）。

A. 固定成本较大的方案　　B. 固定成本较小的方案

C. 重置成本较大的方案　　D. 重置成本较小的方案

5. 按照成本无差别点法，当业务量X的取值范围为$X>X_1$时，应选择（　　）。

A. 固定成本较大的方案　　B. 固定成本较小的方案

C. 重置成本较大的方案　　D. 重置成本较小的方案

三、计算分析题

新和成公司生产轻型室内固定装置，单位成本见表6-19。

表6-19　　固定装置单位成本　　单位：元

直接材料	2
直接人工	1
变动性制造费用	3
固定性制造费用	2
单位成本	8

新和成公司年生产能力为300 000台。由于室内装修市场萧条，该公司预计明年只生产固定装置80 000台。该公司每年固定性销售费用为500 000元，单位变动性销售费用为1元。固定装置的正常售价为12元。

今年年初，来自公司非正常服务地区的一位客户愿以7元的单价购买100 000台固定装置。该客户还愿承担所有的运输费。由于不需支付租金，因此该份订单没有变动性销售费用。假设除了正常业务和该特殊订单外，没有其他的订单。

参考答案

要求：公司应接受该订单吗？请进行定性和定量分析帮助你进行决策。

项目小结

本项目主要知识点归纳总结见表6-20。

表6-20　　本项目主要知识点归纳总结

主要知识点	内　容
决策模型建立	步骤1：确定问题 步骤2：确定该问题可能的备选方案 步骤3：确定各备选方案的相关成本与收益 步骤4：汇总每个备选方案的相关成本与收益 步骤5：评价定性因素 步骤6：进行决策

续表

主要知识点	内　容	
定价决策	成本加成定价	先计算出产品的成本，然后加上目标利润以确定价格
	目标成本定价	以顾客愿意支付的价格（目标价格）为基础确定产品或服务的成本
生产决策	自制与外购决策	定量分析：自制的相关成本，外购的相关成本 定性分析：需要考虑员工就业问题、产品质量问题、和供应商的关系等
	亏损产品是否停产决策	定量分析：相关亏损产品的贡献毛益是否为负，如果为负，则停止生产；如果为正，则需要考虑共同成本的分摊问题，以及进一步生产和替代生产等相关成本 定性分析：需要考虑员工就业问题、产品质量问题、和供应商的关系等
	特殊订单决策	三因素： 1.是否有闲置生产力 2.是否是非正常性客户，会不会影响正常销售 3.单位变动成本是否低于非正常性客户的定价
	销售或进一步加工决策	比较销售和进一步加工的相关成本和收益，增量损益为正，则进一步加工，否则马上销售
成本决策	相关成本	机会成本、差量成本、专属成本、重置成本等
	无关成本	沉没成本、共同成本
	成本决策方法	总额分析法、差量损益分析法、相关成本分析法、成本无差别点法、线性规划法、边际分析法等
	成本决策的应用	同生产决策

项目七

投资决策

【学习目标】

1. 掌握长期投资的概念、分类与决策程序
2. 掌握货币的时间价值、单利、复利，以及终值、现值、年金的概念
3. 掌握复利终值与现值和年金终值与现值的计算
4. 掌握长期投资的现金流量含义与计算
5. 掌握长期投资决策指标的含义与计算
6. 能够运用长期投资决策指标对长期投资进行决策

【素养目标】

1. 能根据投资决策原理分析判断，作出理性项目投资决策，增加企业财富
2. 在众多可行投资项目中择优选择对企业和社会最有价值的项目，增加企业和社会财富，为国家和社会文明富强提供决策支持

【知识点】

长期投资分类　货币时间价值　复利终值与现值　年金分类　普通年金　先付年金　递延年金　永续年金　长期投资现金流量分类　建设期现金流量　营业期现金流量　长期投资决策的评价方法　非贴现的投资评价方法　静态投资回收期法　投资利润率法　贴现的投资评价方法　净现值法　现值指数法　内含报酬率法　独立项目的投资决策　差额投资内含报酬率法　年等额净回收额法　多个投资方案组合的决策

【技能点】

运用贴现评价指标对长期投资进行可行性评价　运用差额内含报酬率法和年等额净回收额法对互斥项目进行选择

案例导入

江苏通用科技投资130万条高性能子午线轮胎项目

（一）对外投资的基本情况

根据公司“5X战略计划”，为进一步优化产业结构布局，基于内蒙古包头市丰富的产业链资源及低廉的电力成本等有利条件，江苏通用科技股份有限公司（以下简称“公司”）拟与无锡红风壹号新能源合伙企业（有限合伙）（以下简称“红风壹号”）共同出资设立合资公司，在内蒙古包头市投资151 125万元建设130万条高性能子午线轮胎项目。作为包头市首个现代化高性能子午胎工厂，本项目的实施将为内蒙古自治区汽车产业实现强链补链，形成替换市场需求和供给配套的产业链循环，同时辐射周边省份，提高物流服务及市场响应效率，进一步提高市场份额。

此外，包头市风光绿电能源资源丰富、电量富足，工业企业用电成本相对较低，有利于企业进一步响应“双碳”政策，推动绿色低碳转型，降低制造成本，增强盈利能力。

（二）具体投资项目

1.项目名称：130万条高性能子午线轮胎项目。

2.建设地点：内蒙古自治区包头市青山区装备园区新规划区B6路以东，大地石油项目以北，旭辰太阳能项目以西。

3.建设内容：项目包括120万条高性能全钢子午线轮胎和10万条OTR工程胎。

4.实施进度：项目建设期为20个月。

5.投资总额：项目总投资151 125万元，其中建设投资136 306万元、建设期利息3 910万元、流动资金10 909万元。

6.经济效益：经测算，该项目建成后，预计新增年均营业收入156 115万元，年平均净利润14 410万元，项目税后财务内部收益率为14.35%，项目税后投资回收期为7.32年。

资料来源：佚名. 江苏通用科技股份有限公司关于投资130万条高性能子午线轮胎项目的公告［EB/OL］.［2023-05-25］. http: //www.cninfo. com. cn/new/disclosure/detail? stockCode=601500&announcementId=1216746250&orgId=9900026535&announcementTime=2023-05-05.

思考：

（1）项目投资对公司有什么重要意义？

（2）从财务的角度判断项目投资可行的标准是什么？

分析：

（1）项目投资能增强公司的实力、创新能力和市场开拓能力。

（2）从财务的角度判断项目投资可行的标准是以净现值为核心的贴现指标，包括此处的财务内部收益率。

任务一 投资决策基础认知

知识准备

一、了解长期投资

长期投资决策是对企业的长期投资项目的资金流进行全面的预测、分析和评价的财务工作，也就是对长期投资项目进行分析决策的过程。它是企业财务人员所面临的重要决策问题之一。

长期投资项目对企业的生产经营活动产生长期影响，其投资额大、风险高，影响时间长，对企业的长期获利能力具有决定性的影响，因此，长期投资决策在企业管理决策中具有重要地位，它的正确与否，将直接影响企业的财务状况和经营成果，进而影响企业的生存和发展。因此，长期投资决策决不能在缺乏严密的论证和可行性分析的情况下轻率地作出，必须按照一定的程序，运用科学的方法，认真细致地做好长期投资决策的可行性分析，以保证决策的科学有效。

【请注意】长期项目投资与固定资产投资不能画等号，长期项目投资包括固定资产投资，以及与之相配套的无形资产、流动资产和其他方面投资等。

（一）了解长期投资决策的程序

由于长期投资项目的投资规模较大、风险较大、回收时间较长，对企业未来发展的影响也较大，所以必须遵循一定的决策程序。投资项目的决策程序一般包括以下几个步骤：

1. 投资项目的提出

在对项目的投资环境和市场状况进行深入调研和预测分析的基础上，企业可以制订各种可供选择的备选方案。备选方案应具备可操作性和多样性，以增加企业的选择空间。一般而言，对于新增生产能力的投资项目由企业的高层管理者提出，而更新改造的投资项目可以由企业中层或基层管理者提出。

2. 投资项目的可行性分析

当投资项目被提出以后，就必须从多个方面进行可行性分析，写出投资项目的可行性分析报告。投资项目的可行性分析一般应包括以下内容：

（1）国民经济可行性分析，即从整个国民经济现状及发展的角度，宏观地分析该项目是否可行，是否有发展前景，其中，尤其应该考虑项目是否满足环保的要求。

（2）财务可行性分析，即从经济效益的角度，分析该项目是否能够盈利。

（3）技术可行性分析，即从技术的角度，分析本企业的技术水平能否达到该项目的要求。

【知识窗】推动绿色发展与项目投资决策

习近平总书记在党的二十大报告中指出："中国式现代化是人与自然和谐共生的现代化。人与自然是生命共同体，无止境地向自然索取甚至破坏自然必然会遭到大自然的报复。我们坚持可持续发展，坚持节约优先、保护优先、自然恢复为主的方针，像保护眼睛一样保护自然和生态环境，坚定不移走生产发展、生活富裕、生态良好的文明发展道路，实现中华民族永续发展。"

推动经济社会发展绿色化、低碳化是实现高质量发展的关键环节。加快推动产业结构、能源结构、交通运输结构等调整优化。实施全面节约战略，推进各类资源节约集约利用，加快构建废弃物循环利用体系。企业进行项目投资评价和可行性分析时，要侧重于项目投资对环境的可行性分析，企业要自觉、坚决遏制高能耗、高排放项目盲目发展，着力提高绿色低碳产业在经济总量中的比重，推动绿色低碳的生产方式和生活方式。

3. 投资项目的决策

在完成投资项目可行性分析报告的基础上，企业应作出最后的决策。对于投资额特别大的项目应由董事会或股东大会投票表决；对于投资额较小的项目，可以由企业的经理层作出决策。通过对备选方案的分析比较和评价，选择最优方案。在这一阶段，决策者要运用科学的决策方法检验各种备选方案的可行性，从中选出最有利于企业的方案。这是投资决策过程的核心环节，一旦决策失误，可能严重影响企业的长期发展能力，甚至导致企业破产。这一决策过程也是本章的主要内容。

4. 投资项目的实施与控制

动画

长期投资决策

在投资项目的实施过程中，必须加强对建设进度、建设质量、建设成本等方面的管理，确保投资项目保质保量完成。但是，在投资项目的实施过程中，如果发现国家政策、市场环境、企业内部环境等方面发生了某些重大变化，使原来可行的投资项目变得不可行，则必须尽早、果断地停止投资项目的建设，或采取其他补救措施，力求减少损失。

（二）长期投资决策的类型

1. 按照项目之间的相互关系分类

按照项目之间的相互关系，投资项目可分为独立项目和相关项目。独立项目是指采纳或放弃某一项目并不显著地影响另一项目。例如，购置一个厂房、引进一套生产线、增加存货等，均属于独立项目。相关项目是指采纳或放弃某一项目，会显著影响另外一个项目。相关项目又可分为互相补充投资项目和互相替代投资项目。凡是可同时进行、相互配套、缺一不可的投资项目，如港口码头、油田和输油管道等均属于互相补充投资项目；凡是在互相排斥的各项投资中仅选择某一项目的投资，如厂址选择，生产线、生产工艺的选择等均属于互相替代投资项目，又称为互斥项目。

对于独立项目的评价，可以看单一项目的可行与否决策，只要对企业有利，符合评价原则，均可采纳。而相关项目的决策则要把两个或多个项目联系起来，进行综合分析，以比较各个项目经济效果的优劣，才能正确进行决策。

2. 按投资效果分类

按投资效果分类，投资项目可分为扩大收入型投资和降低成本型投资。扩大收入型投资是指通过扩大企业生产经营规模——如扩大产品生产规模、开发新产品等——提高企业价值的投资。降低成本型投资一般不增加收入，通过降低成本支出——如对设备进行更新或大修理等——来增加企业的价值。

对于扩大收入型投资项目的评价，一般需要将收入与支出进行对比，以判断是否会增加企业的价值；而对于降低成本型投资项目的评价，则只需要比较相关成本孰低，即可作出决策。

3.按项目的风险程度分类

按风险程度分类，投资项目可分为确定性投资和风险性投资。确定性投资是指在可以比较准确地预测未来的相关因素时所进行的投资，这样的项目现金流量稳定，投资收益可以准确确定，决策过程相对比较简单。例如，在市场、币值、利率稳定的条件下，企业增加的固定资产投资就是确定性投资。风险性投资是指在不能准确预计未来的相关因素时所进行的投资。这样的项目现金流不稳定，未来的投资收益处于不确定状态，企业只能根据现有的信息估计其各种结果的概率。对此类项目，除了评价项目的期望收益以外，还要对其进行详细的风险分析和评价。

【动脑筋】长期投资决策可以按照哪些标准进行分类，各包括什么内容？不同长期投资决策要注意什么问题？

动画

资金时间价值

【育德于技7-1】有效投资为高质量发展添动力

背景：2023年一季度，资本形成总额对经济增长贡献率为34.7%，拉动GDP增长1.6个百分点。投资较快增长为我国经济的平稳运行提供了重要支撑，在稳增长、调结构、促转型等方面发挥了积极作用。

数据显示，一季度全国固定资产投资同比增长5.1%，扣除价格因素，同比增长7.1%，增速分别比上年全年和同期加快2.2个和4.5个百分点。总体看，随着一系列稳增长政策及接续措施落地实施，基建和制造业投资持续发力，大项目投资带动作用明显增强，高技术产业投资快速增长，社会领域投资增势良好。

稳投资特别是扩大有效投资，有助于提振经营主体信心、改善经济发展预期，对于促进经济企稳回升、增强发展后劲至关重要。当前，稳投资要继续把握好质的有效提升和量的合理增长，积极发挥投资对于优化供给结构的关键性作用，加大重点领域和关键环节投资，为构建新发展格局、推动高质量发展提供持续动力。

要牢牢抓住扩大有效投资这个关键。当前，我国仍处于新型工业化、信息化、城镇化、农业现代化快速发展阶段，投资需求大、潜力足。在这个过程中，要围绕补短板、调结构、增后劲的目标要求，进一步扩大有效投资，以投资效率的提高带动全社会投资增长，在扩大国内有效需求中培育更多增长动力，加快形成需求牵引供给、供给创造需求的更高水平动态平衡。今年以来，我国经济实现企稳向好，投资功不可没。从长远看，投资仍是稳增长的重要力量。当前，要抓住经济加快恢复的宝贵窗口期，厚植投资发展沃土，拓展有效投资空间，继续为高质量发展蓄势赋能。

资料来源：金观平．有效投资为高质量发展添动力［EB/OL］．［2023-05-25］．https：//finance.sina.com.cn/jjxw/2023-04-23/doc-imyrizhr5182671.shtml.

问题：从宏观的角度看为什么要加强长期投资管理？

分析：项目投资不仅涉及企业的创新和实力增强，从宏观的角度来看，有效的投资也能增加社会需求，促进经济增长，带来更多的税收收入，也是促进企业和社会和谐发展、物质文明财富不断增加的重要手段。因此，企业和社会应该加强投资管理。

二、货币的时间价值分析

货币的时间价值是现代公司财务的基础观念之一，也是长期投资决策过程中必不可少的重要内容。

货币的时间价值，也称作资金的时间价值，是指货币经历一定时间的投资和再投资所增加的价值，它表现为同一数量的货币在不同的时点上具有不同的价值。

众所周知，在市场经济条件下，即使不存在通货膨胀，等量货币在不同时点上的价值量也不相等，今天的1元和将来的1元不等值，前者要比后者的价值大。比如，若银行存款年利率为10%，将今天的1元钱存入银行，一年以后就会是1.10元。可见，经过一年的时间，这1元钱发生了0.1元的增值，今天的1元和一年后的1.10元等值。货币在使用过程中随着时间的推移而发生增值的现象反映了货币具有时间价值的属性。

货币的时间价值在长期投资项目决策中，特别是在投资项目经济评价中具有特别重要的意义。因为项目的全过程可能要经历几年、十几年，甚至几十年的时间，只有对每个投资项目在其全过程中形成的现金流量进行科学的预测，掌握每个项目现金流出与流入的时间和数量，以及它们在时间和数量上的差别，然后按复利法统一换算为同一时点的数值——现值、终值或年金，才能使有关项目投资经济效益的分析、评价建立在全面、客观、可比的基础上。在进行项目经济评价时，使用最多的是贴现现金流量法，如净现值法、内部收益法等，而这些方法就是建立在货币的时间价值的基础上的。因此，在进行长期投资项目决策时，必须了解货币时间价值的意义及计算方法。

（一）单利的终值与现值

终值又称将来值，是现在一定量现金在未来某一时点上的价值，俗称“本利和”；现值又称本金，是指未来某一时点上的一定量现金折合到现在的价值。终值与现值的计算涉及利息计算方式的选择。目前有两种利息计算方式，即单利和复利。在单利方式下，每期都按初始本金计算利息，当期利息即使不取出也不计入下期本金，计算基础不变。在复利方式下，以当期期末本利和为计息基础计算下期利息，即“利滚利”。

为了便于同后面介绍的复利计算方式相比较、加深对复利的理解，这里先介绍单利的有关计算。为计算方便，先设定如下符号标识：I为利息；P为现值；F为终值；i为每一利息期的利率（折现率）；n为计算利息的期数。

1. 单利终值的计算

单利终值的计算公式为：

$$F = P+P\cdot i\cdot n = P（1+i\cdot n）$$

2.单利现值的计算

单利现值的计算同单利终值的计算是互逆的，由终值计算现值的过程称为折现。单利现值的计算公式为：

$$P = F/（1+i \cdot n）$$

（二）复利的终值和现值

1.复利终值

货币的时间价值通常是按复利计算的。复利不同于单利，它是在一定期间（如1年）按一定利率将本金所生利息加入本金再计利息，即“利滚利”，也就是说，它既涉及本金产生的利息，也涉及利息产生的利息。复利终值是指一定量的本金按复利计算若干期后的本利和。复利终值的计算公式为：

$$F = P \cdot (1 + i)^n$$

上式是计算复利终值的一般公式，式中的$(1+i)^n$通常被称为复利终值系数或1元的复利终值，用符号（F/P，i，n）表示。例如，（F/P，6%，3）表示利率为6%的3期复利终值的系数。复利终值系数可以通过直接查阅“复利终值系数表”（见本书附表一）获得。

2.复利现值

复利现值是复利终值的对称概念，它是指未来一定时间的特定资金按复利计算的现在价值，或者说是为取得一定本利和现在所需要的本金。复利现值的计算，是指在已知F、i、n时求P。根据复利终值的计算公式，可以推出复利现值的计算公式：

$$P = \frac{F}{(1 + i)^n} = F \cdot (1 + i)^{-n}$$

上式中，$(1+i)^{-n}$是把终值折算为现值的系数，通常称为复利现值系数，或称为1元的复利现值，用符号（P/F，i，n）表示。例如，（P/F，10%，6）表示利率为10%时6期的复利现值系数，可以直接查阅“复利现值系数表”（见本书附表二）获得。上式也可写作：

$$P = F \cdot（P/F，i，n）$$

3.名义利率与实际利率

复利的计息期不一定总是一年，有可能是季度、月或日。当利息在一年内要复利几次时，给出的年利率叫作名义利率。当一年内复利几次时，实际得到的利息要比按名义利率计算的利息高。

实际利率和名义利率之间的关系是：

$$1+i = (1 + \frac{r}{M})^M$$

式中：r为名义利率；M为每年复利次数；i为实际利率。

（三）年金的终值和现值

年金是指在一定时期内每隔相同的时间（如1年）就发生相同数额的系列收付款项。例如，折旧、租金、利息、保险金等通常都采用年金的形式。年金收付款的方式有多种，年金按其每次收付发生的时点不同，可分为普通年金、预付年金、递延年金和永续年金等几种。

1.普通年金

普通年金是指从第一期起，在一定时期内每期期末等额发生的系列收付款项，又称后付年金。

（1）普通年金的终值。

年金终值相当于零存整取储蓄存款的本利和，它是一定时期内每期期末收付款项的复利终值之和。设每年的支付金额即年金为A，利率为i，期数为n，则年金终值的计算公式为：

$$F = A + A(1+i) + A(1+i)^2 + A(1+i)^3 + \cdots + A(1+i)^{n-1}$$

等式两边同乘（1+i）得：

$$F(1+i) = A(1+i) + A(1+i)^2 + A(1+i)^3 + \cdots + A(1+i)^n$$

上述两式相减得：

$$F(1+i) - F = A(1+i)^n - A$$

$$F = A \cdot \frac{(1+i)^n - 1}{i}$$

式中的分式称作“年金终值系数”，是指普通年金为1元，利率为i，经过n期后的年金终值，记为（F/A，i，n），可通过直接查阅“年金终值系数表”（见本书附表三）求得有关数值。上式也可写作：

$$F = A \cdot (F/A, i, n)$$

（2）普通年金的现值。

年金现值是指一定时期内每期期末等额收付款项的复利现值之和。年金现值的计算公式为：

$$P = A(1+i)^{-1} + A(1+i)^{-2} + A(1+i)^{-3} + \cdots + A(1+i)^{-n}$$

等式两边同乘（1+i）可得到：

$$P(1+i) = A + A(1+i)^{-1} + A(1+i)^{-2} + A(1+i)^{-3} + \cdots + A(1+i)^{-(n-1)}$$

上述两式相减得：

$$P(1+i) - P = A - A(1+i)^{-n}$$

$$P = A \cdot \frac{1 - (1+i)^{-n}}{i}$$

式中的分式称作“年金现值系数”，是指普通年金为1元，利率为i，经过n期后的年金现值，记为（P/A，i，n），可通过直接查阅“年金现值系数表”（见本书附表四）求得有关数值。上式也可写作：

$$P = A \cdot (P/A, i, n)$$

2.预付年金

预付年金是指从第一期起，在一定时期内每期期初等额收付的系列款项，又称即付年金或先付年金。预付年金与普通年金的区别仅在于收付款的时间不同。

（1）预付年金的终值。

预付年金的终值是其最后一期期末时的本利和，是各期收付款项的复利终值之和。

预付年金终值的计算公式为：

$$F = A(1+i) + A(1+i)^2 + A(1+i)^3 + \cdots + A(1+i)^n$$

式中各项为等比数列，首项为A（1+i），公比为（1+i），根据等比数列的求和公式可得出：

$$F = A\left[\frac{(1+i)^{n+1}-1}{i}-1\right]$$

式中方括号内的数值称作“预付年金终值系数”，它是在普通年金终值系数的基础上，期数加1，系数减1所得的结果，通常记为［（F/A，i，n+1）−1］，可直接查阅“年金终值系数表”得到（n+1）期的值，减去1后便可得出对应的预付年金系数的值。因此，上述公式也可写作：

$$F = A\cdot[(F/A,\ i,\ n+1)-1]$$

（2）预付年金的现值。

预付年金的现值可以在普通年金现值的基础上加以调整。预付年金的计算公式为：

$$P = A + A(1+i)^{-1} + A(1+i)^{-2} + \cdots + A(1+i)^{-n}$$

式中各项为等比数列，首项为A，公比为（1+i）$^{-1}$，根据等比数列的求和公式可得出：

$$P = A\left[\frac{1-(1+i)^{-(n-1)}}{i}+1\right]$$

式中方括号内的数值称作“预付年金现值系数”，它是在普通年金现值系数的基础上，期数减1，系数加1所得的结果，通常记为［（P/A，i，n−1）+1］，可直接查阅“年金现值系数表”得到（n−1）期的值，然后加1，便可得出对应的预付年金现值系数的值。因此，上述公式也可写作：

$$P = A\cdot[(P/A,\ i,\ n-1)+1]$$

3.递延年金

递延年金是指第一次支付发生在第二期或第二期以后的年金。它是普通年金的特殊形式，凡不是从第一期开始支付的年金都是递延年金。递延年金终值的计算方法和普通年金终值的计算方法相似。

递延年金现值的计算方法有两种：

第一种方法，假设递延期为m（m<n），可先求出m期后的（n−m）期普通年金的现值，然后再将此现值折算到第一期期初的现值。其计算公式为：

$$P = A\cdot(P/A,\ i,\ n-m)(P/F,\ i,\ m)$$

第二种方法，先求出n期普通年金的现值，然后扣除实际并未收付款的m期普通年金现值。其计算公式为：

$$P = A\cdot[(P/A,\ i,\ n)-(P/A,\ i,\ m)]$$

4.永续年金

永续年金是指无限期定额支付的年金。永续年金可视为普通年金的特殊形式，即期限趋于无穷的普通年金。由于永续年金没有终止时间，因此永续年金没有终值，只有现值。永续年金的现值可以通过普通年金现值的计算公式推导得出：

$$P = A \cdot \frac{1-(1+i)^{-n}}{i}$$

当 $n \to \infty$时，$(1+i)^{-n}$的极限为零，故上式可写成：

$$P = A \cdot \frac{1}{i}$$

上述关于货币时间价值的计算方法在财务管理中有广泛的应用，如在存货管理、养老金决策、租赁决策、资产和负债的估价、长期投资决策等领域都有应用。随着财务问题日益复杂化，时间价值概念的应用也将日益增加。

【动脑筋】复利终值、现值与年金终值、现值有何异同？如何用复利终值、现值求相应年数的年金终值、现值？

典型任务举例

根据资料，回答各相关问题：

（1）某人有100 000元，拟投入报酬率为8%的投资项目，经过多少年才可使现有货币增加1倍？

（2）某人拟在5年后获得本利和1 000元，假设投资报酬率为10%，他现在应投入多少元？

（3）假设某项目在5年建设期内每年年末从银行借款1 000万元，借款年利率为10%，则该项目竣工时应付的本息的总额是多少？

（4）某企业租入一台设备，每年年末需要支付租金10 000元，年折现率为10%，则5年内应支付的租金总额的现值是多少？

（5）某公司决定连续5年于每年年初存入100万元作为住房基金，银行存款利率为10%，则该公司在第5年年末能一次取出的本利和是多少？

（6）假设6年分期付款购买一辆小汽车，每年年初支付50 000元，假设银行利率为10%，该项分期付款相当于一次性支付现金的价格是多少？

（7）假设某人拟在年初存入一笔资金，从第4年起每年取出1 000元，至第9年年末取完，利率为10%，则此人应一次性存入银行多少钱？

（8）某高校拟设立一项永久性的奖学金，每年计划颁发10 000元奖金。若利率为10%，则现在应存入银行多少钱？

解：（1）$F = 100\,000 \times 2 = 200\,000$（元）

$200\,000 = 100\,000 \times (1+8\%)^n$

$(1+8\%)^n = 2$

（F/P，8%，n）= 2

查“复利终值系数表”，在i=8%的项下寻找2，最接近的值为：

（F/P，8%，9）= 1.999

所以：n = 9

即9年后可使现有货币增加1倍。

（2）P = F·（P/F，i，n）

P = 1 000×（P/F，10%，5）= 1 000 × 0.621 = 621（元）

（3）该项目竣工时应付本息的总额为：

F = 1 000 ×（F/A，10%，5）= 1 000×6.1051 = 6 105.1（万元）

（4）5年内应支付的租金总额的现值为：

F = 10 000 ×（P/A，10%，5）= 10 000 × 3.7908 = 37 908（元）

（5）该公司在第5年年末能一次取出的本利和为：

F =A·［（F/A，i，n+1）－1］

=100×［（F/A, 10%, 6）－1］=100×（7.7156−1）=672（万元）

（6）该项分期付款相当于一次性支付现金的价格为：

P = A·［（P/A，i，n−l）+1］

= 50 000 ×［（P/A，10%，6−1）+1］=50 000 ×（3.7908+1）

=239 540（元）

（7）此人应一次性存入银行的金额为：

在本例中，m = 3，n = 9，则计算如下：

P = 100 ×（P/A，10%，9−3）（P/F，10%，3）= 1 000 × 4.355 × 0.751 = 3 270（元）

P = 1 000 ×［（P/A，10%，9）－（P/A，10%，3）］= 1 000 ×（5.759−2.487）

= 3 272（元）

（8）现在应存入银行的金额为：

P = 10 000 × 1 ÷ 10% = 100 000（元）

同步训练

一、判断题（正确的在括号内打“√”，错误的打“×”）

（　）1.对于工业企业来说长期投资就是固定资产投资。

（　）2.长期投资属于重大决策，因此无论什么样的长期投资决策都必须由最高层提出。

（　）3.相关性项目一定是互斥项目。

（　）4.对于降低成本型投资项目的评价一定要考虑收入对企业的影响。

（　）5.企业面临的长期投资决策大多数属于确定性决策。

二、选择题（每题至少有一个正确答案，请将正确答案填在括号内）

1.长期投资项目对企业的生产经营活动产生长期影响，因为其（　　），对企业的长期获利能力具有决定性的影响。

A.投资额大　　B.风险高

C.影响时间长　　D.价值具有不确定性

2.对于一个长期投资决策，应从整个国民经济现状及发展的角度宏观地分析该项目是否可行、是否有发展前景，尤其应该考虑其是否满足环保要求，这是指（　）。

A.国民经济可行性分析　　B.财务可行性分析

C.技术可行性分析　　D.环保可行性分析

3.在完成投资项目可行性分析报告的基础上，企业应作出最后的决策。对于投资额特别大的项目应由（　）投票表决。

A.董事会　　B.股东大会　　C.财务经理　　D.投资部经理

4.（　）是指在可以比较准确地预测未来的相关因素时所进行的投资，其现金流量稳定，投资收益可以准确确定，决策过程相对比较简单。

A.独立项目　　B.互斥项目

C.确定性项目　　D.相关成本和无关成本

5.对于降低成本型投资项目，一般来说（　）。

A.能够扩大产品生产规模

B.一般不增加收入

C.能够降低成本支出

D.评价时一般则只需要比较相关成本孰低，即可作出决策

三、计算分析题

1.假设某人将10 000元现金存入银行，年利率为7%，一年复利一次。

要求：计算8年后的复利终值。

2.甲银行的复利利率为8%，每季度复利一次。

要求：计算其实际利率。

3.某人准备存入银行一笔钱，以便在以后的10年中每年年底得到20 000元，假设银行存款利率为5%。

要求：计算其目前应存入银行的金额。

4.有两个投资额相等的项目可供选择，投资获利的有效期均为10年。第一个项目10年内每年年末可回收投资20 000元，第二个项目前5年每年年末回收25 000元，后5年每年年末回收15 000元，银行利率为10%。

要求：通过计算，分析哪一个项目获利更多。

参考答案

任务二　投资决策指标分析

知识准备

一、现金流量的分析

在长期投资决策中，现金流量是指该投资项目所引起的现金流入量和现金流出量

的统称，它可以动态地反映该投资项目投入和产出的相对关系。这时的“现金”是一个广义的概念，它不仅包括各种货币资金，而且还包括项目投资所需要投入的、企业所拥有的非货币资源的变现价值。

现金流量是计算项目投资决策评价指标的主要依据和重要信息，其本身也是评价项目投资是否可行的一个基础性指标。

在进行项目投资决策分析时，通常用现金流出量、现金流入量和现金净流量来反映项目投资的现金流量。现金流出量是指由于投资项目而引起的企业现金支出的增加额。现金流入量是指由于投资项目而引起的企业现金收入的增加额。现金净流量（NCF）是一定时期内现金流入量减去现金流出量的差额。在确定现金流量时可以根据项目投资资金的不同来源分别进行确定。

（一）投入资金为自有资金

1. 建设期现金流量

建设期现金流量，即企业在建设期所发生的现金流入量和现金流出量，一般包括：

（1）土地使用费用支出，主要指因投资项目占用土地而支出的土地使用费。

（2）固定资产方面的投资，包括固定资产的购入或建造成本、运输成本和安装成本等。

（3）流动资产方面的投资，包括投入的现金、材料等。

（4）其他方面的投资，包括与固定资产投资有关的职工培训费、注册费等。

（5）原有固定资产的变价收入，这主要在更新改造投资项目时考虑。

建设期现金流量除原有固定资产的变价收入为现金流入量外，其他部分均为现金流出量。

2. 营业期现金流量

营业期现金流量，即项目投产后企业在生产经营期间所发生的现金流入量和现金流出量。营业期现金流量一般按年度进行计算。营业期现金流入量主要是由因生产经营而使企业增加的营业收入和该年回收额构成。营业期现金流出量则主要是由付现成本和所得税构成。所谓付现成本是指每年需要实际支付现金的销货成本。销货成本中不需要每年实际支付现金的某些成本，如折旧费用、待摊费用等，属于非付现成本。营业期现金净流量通常可以表示为：

现金净流量（NCF）= 销售收入 - 付现成本 - 所得税 + 该年回收额
= 销售收入 -（销售成本 - 非付现成本）- 所得税 + 该年回收额
= 营业利润 - 所得税 + 非付现成本 + 该年回收额
= 净利润 + 非付现成本 + 该年回收额

显然，上述净利润与财务会计中净利润的计算口径不一致，而非付现成本主要包括该年折旧额和该年摊销额。该年回收额主要包括以下三个方面：（1）固定资产残值收入或变价收入；（2）原来垫支在各种流动资产上的资金收回；（3）停止使用的土地变价收入等。

（二）投入资金为借入资金

实际上，根据全投资假设，在进行项目投资决策时一般不需要考虑投入资金的来源，所以当投入资金为借入资金时，现金净流量的确定方法与投入资金为自有资金时的方法基本上是一样的。但由于现行的财务会计规则中，有些规定对项目投资的现金净流量产生了某些影响，所以应该特别注意。这些规定主要有以下两个方面：

（1）由于规定建设期发生的与购建项目相关的固定资产、无形资产等长期资产的相关利息支出可以资本化，所以在确定固定资产、无形资产等长期资产的原值时，必须考虑资本化利息。

（2）由于规定经营期间的借款利息支出可以在税前列支，从而减少了企业的利润，而根据全投资假设，在进行投资决策时，不应该考虑借款利息，所以在确定现金净流量时，必须加上该年的利息支出。此时，营业期现金净流量可以用下式表达：

现金净流量（NCF）= 销售收入 − 付现成本 − 所得税 + 该年回收额 + 该年利息费用

= 该年净利润 + 该年折旧 + 该年摊销额 + 该年回收额 + 该年利息费用

【动脑筋】当投入资金为借入资金时，在计算NCF时为什么要加上利息费用？

二、长期投资决策的评价方法应用

按是否考虑货币时间价值，长期投资决策的评价指标可分为非贴现评价指标和贴现评价指标两大类。非贴现评价指标是指没有考虑货币时间价值因素的指标，主要包括投资回收期和投资利润率等；贴现评价指标是指考虑了货币时间价值因素的指标，主要包括净现值、现值指数和内含报酬率等。

（一）非贴现的投资评价方法

1. 静态投资回收期法

静态投资回收期是指在不考虑资金时间价值的情况下，收回全部投资额所需要的时间。该指标一般以年为单位，包括两种情况：（1）含建设期的投资回收期（以下以P表示）；（2）不含建设期的投资回收期（以下以P_S表示）。显然有$P = P_S + S$，其中S为建设期。通常只需要计算出其中一种投资回收期即可。

在计算含建设期的投资回收期时有两种情况：

（1）含建设期的投资回收期是整数。

$$\sum_{t=0}^{P} NCF_t = 0 \text{（其中P为整数）}$$

则表明刚好在第P年收回投资，即含建设期的投资回收期为P。

（2）含建设期的投资回收期不是整数。

由于通常情况下P可能不是一个整数，则可以找到一个整数P_0，使得：

$$\sum_{t=0}^{P_0} NCF_t < 0,\ \sum_{t=0}^{P_0+1} NCF_t > 0$$

则该项目包含项目建设期的投资回收期为：

$$P = P_0 + \frac{|\sum_{t=0}^{P_0} NCF_t|}{NCFp_{0+1}} NCF_t$$

在使用投资回收期法进行投资项目评价时，首先计算出该项目的投资回收期，然后与标准回收期进行比较。如果备选项目的投资回收期大于标准回收期，则不宜采纳。在进行互斥性投资方案评价时，在满足有关可行性的情况下，应选择投资回收期较短的投资项目。

投资回收期法的优点有：(1) 计算简便，选择标准直观，易于理解；(2) 将对现金净流量的预测重点放在“近期”，有利于控制投资风险。项目投资决策分析的主要依据——现金净流量——是预测出来的，而预测的准确性随时间的延长而迅速降低。一般来说，5年以上预测的准确性就会很差。

投资回收期法的缺点是：(1) 没有考虑资金的时间价值，这种缺陷可以用贴现投资回收期法弥补；(2) 没有考虑回收期满后的现金流量状况，可能导致决策者优先考虑急功近利的投资项目。

2. 投资利润率法

投资利润率又称投资报酬率（ROI），是指投资项目投产期间的平均净利润与投资项目的投资额之间的比率，一般以百分比表示。其计算公式为：

$$ROI = \frac{P}{I} \times 100\%$$

式中：P表示年平均净利润，I表示投资总额。

投资利润率是一个非贴现的正指标，采用投资利润率法评价投资项目可行性的判断标准是：如果投资项目的投资利润率高于企业要求的最低收益率或无风险收益率，则该投资项目可行；如果投资项目的投资利润率低于企业要求的最低收益率或无风险收益率，则该项目不可行。在多个投资项目的互斥性决策中，项目的投资利润率越高，说明该投资项目的投资效果越好，故应该选择投资利润率高的投资项目。

投资利润率法与投资回收期法一样具有简明、易于计算的优点，同时又克服了投资回收期法在投资期没有考虑全部现金净流量的缺点。其缺点是没有考虑资金的时间价值，也不能说明投资项目的可能风险。

（二）贴现的投资评价方法

1. 净现值法

净现值（NPV）是指在项目计算期内，按行业基准收益率或企业设定的贴现率计算的投资项目未来各年现金净流量现值的代数和。其计算公式为：

$$NPV = \sum_{t=0}^{n} \frac{NCF_t}{(1+i)^t}$$

式中：i为贴现率。

采用净现值法评价投资项目的判断标准如下：

(1) 进行单项决策时，若NPV≥0，则项目可行；若NPV<0，则项目不可行。

(2) 进行多项互斥性投资决策时，在净现值大于零的投资项目中选择净现值较大的投资项目。

当经营期各年的现金净流量相等时，可运用年金的方法简化计算NPV。

净现值法是项目投资评价中常用的方法，其主要优点有：（1）考虑了资金的时间价值，增强了投资经济性评价的实用性；（2）考虑了项目计算期内的全部净现金流量，体现了流动性与收益性的统一；（3）考虑了投资风险，项目投资风险可以通过提高贴现率加以控制。净现值法也存在一些缺点，主要有：（1）净现值是一个绝对数，不能从动态的角度直接反映投资项目的实际收益率，在进行互斥性投资决策时，若投资额不等，仅根据净现值往往无法确定投资项目的优劣；（2）净现值的计算比较复杂，且较难理解和掌握；（3）净现值的计算需要有较准确的现金净流量预测，并且要正确选择贴现率，而实际上现金净流量的预测和贴现率的选择都比较困难。

微课

净现值法

在项目投资评价中，正确选择贴现率非常重要，它直接关系到项目投资的评价结果。如果选择的贴现率过低，则会使本来不应该采纳的投资项目得以通过，由此加大企业的经营风险；如果选择的贴现率过高，则会导致一些经济效益较好的投资项目不能通过，一方面会使有限的社会资源得不到充分的利用，另一方面会使企业失去有利的投资机会。在实务中，一般可采取以下几种方法确定投资项目的贴现率：（1）以投资项目的资金成本作为贴现率。（2）以投资项目的机会成本作为贴现率。（3）根据投资的不同阶段，分别采取不同的贴现率。例如，在计算项目建设期现金净流量的现值时，以贷款的实际利率作为贴现率；在计算投资项目营业期现金净流量的现值时，以全社会资金平均收益率作为贴现率。（4）以行业平均资金收益率作为贴现率。

2.现值指数法

现值指数法亦称获利指数法（PI），是指项目投产后按行业基准收益率或企业设定贴现率折算的各年营业期现金净流量的现值合计（可简称报酬总现值）与原始投资的现值合计（投资总现值）之比。其用公式表示为：

$$PI = \frac{\sum_{t=s+1}^{n} NCF_t \cdot (P/F,\ i,\ t)}{\sum_{t=0}^{s} NCF_t \cdot (P/F,\ i,\ t)}$$

从净现值率和现值指数的定义可知这两个指标存在以下关系：

现值指数（PI）= 1 + 净现值率（NPVR）

与净现值率一样，现值指数也是一个贴现的相对量评价指标，采用这种方法的判断标准是：如果 $PI \geq 1$，则该投资项目可行；如果 $PI < 1$，则该投资项目不可行。如果几个投资项目的现值指数都大于1，那么现值指数越大，投资项目越好。但在进行互斥性投资决策时，正确的选择原则不是选择现值指数最大的项目，而是在保证现值指数大于1的情况下，使追加投资收益最大化。

现值指数法的优缺点与净现值法的优缺点基本相同，但一个重要区别是：现值指数法可以从动态的角度反映投资项目的资金投入与总产出之间的关系，可以弥补净现值法在投资额不同的项目之间不便比较的缺陷，使各种投资额不同的项目之间可直接用现值指数进行对比。其缺点是无法直接反映投资项目的实际收益率，其计算过程也比净现值法的计算过程复杂，计算口径也不一致。

3.内含报酬率法

内含报酬率（IRR）又叫作内部收益率，是指投资项目实际可以实现的收益率，亦可将其定义为能使投资项目的净现值等于零的折现率。显然，内含报酬率满足下列等式：

$$NPV = \sum_{t=0}^{n} \frac{NCF_t}{(1 + IRR)^t} = 0$$

内含报酬率的计算是解一个n次方程，通常采用试误法来求出IRR的值。采用内含报酬率法的决策标准为：（1）当内含报酬率≥资金成本率（或预期收益率）时，项目可行；否则项目不可行。（2）当进行多项目互斥决策时，内含报酬率越大越好。

内含报酬率法的优点主要有：（1）考虑了资金的时间价值；（2）可以反映投资项目的真实报酬率，且不受行业基准收益率高低的影响，比较客观，有利于对投资额不同的项目进行决策。

内含报酬率法的缺点有：（1）计算比较复杂，特别是对每年现金净流量不相等的投资项目，一般要经过多次测算才能求得答案；（2）当公司在经营期大量追加投资时，可能导致多个IRR出现，或偏高或偏低，缺乏实际意义；（3）再投资收益率假设与实际可能不符。

4.贴现指标之间的关系

净现值NPV、现值指数PI和内含报酬率IRR几个指标之间存在以下数量关系，即：

当NPV>0时，PI>1，IRR>i（i为投资项目的行业基准利率，下同）。

当NPV = 0时，PI = 1，IRR = i。

当NPV<0时，PI<1，IRR<i。

NPV为绝对量指标，其余为相对数指标。计算净现值NPV和现值指数PI所依据的折现率都是事先设定的行业基准利率（或企业确定的贴现率），而内含报酬率IRR的计算与折现率的高低无关，是一种比较特别的计算方法。从它们之间的关系可以看出，在进行单项项目投资决策时，使用不同的贴现方法得出的结论基本是一致的；在进行多个项目的投资决策时，它们得出的结论却可能不一致。这就需要根据实际情况加以选择。

【育德于技7-2】华资实业投资建设黄原胶项目的公告

背景：华资实业于2023年4月26日召开第八届董事会第二十一次会议、第八届监事会第十四次会议，审议通过《关于使用自筹资金投资建设黄原胶项目的议案》，即拟以自筹资金48 994.66万元投资建设2万吨/年黄原胶建设项目，并同意授权公司管理层在董事会审议通过的投资额度范围内就具体事项行使决策权，签署相关合同、协议等法律文件，并全权办理本项目的所有事宜，该项授权自股东大会审议通过之日起生效。

本项目投资建设的基本情况如下：

1.项目名称：包头华资实业股份有限公司2万吨/年黄原胶建设项目。

2.建设地址：该项目拟建于内蒙古自治区包头市东河区包头华资实业股份有限公司厂区内，公司及厂区内基础设施配套完善，可充分利用厂内现有的设施，以降低项目投资额。

3.建设内容和规模：项目总建筑面积 47 542 m²，购置各类生产设备 300 余台（套）。项目建成后形成年产 2 万吨黄原胶的产业化生产能力。

4.项目实施计划：该项目建设期为1年，实施期限从2023年08月至2024年08月。

5.项目总投资及资金筹措：① 项目总投资 48 994.66 万元，其中建设投资 46 652.36 万元、铺底流动资金 2 342.3 万元。② 项目建设投资全部由企业自筹解决。

6.经济效益和社会效益：本项目主要原料为玉米。内蒙古地区是我国优质玉米的主产地，项目的实施可带动当地农民增收。本项目通过转化玉米淀粉生产黄原胶，生产成本低，产品价值高，生产工艺绿色环保，并且可以充分利用公司原有的基础设施，实现经济效益和社会效益的统一。

资料来源：佚名．包头华资实业股份有限公司 关于使用自筹资金投资建设黄原胶项目的公告[EB/OL]．[2023-05-25]．http：//www.cninfo.com.cn/new/disclosure/detail？stockCode=600191&announcementId=1216648948&orgId=gssh0600191&announcementTime=2023-04-28.

问题：华资实业黄原胶项目的好处有哪些？

分析：华资实业黄原胶项目投资既能给华资实业本身带来可观的经济效益，也能促进当地资源充分利用和增加农民收入，充分实现了项目投资的经济效益和社会效益的统一，项目投资也要尽可能考虑到社会责任，力求做到与社会和谐发展。

典型任务举例

大明公司因业务发展的需要，需购入一套设备。现甲方案需投资200 000元，设备使用寿命为5年，采用直线法折旧，5年后设备无残值，5年中每年的销售收入为120 000元，每年的付现成本为50 000元。假设公司所得税税率为40%，贴现率为10%。

要求：计算甲方案的现金流量、回收期、投资利润率、净现值、现值指数和内含报酬率。

解：甲方案每年的折旧 = 200 000 ÷ 5 = 40 000（元）

甲方案投资项目的营业现金流量计算见表7-1。

表7-1　甲方案投资项目的营业现金流量计算表　单位：万元

项目	1	2	3	4	5
销售收入（1）	12	12	12	12	12
付现成本（2）	5	5	5	5	5
折旧（3）	4	4	4	4	4
税前利润（4）=（1）-（2）-（3）	3	3	3	3	3
所得税（5）=（4）×40%	1.2	1.2	1.2	1.2	1.2
税后利润（6）=（4）-（5）	1.8	1.8	1.8	1.8	1.8
现金净流量（7）=（3）+（6）=（1）-（2）-（5）	5.8	5.8	5.8	5.8	5.8

甲方案每年的营业现金净流量相等，故：投资回收期 = 200 000 ÷ 58 000 = 3.448（年）

甲方案的会计收益率 = 18 000 ÷ 200 000 = 9%

甲方案的净现值 = 18 000 ×（P/A，10%，5）- 200 000 = 19 866.4（元）

甲方案的现值指数 =（19 866.4+20 000）÷ 20 000 = 1.99

甲方案内含报酬率求解：

初始投资额 ÷ 年现金净流量 = 3.4483，当 N = 5 时，K = 13%，对应的系数为 3.5172；K = 14%，对应的系数为 3.4331。

（K-13%）÷（14%-13%）=（3.4483-3.5172）÷（3.4331-3.5172）

用插值法求得内含报酬率 = 13% + 1%×（-0.0689）÷（-0.0841）= 13.82%

同步训练

一、判断题（正确的在括号内打“√”，错误的打“×”）

（　　）1. 由于在建设期资本化利息并未实际支付，所以它不属于建设投资的范畴，不能作为现金流出量的内容。

（　　）2. 财务管理中的现金流量与财务会计中的现金流量含义一致。

（　　）3. 假定每年的赊销额与回收以前年度的款项相等，则该年的销售收入等于该年的收现营业收入。

（　　）4. 一个投资方案在项目计算期内任一年度的净现金流量等于该年的利润、折旧、摊销、借款利息和回收额之和。

（　　）5. 资本化利息不应该视作建设期项目现金流出量。

二、选择题（每题至少有一个正确答案，请将正确答案填在括号内）

1. 建设期资本化利息是指在建设期发生的与（　　）有关的借款利息。

A. 存货　　B. 流动资产　　C. 固定资产　　D. 无形资产

2. 当建设期不为零时，建设期各年内的净现金流量可能（　　）。

A. 小于0　　B. 等于0　　C. 大于0　　D. 等于1

3. 下列各项中属于现金流入量的是（　　）。

A. 营业收入　　B. 残值回收额

C. 流动资金回收额　　D. 建设投资

4. 在经营期的任何一年内的净现金流量等于（　　）。

A. 原始投资额的负值　　B. 原始投资与资本化利息

C. 该年现金流入量与其流出量之差　　D. 该年利润加折旧、摊销和利息

5. 使各年利润分布与现金流量分布不同的因素是（　　）。

A. 折旧方法　　B. 存货计价方法

C. 间接计入费用分配方法　　D. 收现率

三、计算分析题

1. 某企业拟进行一项固定资产投资，该项目的现金流量表见表7-2。

表7-2　　现金流量表　　单位：万元

项　目	建设期			经营期				合　计
	0	1	2	3	4	5	6	
净现金流量	−1 000	−1 000	100	1 000	1 800	1 000	1 000	2 900
累计净现金流量	−1 000	−2 000	−1 900	−900	900	1 900	2 900	—
折现净现金流量	−1 000	−943.4	89	839.6	1 425.8	747.3	705	1 863.3

要求：

（1）计算或确定下列指标：①静态投资回收期；②净现值；③原始投资现值；④净现值率；⑤获利指数。

（2）评价该项目的财务可行性。

2. 城达科技公司有一投资项目需要投入固定资产300万元，建设期资本化利息为50万元，经营期为5年，固定资产期满残值收入30万元。该项目投产以后，预计年营业收入为160万元，年经营成本为60万元。经营期每年支付借款利息35万元，经营期结束时还本。该企业采用直线法计提折旧。所得税税率为25%，资金成本率为10%。

要求：

（1）计算该投资项目静态投资回收期。

（2）计算该投资项目的净现值、净现值率及获利指数。

（3）根据计算结果，评价该投资项目的可行性。

参考答案

任务三　几种典型的长期投资决策方法运用

知识准备

一、独立项目决策

在只有一个投资项目可供选择的条件下，需要利用评价指标考查该独立项目是否具有财务可行性，从而作出接受或拒绝该项目的决策。

（1）如果某一投资项目的评价指标同时满足以下条件，则可以断定该投资项目无论从哪个方面看都具备财务可行性，应当接受此投资方案。这些条件是：①净现值NPV≥0；②现值指数PI≥1；③内含报酬率IRR≥i（i为资金成本或行业基准投资利润率）；④投资回收期小于标准投资回收期，即$P<P_0$（P_0为标准投资回收期），投资利润率ROI≥i。

（2）如果某一投资项目的评价指标不能同时满足上述条件，即同时发生以下情况：NPV< 0，PI<1，IRR<i，P> P_0，ROI<i，就可以断定该投资项目无论从哪个方面看都不具备财务可行性。毫无疑问，此时应当放弃该投资项目。

（3）当静态投资回收期或投资利润率的评价结论与净现值等主要指标的评价结论发生矛盾时，应当以主要指标的结论为准。

如果在评价过程中发现某项目的主要指标NPV≥0，PI≥1，IRR≥i，但次要或辅助指标P>P_0或ROI<i，则可断定该项目基本上具有财务可行性；相反，如果出现NPV<0，NPVR<0，PI<1，IRR<i的情况，即使P<P_0或ROI≥i，也可基本断定该项目不具有财务可行性。

【请注意】这些规则对单一或者同一个项目适用，但是对于不同项目，不能直接采用。

二、多个互斥项目决策

企业在进行项目投资决策时常常会有多个可供选择的投资项目，企业必须从中选择一个，这就是互斥项目的投资决策问题。投资决策中的互斥项目是指在决策时涉及的多个相互排斥、不能并存的投资方案。互斥方案决策过程就是在每一个入选方案已具备财务可行性的前提下，利用具体决策方法比较各个方案的优劣，利用评价指标从各个备选方案中选出一个最优方案的过程。

互斥方案决策的方法主要有净现值法、差额投资内含报酬率法和年等额净回收额法等。

（一）净现值法

它主要适用于原始投资相同且项目计算期相等的多方案比较决策，即可以选择净现值大的方案作为最优方案。

（二）差额投资内含报酬率法

所谓差额投资内含报酬率法，是指在计算出两个原始投资额不相等的投资项目的差量现金净流量的基础上，计算出差额内含报酬率，并据以判断这两个投资项目孰优孰劣的方法。采用此方法时，当差额内含报酬率指标大于或等于基准收益率或设定贴现率时，原始投资额大的项目较优；反之，则投资额小的项目较优。差额内含报酬率与内含报酬率的计算过程一样，只是其依据的是差量现金净流量。该方法还经常被用于更新改造项目的投资决策。当该项目的差额内含报酬率指标大于或等于基准收益率或设定贴现率时，应当进行更新改造；反之，就不应当进行更新改造。

差额投资内含报酬率法适用于原始投资不同，但项目计算期相同的多方案比较决策。

（三）年等额净回收额法

年等额净回收额法是指根据所有投资项目的年等额净回收额指标的大小来选择最优项目的一种投资决策方法。某一方案年等额净回收额等于该方案净现值与相关的资本回收系数的乘积。若某方案净现值为NPV，设定折现率或基准收益率为i，项目计算期为n，则年等额净回收额可按下式计算：

$$A = NPV \cdot (A/P, i, n)$$

或

$$A=\frac{NPV}{(P/A,\ i,\ n)}$$

式中：A为该项目的年等额净回收额；（A / P，i，n）为n年、折现率为i的资本回收系数；（P / A，i，n）为n年、折现率为i的年金现值系数。采用年等额净回收额的方法是在所有投资项目中，以年等额净回收额最大的项目为优。

年等额净回收额法适用于原始投资不同，特别是项目计算期不同的多项目比较决策。

三、多个投资方案组合决策

这类决策涉及的多个项目之间不是相互排斥的关系，它们之间可以实现任意组合，具体分两种情况：

（一）资金总量不受限制的情况

在资金总量不受限制的情况下，可按每一项目的净现值大小排序，确定优先考虑的项目顺序。

（二）资金总量受到限制的情况

在资金总量受到限制时，则需按净现值率NPVR（或现值指数PI）的大小，结合净现值NPV进行各种组合排列，从中选出能使$\sum$NPV最大的组合。具体程序如下：

（1）以各方案的净现值率的高低为序，逐项计算累计投资额，并与限定投资总额进行比较。

（2）当截止到某项投资项目（假定为第j项）的累计投资额恰好达到限定的投资总额时，则第1至第j项的项目组合为最优的投资组合。

（3）若在排序过程中未能直接找到最优组合，必须按下列方法进行必要的修正：

① 当排序中发现第j项的累计投资额首次超过限定投资额，而删除该项后，按顺延的项目计算的累计投资额却小于或等于限定投资额时，可将第j项与第（j+1）项交换位置，继续计算累计投资额。这种交换可连续进行。

② 当排序中发现第j项的累计投资额首次超过限定投资额，又无法与下一项进行交换，第（j-1）项的原始投资大于第j项原始投资时，可将第j项与第（j-1）项交换位置，继续计算累计投资额。这种交换亦可连续进行。

③ 若经过反复交换，已不能再进行交换，但仍未找到能使累计投资额恰好等于限定投资额的项目组合时，可按最后一次交换后的项目组合作为最优组合。

总之，在主要考虑投资效益的前提下，多方案比较决策的主要依据就是能否保证在充分利用资金的前提下，获得尽可能多的净现值总量。

典型任务举例

实例一

已知某固定资产投资项目的原始投资为300万元，项目计算期为10年，基准投资利润率为9%，行业基准贴现率为10%，行业标准投资回收期为4年。有关投资决策评价指标分别为：ROI=11%，P=6年，NPV=8.59万元，PI=1.25，IRR=13.1%。

要求：分析该项目的财务可行性。

解：ROI = 11% > 9%，P= 6 年 > 4 年，NPV = 8.59 万元 > 0，PI = 1.25 > 1，IRR = 13.1% > i = 10%。

计算表明该方案各项主要评价指标均达到或超过相应标准，所以它具有财务可行性，只是投资回收期较长，超过了行业标准投资回收期，有一定风险。

实例二

某个固定资产投资项目需要原始投资3 000万元，有A、B、C、D四个互相排斥的备选方案可供选择，各方案的净现值指标分别为249.36万元、364.17万元、590.5万元和472.13万元。

要求：按净现值法进行比较决策。

解：按净现值法进行比较决策过程如下：

因为A、B、C、D四个备选项目方案的NPV均大于零，所以这些方案均具备财务可行性。

又因为590.5>472.13>364.17>249.36，所以C方案最优，其次为D方案，再次为B方案，最差为A方案。

实例三

某企业有两个可供选择的投资项目，其差量净现金流量见表7-3。假设行业基准贴现率为10%。

表7-3 投资项目差量净现金流量表 单位：万元

项　目	0	1	2	3	4	5
甲项目的现金净流量	-2 000	1 282.3	1 282.3	1 282.3	1 282.3	1 282.3
乙项目的现金净流量	-1 000	1 015.3	1 015.3	1 015.3	1 015.3	1 015.3
ΔNCF	-1 000	267	267	267	267	267

要求：请分析在下列两种不相关的情况下应选择哪个投资项目。

（1）该企业的行业基准贴现率i为8%；

（2）该企业的行业基准贴现率i为12%。

解：根据所给资料可知，差量现金净流量（甲项目的现金净流量-乙项目的现金净流量）如下：

ΔNCF_0=-1 000万元，$\Delta NCF_{1\text{-}5}$=267万元

（P/A，ΔIRR，5）=1 000 000÷267 000=3.7453

用试误法可求得，甲、乙两方案的差量内含报酬率ΔIRR=10.49%。

在第（1）种情况下，由于差量内含报酬率大于8%，所以应该选择甲项目。

在第（2）种情况下，由于差量内含报酬率小于12%，所以应该选择乙项目。

实例四

某企业拟投资新建一条生产线，现有三个方案可供选择：甲方案的原始投资为2 000万元，项目计算期为5年，净现值为1 200万元；乙方案的原始投资为1 500万元，项目计算期为6年，净现值为1 100万元；丙方案的原始投资为3 000万元，项目计算期为8年，净现值为-125万元。行业基准折现率为10%。

要求：按年等额净回收额法进行决策。

解：因为甲方案和乙方案的净现值均大于零，所以这两个方案具有财务可行性。

因为丙方案的净现值小于零，所以该方案不具有财务可行性，只需对甲、乙两个方案进行评价即可。

甲方案的年等额净回收额=1 200÷（P／A，10%，5）=1 200÷3.791=316.5（万元）

乙方案的年等额净回收额=1 100÷（P／A，10%，6）=1 100÷4.355=252.6（万元）

因为316.5>252.6，显然甲方案优于乙方案。

实例五

假设有A、B、C、D、E五个投资项目，有关原始投资额、净现值和内含报酬率的数据见表7-4。

表7-4　投资项目资料表　单位：万元

项　目	原始投资	净现值	内含报酬率（%）
A	150	60	18
B	100	20	21
C	100	50	40
D	50	11	19
E	50	15	35

要求：

（1）作出投资总额不受限制的组合决策；

（2）作出投资总额受到限制，分别为100万元、150万元、200万元、250万元、300万元、350万元、400万元和450万元的组合决策。

解：依题意按各方案净现值率的大小排序，并计算累计原始投资和累计净现值数据，结果见表7-5。

表7-5　累计原始投资和累计净现值计算表　单位：万元

顺序	项目	原始投资	累计原始投资	净现值	累计净现值
1	C	100	100	50	50
2	A	150	250	60	110
3	E	50	300	15	125
4	D	50	350	11	136
5	B	100	450	20	156

根据表7-5中的数据按投资组合决策原则作出如下决策：

（1）当投资总额不受限制或限制大于或等于450万元时，最优投资组合方案为A + C + B + E + D。

（2）当限定投资总额为100万元时，只能投资C项目，可获50万元净现值，比另一组合E+D的净现值合计多24万元。

（3）当限定投资总额为150万元时，最优投资组合为C + E（因为A和E可进行交换），净现值为65万元，大于其他组合：A、C + D、E + B或D + B。

（4）当限定投资总额为200万元时，最优投资组合为C + E + D（这里A与E、D分别交换一次）。采用这一组合可获净现值76万元，大于以下组合：A+E、A+D、C+B、E+D+B。

（5）当限定投资总额分别为250万元、300万元和350万元时，最优投资组合分别为C+A、C+A+E、C+A+E+D。

（6）当限定投资总额为400万元时，最优的投资组合为C+A+E+B（这里D与B交换一次），获得净现值145万元，大于C+A+B+D组合的净现值141万元。

同步训练

一、判断题（正确的在括号内打“√”，错误的打“×”）

（ ）1.对于一个项目来说，只要NPV大于0，无论投资回收期评价结论如何，该项目都是可行的。

（ ）2.对互斥项目进行选择时，净现值最大的项目一定是最佳项目。

（ ）3.对于同一个项目的主要指标与次要指标得到的结论肯定是一致的。

（ ）4.对于投资金额和期限不同的项目，可用年等额净回收额来比较项目优劣。

（ ）5.差额内含报酬率法是根据两个项目的现金流量差额计算其差额现金流量净现值，以此作为选择项目的依据。

二、选择题（每题至少有一个正确答案，请将正确答案填在括号内）

1.一个独立项目可行的条件是（ ）。

A.投资回收期<标准回收期　　B.投资利润率> 资金成本

C.NPV>0　　D.NPV<0

2.对于同一个项目的财务可行性进行评价，下列各项指标的结论肯定一致的是（ ）。

A.回收期　B.投资利润率　C.净现值　D.内含报酬率

3.年等额净回收额法是指根据所有投资项目的年等额净回收额指标的大小来选择最优项目的一种投资决策方法。某一方案年等额净回收额等于该方案（ ）与相关的资本回收系数的乘积。

A.净现金流量　B.净现值　C.净利润　D.现金流入量

4.对于多个投资方案组合的决策，在资金总量不受限制的情况下，可按每一项目的（　　）大小排序，确定优先考虑的项目顺序。

A.净现值　　B.净现值率　　C.内含报酬率　　D.现值指数

5.对多个投资方案组合进行决策，当资金总量受到限制时，需按（　　）的大小，结合净现值进行各种组合排列，从中选出能使 $\sum$ NPV 最大的组合。

A.净现值　　B.净现值率　　C.内含报酬率　　D.现值指数

三、计算分析题

1.某公司需要新建一个项目，该项目的折现率为10%。现有甲、乙两个备选方案，相关资料如下：

甲方案的原始投资额为1 000万元，在建设起点一次投入，项目的计算期为6年，净现值为150万元。

乙方案的原始投资额为950万元，在建设起点一次投入，项目的计算期为4年，建设期为1年，运营期每年的净现金流量为500万元。

（P/A，10%，3）=2.4869；（P/ F，10%，1）=0.9091；（P/ A，10%，6）=4.3553；（P/A，10%，4）=3.1699。

要求：

（1）计算乙方案的净现值；

（2）用年等额净回收额法作出投资决策。

2.某公司有A、B两种投资方案，假设折现率为10%，其他相关资料见表7-6。

表7-6　相关资料　单位：元

投资方案	0	1	2
A	-10 000	3 000	12 000
B	-10 000	5 000	7 000

A方案：当I=28%时，NPV_1=-331.3元；当I=24%时，NPV_2=224.3元。

B方案：当I=14%时，NPV_1=-227.5元；当I=12%时，NPV_2=44.9元。

要求：计算两种投资方案的净现值、净现值率和内部收益率。

参考答案

项目小结

本项目主要知识点归纳总结见表7-7。

表7-7 本项目主要知识点归纳总结

主要知识点	内容	
长期投资决策的程序	投资项目的提出	新增生产能力的投资项目由企业的高层管理者提出，更新改造的投资项目可以由企业中层或基层管理者提出
	投资项目的可行性分析	国民经济可行性分析 财务可行性分析 技术可行性分析
	投资项目的决策	投资额特别大的项目应由董事会或股东大会投票表决；投资额较小的项目，则可以由企业的经理层作出决策
	投资项目的实施与控制	确保投资项目保质保量完成
长期投资决策的类型	按照项目之间的相互关系分类	独立项目和相关项目
	按照投资效果分类	扩大收入型投资和降低成本型投资
	按照项目间的风险程度分类	确定性投资和风险性投资
复利的终值和现值	复利终值	$F=P\cdot(1+i)^{n}$
	复利现值	$P=F/(1+i)\ n=F\cdot(1+i)^{-n}$
年金的分类	普通年金	普通年金是指从第一期起，在一定时期内每期期末等额发生的系列收付款项，又称后付年金
	预付年金	预付年金是指从第一期起，在一定时期内每期期初等额收付的系列款项，又称即付年金或先付年金
	递延年金	递延年金是指第一次支付发生在第二期或第二期以后的年金
	永续年金	永续年金是指无限期定额支付的年金
普通年金	普通年金终值	$F=A\cdot(F/A,\ i,\ n)$
	普通年金现值	$P=A\cdot(P/A,\ i,\ n)$
预付年金	预付年金终值	$F=A\cdot[(F/A,\ i,\ n+1)-1]$
	预付年金现值	$P=A\cdot[(P/A,\ i,\ n-1)+1]$

续表

主要知识点	内　容	
递延年金	递延年金终值	递延年金终值的计算方法和普通年金终值的计算方法相似
	递延年金现值	P=A·（P/A，i，n-m）（P/F，i，m）
		P=A·［（P/A，i，n）-（P/A，i，m）］
永续年金	永续年金终值	由于永续年金没有终止时间，因此永续年金没有终值，只有现值
	永续年金现值	P=A×1÷i
长期投资决策的评价方法	非贴现的投资评价方法	静态投资回收期法 投资利润率法
	贴现的投资评价方法	净现值法 现值指数法 内含报酬率法
静态投资回收期法	$\sum_{t=0}^{P} NCF_t = 0$ （其中P为整数）	如果备选项目的投资回收期大于标准回收期，则不宜采纳 优点：（1）计算简便，选择标准直观，易于理解；（2）将对现金净流量的预测重点放在“近期”，有利于控制投资风险 缺点：（1）没有考虑资金的时间价值，这种缺陷可以用贴现投资回收期法弥补；（2）没有考虑回收期满后的现金流量状况，可能导致决策者优先考虑急功近利的投资项目
	$P = P_0 + \frac{\left\|\sum_{t=0}^{P_0} NCF_t\right\|}{NCF_{P_0+1}}$	
投资利润率法	ROI=P÷I×100%	如果投资项目的投资利润率高于企业要求的最低收益率或无风险收益率，则该项目可行；如果投资项目的投资利润率低于企业要求的最低收益率或无风险收益率，则该项目不可行
净现值法	$NPV=\sum_{t=0}^{n}\frac{NCF_t}{(1+i)_t}$	（1）当进行单项决策时，若NPV≥0，则项目可行；若NPV<0，则项目不可行 （2）当进行多项目互斥投资决策时，在净现值大于零的投资项目中，选择净现值较大的投资项目
现值指数法	$PI=\frac{\sum_{t=s+1}^{n} NCF_t\cdot(P/F,\ i,\ t)}{\left\|\sum_{t=0}^{S} NCF_t\cdot(P/F,\ i,\ t)\right\|}$	如果PI≥1，则该投资项目行；如果PI<1，则该投资项目不可行；如果几个投资项目的现值指数都大于1，那么现值指数越大，投资项目越好

续表

主要知识点	内 容	
内含报酬率法	$NPV=\sum_{t=0}^{n}\frac{NCF_t}{(1+IRR)^t}=0$ 内含报酬率的计算是解一个n次方程，通常采用试误法来求出IRR的值	(1) 当内含报酬率≥资金成本率（或预期收益率）时，项目可行；否则项目不可行 (2) 当进行多项目互斥决策时，内含报酬率越大越好
独立项目的投资决策	完全具备财务可行性	(1) 净现值NPV≥0；(2) 现值指数PI≥1；(3) 内含报酬率IRR≥i（i为资金成本或行业基准投资利润率）；(4) 投资回收期小于标准投资回收期，即$P<P_0$（P_0为标准投资回收期），投资利润率ROI≥i
	不具备财务可行性	同时发生以下情况：NPV<0，PI<1，IRR<i，$P>P_0$，ROI<i
	当静态投资回收期或投资利润率的评价结论与净现值等主要指标的评价结论发生矛盾时	如果在评价过程中发现某项目的主要指标NPV≥0，PI≥1，IRR≥i，但次要或辅助指标$P>P_0$或ROI<i，则可断定该项目基本上具有财务可行性；相反，如果出现NPV<0，NPVR<0，PI<1，IRR<i的情况，即使$P<P_0$或ROI≥i，也可基本断定该项目不具有财务可行性
多个互斥项目的比较与优选	净现值法	主要适用于原始投资相同且项目计算期相等的多方案比较决策，即可以选择净现值大的方案作为最优方案
	差额投资内含报酬率法	当差额内含报酬率指标大于或等于基准收益率或设定贴现率时，原始投资额大的项目较优；反之，则投资额小的项目较优
	年等额净回收额法	在所有投资项目中，以年等额净回收额最大的项目为优
多个投资方案组合的决策	在资金总量不受限制时	在资金总量不受限制的情况下，可按每一项目的净现值NPV大小排序，确定优先考虑的项目顺序
	在资金总量受到限制时	按净现值率NPVR（或现值指数PI）的大小，结合净现值NPV进行各种组合排列，从中选出能使$\sum NPV$最大的组合

项目八

全面预算

【学习目标】

1. 掌握预算的概念及作用
2. 掌握全面预算的内容
3. 掌握全面预算的编制方法
4. 掌握预算的管理体系
5. 熟悉全面预算的组织
6. 掌握预算的编制、执行、反馈与调整
7. 掌握经营预算及其编制
8. 掌握财务预算及其编制

【素养目标】

1. 全面细致地做好预算，兼顾各方利益，实现企业与社会的协调发展
2. 制定全面预算，提高企业日常与战略管理的积极性和主动性，增加企业和社会财富

【知识点】

预算的概念　全面预算体系　经营预算　专门决策预算　财务预算　固定预算　弹性预算　增量预算　零基预算　定期预算　滚动预算　销售预算　生产预算　直接材料预算　直接人工预算　制造费用预算　销售与管理费用预算　产品成本预算　现金预算　预计利润表　预计资产负债表　预计现金流量表

【技能点】

编制销售预算　编制生产预算　编制直接材料预算　编制直接人工预算　编制制造费用预算　编制销售与管理费用预算　编制产品成本预算　编制现金预算　编制预计利润表　编制预计资产负债表

案例导入

金河生物：2023年度财务预算方案

根据金河生物公司（以下简称“公司”）中长期战略规划及董事会对年度预算的总体要求，编制公司2023年度财务预算方案如下：

一、主要财务预算指标

1. 实现营业收入262 809.61万元。

2. 实现利润总额21 948.04万元。

预算编制范围：略。

二、基本假设

1. 公司所遵循的国家和地方的现行有关法律、法规和制度无重大变化。

略。

三、预算编制说明：

1. 产量：根据2023年市场预测，具体品种、规格以销定产。

2. 销量和销售价格：依据内、外销现有客户订单及对市场的分析判断确定。

略。

2023年度财务预算方案无法预计，故2023年财务费用预算数未考虑汇兑损益的影响。2023年度，公司将依托产业结构和布局的战略调整，依托区域优势和规模优势，降低生产成本；统筹国内外市场布局，加大市场营销力度，进一步巩固其行业龙头地位，主导市场定价话语权；积极推进新产品研发工作，利用现有营销网络，开展电商平台销售，大力开发终端客户。

四、公司2023年度财务预算与2022年度经营成果比较表（单位：万元）

项 目	2023年计划数	2022年实际数	增减变动率（%）
一、营业收入	262 809.61	212 270.53	23.81%
减：营业成本	182 206.32	150 891.26	20.75%
销售费用	15 842.98	13 071.66	21.20%
管理费用	26 079.62	23 897.65	9.13%
研发费用	9 450.46	8 228.46	14.85%
财务费用	6 823.58	723.51	843.12%
二、利润总额	21 948.04	11 884.48	84.68%
三、净利润	19 873.41	11 804.05	68.36%
四、归属于母公司股东的净利润	18 642.03	7 554.34	146.77%
五、归属于上市公司股东的扣除非经常性损益的净利润	17 620.51	6 903.84	155.23%

上述财务预算为公司2023年度经营计划的内部管理控制考核指标，并不代表公

司对2023年度的盈利预测。能否实现取决于市场状况变化、经营团队的努力程度等多种因素，存在很大的不确定性，请投资者特别注意。

资料来源：金河生物科技股份有限公司董事会．金河生物：2023年度财务预算方案［EB/OL］．［2023-05-25］．https：//vip. stock. finance. sina. com. cn/corp/view/vCB_AllBulletinDetail. php？ stockid=002688&id=9046705.

思考：

（1）公司编制预算有什么作用？

（2）金河生物此处提供的预算表主要是什么预算？

分析：

（1）预算能够起到明确工作目标、协调部门关系、控制日常活动和确定业绩考核标准的作用。

（2）金河生物提供了2023年的利润表预算。

任务一　全面预算认知

知识准备

现代企业要在未来达到并完成预定的经营目标、保证企业最优决策方案的贯彻与执行，需要从其战略角度统筹安排各种资源。全面预算既是企业决策的具体化，又是对生产经营活动进行控制和考核的依据。全面预算与企业的经营决策和投资决策既相互联系，又相互作用，通过编制全面预算保证企业目标的实现，已是现代企业管理的大势所趋。

一、全面预算的含义与作用

（一）全面预算的含义

预算是指企业在科学的生产经营预测与决策的基础上，用价值和实物等多种指标反映企业未来一定时期内的生产经营状况、经营成果及财务状况等的一系列具体计划。预算既是计划工作的结果，又是控制生产经营活动的依据。

全面预算是指在预测与决策的基础上，按照企业既定的经营目标和程序，规划与反映企业未来的销售、生产、成本、现金收支等各方面活动，以便对企业特定计划期内全部生产经营活动有效地作出具体组织与协调，最终以货币为主要计量单位，通过一系列预计的财务报表及附表展示其资源配置情况的有关企业总体计划的数量说明。

全面预算的编制需要以预测的结果为根据，并受到预测质量的制约。全面预算必须服从决策目标的要求，使决策目标具体化、系统化、定量化。

【知识窗】坚持系统观念与企业全面预算

习近平总书记在党的二十大报告中指出："必须坚持系统观念。万事万物是相互联系、相互依存的。只有用普遍联系的、全面系统的、发展变化的观点观察事物，才能把握事物发展规律。我国是一个发展中大国，仍处于社会主义初级阶段，正在经历广泛而深刻的社会变革，推进改革发展、调整利益关系往往牵一发而动全身。我们要善于通过历史看现实、透过现象看本质，把握好全局和局部、当前和长远、宏观和微观、主要矛盾和次要矛盾、特殊和一般的关系，不断提高战略思维、历史思维、辩证思维、系统思维、创新思维、法治思维、底线思维能力，为前瞻性思考、全局性谋划、整体性推进党和国家各项事业提供科学思想方法。"

现代企业要在未来达到并完成预定的经营目标、保证企业最优决策方案的贯彻与执行，需要从其战略角度统筹安排各种资源。企业无论是进行战略规划还是日常经营，必须用系统观念指导预算及其执行。

（二）全面预算的作用

全面预算作为企业管理当局对未来生产经营活动的总体规划，其作用主要表现在以下几个方面。

1.明确工作目标

预算作为一种计划，规定了企业一定时期的总目标及各级各部门的具体目标。这样就使各个部门能够了解本单位的经济活动与整个企业经营目标之间的关系，明确各自的职责及努力方向，从各自的角度去完成企业的总体战略目标。

2.协调部门关系

全面预算把企业各方面的工作纳入统一计划之中，促使企业内部各部门的预算相互协调、环环相扣、达到平衡，在保证企业总体目标最优的前提下，组织各自的生产经营活动。

3.控制日常活动

编制预算是企业经营管理的起点，也是控制日常经济活动的依据。在预算的执行过程中，各部门应通过计量、对比，及时揭露与实际脱离的差异并分析其原因，以便采取必要措施，消除薄弱环节，保证预算目标的顺利完成。

4.考核业绩标准

企业预算确定的各项指标，也是考核各部门工作成绩的基本尺度。在评定各部门工作业绩时，要根据预算的完成情况，分析偏离预算的程度和原因，划清责任，奖惩分明，促使各部门为完成预算规定的目标而努力工作。

【请注意】预算属于计划，但不能将所有计划都视同预算。

【育德于技8-1】上汽集团预算管理工作

背景：上海汽车集团股份有限公司（简称"上汽集团"，股票代码600104）主要业务包括整车的研发、生产和销售，正积极推进新能源汽车、互联网汽车的商业化，并开展智能驾驶等技术的研究和产业化探索，零部件的研发、生产、销售，物流、汽车电商、出行服务、节能和充电服务等移动出行服务业务，汽车相关金融、保险和投资业务，海外经营和国际商贸业务，并在产业大数据和人工智能领域积极布局。

上汽集团通过有效运用全面预算管理工具，为集团经营目标的合理制定和有效执行提供了坚实的数据基础。全面预算管理作为上汽集团的特色管理应用实践，有以下四个特点：一是管理层视预算管理为重心，不仅专设预算管理委员会，还由集团总裁亲自牵头部署和下达预算工作；二是重点突出"全面"，上汽集团独创并长期实践"人人成为经营者"的管理模式，将每个员工或若干员工组成的基准单位，设定为独立核算的"经营体"，将核算单位分解细化为企业相关管理资源和技术资源的最小利用单位；三是始终将预算跟踪和分析作为预算管控的重点，不仅关注数据，更深入挖掘造成偏差的经营实质，为管理层决策提供支持；四是推行全面预算管理信息化。

2022年，上汽集团实现整车销售530.3万辆，连续17年保持全国第一；自主品牌整车销量达到278.5万辆，占公司总销量的52.5%；新能源汽车销量达到107.3万辆，同比增长46.5%；海外市场销量达到101.7万辆，同比增长45.9%，整车出口连续7年保持国内行业第一。上汽集团率先成为中国首个新能源汽车和海外市场年销量"双百万辆"的汽车集团。2022年8月，上汽集团以2021年度1 209亿美元的合并营业收入，名列《财富》杂志"世界500强"第68位，在此次上榜的中国汽车企业中继续领跑。这是上汽集团自2014年首次入围前一百强以来，连续第9年稳居百强名单。

资料来源：佚名. 公司介绍［EB/OL］.［2023-05-25］. https：//www.saicmotor.com/m/gsgk/gsjs/index.shtml.

佚名. 管理会计在12家企业集团的12个应用案例［EB/OL］.［2023-05-25］. https：//www.sohu.com/a/258576542_768760.

问题：请简要评述上汽集团的预算管理工作。

分析："凡事预则立，不预则废"——这是企业进行预算管理的重要依据。同时，企业在发挥预算管理的功能时，要注重企业的长远利益和整体利益，上汽集团预算管理工作提高了集团公司的经营效率，为企业竞争力和地位的提升作出了不可或缺的贡献，符合爱岗敬业和企业和谐发展的要求。

二、全面预算的内容

全面预算是由一系列预算按其经济内容及相互关系排列组成的有机体。预算的编制方法随企业的性质和规模不同而不尽相同，但一个完整的全面预算的组成内容在各个不同的企业中基本是一致的。完整的全面预算一般包括经营预算、专门决策预算和财务预算三个组成部分。

（一）经营预算

经营预算，是指与企业日常经营业务直接相关的具有实质性的基本活动的一系列预算的统称，有时也称之为业务预算，一般为短期预算。它主要包括销售预算、生产预算、直接材料预算、应交税金预算、销售税金及附加预算、直接人工预算、制造费用预算、产品成本预算、期末存货成本预算、销售费用及管理费用预算。

（二）专门决策预算

专门决策预算，是指企业为那些在预算期内不经常发生的、一次性的经济活动所编制的预算。与在日常经营业务基础上编制的经营预算和财务预算不同，专门决策预算所涉及的不是经常预测和决策事项，因其一般为长期或不定期编制的预算，针对性较强。专门决策预算又可以分为经营决策预算和投资决策预算。

（三）财务预算

财务预算，是指反映预算期内现金收支、经营成果和财务状况的预算。财务预算主要包括现金预算、财务费用预算、预计利润表、预计资产负债表。

在以上三种预算类别中，财务预算的综合性最强，各种经营预算和专门决策预算最终反映在财务预算中，它是全面预算体系的最后环节，能够从价值方面总括地反映经营预算和专门决策预算的结果。显然，财务预算在全面预算体系中占有举足轻重的地位；但是，财务预算中的各项指标又依赖于经营预算和专门决策预算。由此可见，经营预算和专门决策预算是财务预算的基础。

三、全面预算的编制方法

（一）固定预算与弹性预算

从预算编制的不同角度，可以将预算编制分为若干种类。

预算编制按其业务量基础的数量特征不同，可分为固定预算和弹性预算两大类。

1. 固定预算

固定预算，又称静态预算，是指以预算期内正常的、可实现的某一业务量（如生产量、销售量、采购量）水平作为唯一基础来编制预算的方法。

这种预算编制方法的特点是：以事先确定的某一个业务量水平为编制基础，这一业务量水平是综合各种因素之后所做的判断，有时与实际业务量存在误差，甚至差异较大。因此，当业务量水平不稳定时，编制固定预算难以满足预算管理对外部市场环境的适用性要求，造成预算与市场的脱节；更为重要的是，当实际业务量与预算业务量发生较大差异时，有关预算指标的实际数与预算数就会因业务量基础不同而失去可比性，不利于正确地控制、考核和评价企业预算的执行情况，难以发挥预算的内部管理功能。所以，固定预算的应用范围较小，只适合那些业务量水平较为稳定的企业或非营利组织编制预算时采用。

2. 弹性预算

弹性预算，是指企业在不能准确预测业务量的情况下，在成本性态分析的基础上，以业务量、成本和利润之间的数量关系为依据，按照预算期可预见的各种业务量水平，编制能够适应多种业务水平的预算的方法。

弹性预算的特点是：（1）弹性预算是按一系列业务水平编制的，从而扩大了预算的适用范围。也就是说，弹性预算不像固定预算那样，只适应一个业务量水平，而是能够随业务量水平的变动而做机动调整的一组预算。（2）弹性预算是按成本的性态分类列示的，便于在计划期末计算实际业务量的预算额，从而能够使预算执行情况的评价和考核建立在更加客观和可比的基础上，便于更好地发挥预算的控制作用。（3）弹性预算适用于编制所有与业务量有关的预算，但从现实角度看，主要用于编制弹性成本费用预算和弹性利润预算。

（二）增量预算和零基预算

预算编制按其出发点的特征不同，可分为增量预算和零基预算两大类。

1. 增量预算

增量预算，是指以基期成本费用水平为基础，结合预算期业务量水平及有关降低成本的措施，通过调整有关原有费用项目而编制预算的方法。

增量预算以过去的经验为基础，实际上是认为过去的各项费用开支项目及水平都是合理的，而不必在预算内容上作出调整。这种预算方法的不足非常明显：首先，编制预算时，通常是以以前的成本项目及水平为基础稍做调整进行编制，可能使原来一些不合理的成本开支项目继续保留，造成预算上的浪费；其次，按照这种方法编制的成本费用预算，可能因没有考虑未来情况的变化而造成一些未来实际需要开支的项目预算不足，不利于企业的长期发展。这种预算的最大优点是预算编制工作简单，不需要大量时间及精力，编制速度快。

2. 零基预算

零基预算，即以零为基础编制预算的方法，是指在编制成本费用预算时，不考虑以往预算期间内所发生的费用项目及费用水平，而是一切从预算期实际需要与可能出发，逐项审议预算期内各项费用的内容及开支标准是否合理、是否符合企业目标，在综合平衡的基础上编制费用预算的一种方法。这种预算方法是为克服增量预算的缺点，最初由美国德州仪器公司的彼得·派尔在20世纪60年代末提出的，现已被西方国家广泛采用，成为管理间接费用的一种新的有效方法。

零基预算的特点是：（1）零基预算不受以前预算期的成本费用项目及水平的限制，一切从预算期的实际出发，不仅可以促进企业提高资源配置的效率，而且对一切费用一视同仁，有利于企业面向未来全面考虑各种成本费用的预算问题，有利于企业的长期发展。（2）零基预算的方法可以充分发挥各级管理人员的积极性、主动性和创造性，促进各预算部门精打细算，合理使用资金，提高资金的利用效率。

但零基预算的主要缺点是工作量较大，编制时间较长。在编制成本费用预算时，需要进行大量的基础工作，如进行历史分析、现状分析及未来分析，工作量极大。在实践中，为简化零基预算的工作量，一般不需要每年都按这种方法编制预算，而是每隔几年才按此方法编制一次预算。

（三）定期预算和滚动预算

预算编制按其预算期的时间特征不同，可分为定期预算和滚动预算两大类。

1. 定期预算

定期预算，是指在编制预算时以不变的会计期间（如日历年度）作为预算期的一种编制预算的方法。

定期预算的优点在于能够使预算期与会计年度相配合，便于考核和评价预算的执行结果。按照定期预算方法编制预算的主要缺点是：（1）缺乏远期指导性。因为定期预算往往是在年初或提前两三个月编制的，对于整个预算年度的生产经营情况很难作出准确估计，尤其是预算后期的预算更不准确，给预算的执行带来困难，不利于预算执行情况的考核与评价。（2）定期预算不能随情况的变化及时作出调整，比较机械，缺乏灵活性，当经营活动在预算期内发生重大变化时，所做的预算将无任何意义。

2.滚动预算

滚动预算，又称连续预算，是指在编制预算时，将预算期与会计年度相脱离，随着预算的执行不断延伸补充预算，逐期向后滚动。其具体做法是：每过一个季度（或月份），立即根据前一个季度（或月份）的预算执行情况对以后季度（或月份）的预算进行修订，并增加一个季度（或月份）的预算。如此以逐期向后滚动、连续不断的预算形式规划企业未来的经营活动。

滚动预算按其预算编制和滚动的时间单位不同可分为逐月滚动、逐季滚动两种方式。逐月滚动方式是指在预算编制过程中，以月份为预算的编制和滚动单位，每个月调整一次预算的方法。例如，在2021年1月至12月的预算执行过程中，需要在2021年1月末根据当月预算的执行情况，修订2021年2月至12月的预算，同时补充2022年1月的预算；到2021年2月末可根据当月预算的执行情况，修订2021年3月至2022年1月的预算，同时补充2022年2月的预算……以此类推。以这种滚动方式编制的预算比较准确，但预算的编制工作量太大。逐季滚动方式是指在预算编制过程中，以季度为预算编制和滚动的单位，每个季度调整一次预算的方法。以这种滚动方式编制的预算准确性不如逐月滚动方式，但预算的工作量小。

滚动预算克服了定期预算的缺点，实现了与日常管理的紧密衔接，能够帮助管理人员从动态的角度把握企业近期的规划目标和远期的战略需要。而且，滚动预算能够根据前期预算的执行情况，结合各种因素的变动影响，及时调整和修订近期预算，从而使预算更加切合实际，能够充分发挥预算的指导和控制作用。但这种预算编制方法的最大缺点是工作量较大。

（四）预算方法与各种预算之间的关系

预算方法与全面预算体系中的各种预算是相互区别又有联系的关系。

1.预算方法与各种预算的区别

（1）归属的内容不同

本节所介绍的六种预算方法分别归属于三种类型，固定预算方法与弹性预算方法属于一类，增量预算方法与零基预算方法属于一类，定期预算方法与滚动预算方法属于一类。只有同类中的不同预算方法才可以相互比较。其中，固定预算方法、增量预算方法和定期预算方法都属于传统的预算方法；滚动预算方法、弹性预算方法和零基预算方法则属于为克服传统预算方法的缺点而设计的先进预算方法。

而全面预算体系中的各种具体预算则分别归属于经营预算、专门预算和财务预算三种类型。每一种预算都可以与其他类型中的任何预算进行比较，不受限制。

（2）命名的规则不同

预算方法在命名时，突出了该种方法的本质特征，如弹性预算方法强调了预算编制所依据的多个业务量基础，滚动预算方法则突出了预算期连续滚动的特征。

而全面预算体系中的各种具体预算在命名时反映了预算的具体内容，这一点在经营预算中尤为突出，如销售预算的内容主要是销售收入，生产预算的内容则是产量。

2.预算方法与各种预算的联系

任何一种预算方法只有通过编制具体的预算才能发挥作用，如弹性预算方法不仅可以用于成本预算的编制，也可以用于利润预算的编制。同样，在实践中根本不可能存在既不按照固定预算方法也不按照弹性预算方法编制的成本或费用预算。

此外，即使是不同类型的预算方法之间也并非完全相互排斥的关系。在编制某一特定内容的预算过程中，完全有可能既采取弹性预算方法，又采取滚动预算方法。

【动脑筋】财务预算与财务会计提供的资产负债表、利润表和现金流量表有什么异同？

同步训练

一、判断题（正确的在括号内打“√”，错误的打“×”）

（　　）1.财务预算作为全面预算体系中的最后环节，可以从价值方面总括地反映经营期决策预算与业务预算的结果，财务预算属于总预算的一部分。

（　　）2.财务预算具有资源分配的功能。

（　　）3.零基预算是指在编制预算时，对于所有的预算支出均以零为基础，不考虑其以往情况如何，从根本上研究、分析每项费用是否有支出的必要性和支出数额的大小。

（　　）4.在编制零基预算时，应以企业现有的费用水平为基础。

（　　）5.增量预算与零基预算相比能够调动各部门降低费用的积极性。

二、选择题（每题至少有一个正确答案，请将正确答案填在括号内）

1.财务预算是一系列专门反映企业未来一定预算期内预计财务状况和经营成果以及现金收支等价值指标的各种预算的总称，下列属于财务预算的是（　　）。

A.现金预算　　B.财务费用预算　　C.预计利润表　　D.预计利润分配表

2.全面预算具体包括（　　）。

A.经营决策预算　　B.投资决策预算　　C.日常业务预算　　D.财务预算

3.财务预算的主要作用包括（　　）。

A.明确工作目标　　B.协调部门关系　　C.控制日常活动　　D.考核业绩标准

4.滚动预算按照预算编制和滚动的时间单位不同分为（　　）。

A.逐月滚动　　B.逐季滚动　　C.逐年滚动　　D.混合滚动

5.滚动预算的优点包括（　　）。

A.透明度高　　B.及时性强　　C.连续性好　　D.完整性突出

参考答案

任务二　建立全面预算管理系统及管理程序

知识准备

一、预算的管理体系

建立健全的预算组织体系是企业开展全面预算管理工作的基础环境之一。由于全面预算管理是一项复杂的系统工程，所以需要有一个健全的组织体系来保障预算管理各环节能够有效顺畅运行。预算部门包括预算管理委员会、计划/预算管理部等部门，具体组织结构如图 8-1 所示。

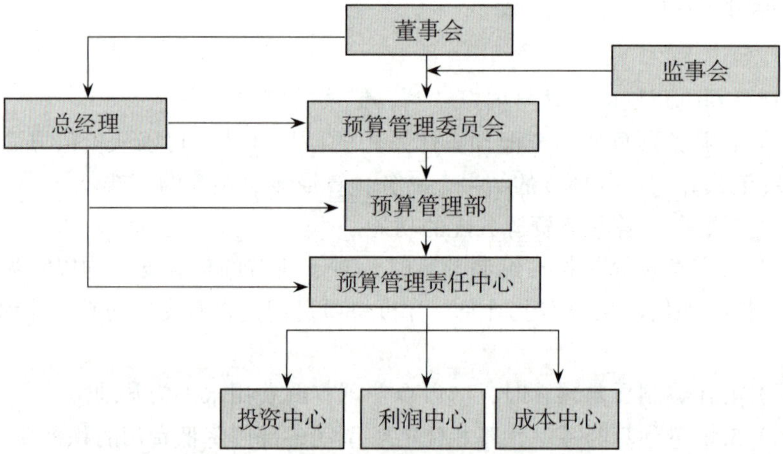

图8-1　预算组织结构

其中，预算的决策机构为董事会和预算管理委员会，预算的日常组织机构为预算管理部及各级财务部门，预算的执行部门为各责任中心。此外，预算的监控机构为各级财务部门和审计部门，预算的考核机构一般为人力资源部门和财务部门。

二、全面预算的组织

全面预算管理组织体系由全面预算管理的决策机构、工作机构和执行机构三个层面组成，是承担着预算编制、审批、执行、控制、调整、监督、核算、分析、考评及奖惩等一系列预算管理活动的主体。它是全面预算管理有序开展的基础环境，企业全面预算管理能否正常运行并发挥作用，全面预算管理的组织体系将起到关键性的主导作用。

预算管理决策机构是指组织领导企业全面预算管理的最高权力组织；预算管理工作机构是指负责预算的编制、审查、协调、控制、调整、核算、分析、反馈、考评与奖惩的组织机构；预算管理执行机构是指负责预算执行的各个责任预算执行主体。

（一）预算管理决策机构

企业董事会或类似机构应当对企业预算的管理工作负总责。企业董事会或经理办公会可以根据情况设立预算委员会或指定财务管理部门负责预算管理事宜，并对企业法定代表人负责。

预算委员会或财务管理部门主要拟定预算的目标、政策，制定预算管理的具体措施和办法，审议、平衡预算方案，组织下达预算，协调解决预算编制和执行中的问题，组织审计、考核预算的执行情况，督促企业完成预算目标。

其主要职责为：

（1）审议有关预算管理的制度、规定和政策；

（2）根据董事会下达的经营战略和规划，预测、制定并审议通过集团及其所属机构的预算控制总体目标；

（3）审查集团的整体预算方案、审查所属各单位的预算草案，并就必要的修正提出意见与建议；

（4）在预算编制和执行过程中，对各单位发生的分歧、矛盾或问题进行协调、调解和仲裁；

（5）审查预算考核方案；

（6）经审议通过的预算呈董事长审批，董事长审批后下达执行；

（7）接受预算分析报告，并提出对预算工作的改进意见与建议。

（二）预算管理工作机构

预算管理工作机构是企业预算管理工作的常设管理机构，其主要职责一般包括：

（1）制定预算管理的有关制度、规定和政策，并报经预算管理委员会审批；

（2）指导并组织各预算责任中心进行预算编制，对各预算责任单位编制的预算草案进行审查、评价、协调和平衡，并提出具体的指导意见；

（3）对预算草案进行汇总，并编制集团的总预算，上报预算管理委员会；

（4）制订预算考核方案；

（5）监督各预算责任中心执行预算，对各预算责任单位预算的执行情况进行事中和事后的监督检查；

（6）协助预算管理委员会对预算冲突进行协调、仲裁、评判，对预算执行结果进行考核评价，兑现考核，分析各层次的预算分析报告，写出汇总的预算分析报告，报预算管理委员会。

（三）预算管理执行机构

企业内部生产、投资、物资、人力资源、市场营销等职能部门具体负责本部门业务涉及的预算编制、执行、分析等工作，并配合预算委员会或财务管理部门做企业总预算的综合平衡、协调、分析、控制与考核等工作。其主要负责人参与企业预算委员会的工作，并对本部门的预算执行结果承担责任。

三、预算的编制、执行、反馈与调整

（一）预算的编制程序

企业编制预算，一般应按照“上下结合、分级编制、逐级汇总”的程序进行。

1. 下达目标

企业董事会或经理办公会根据企业发展战略和对预算期经济形势的初步预测，在决策的基础上提出下一年度企业财务预算目标，包括销售目标、成本费用目标、利润目标和现金流量目标，并确定财务预算编制的政策，由预算管理层下达各部门。

2. 编制上报

各部门按照预算管理层下达的财务预算目标和政策，结合自身特点及预测的执行条件，提出详细的本部门财务预算方案，上报企业财务管理部门。

3. 审查平衡

企业财务管理部门对各部门上报的财务预算方案进行审查、汇总，提出综合平衡的建议。在审查、平衡过程中，预算管理层应当进行充分协调，对发现的问题提出初步调整的意见，并反馈给各有关部门予以修正。

4. 审议批准

企业财务管理部门在各部门修正调整的基础上，编制出企业财务预算方案，报预算管理层讨论。对于不符合企业发展战略或者财务预算目标的事项，企业预算管理层应当责成有关部门进一步修订、调整。在讨论、调整的基础上，企业财务管理部门正式编制企业年度财务预算草案，提交董事会或总经办审议批准。

5. 下达执行

企业财务管理部门将董事会或总经办审议批准的年度总预算分解成一系列的指标体系，由财务预算管理层逐级下达各部门执行。

（二）预算的执行

预算一经批复下达，各部门就必须认真组织实施，将财务预算指标层层分解，从横向和纵向落实到各部门、各环节和各岗位，形成全方位的财务预算执行责任体系（如图8-2所示）。

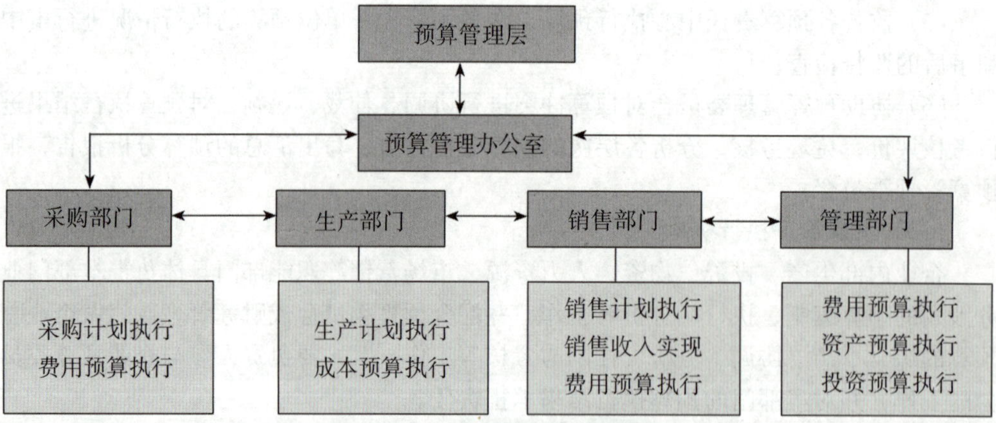

图8-2 财务预算执行责任体系

（三）预算的控制反馈

每月月初，财务部门根据预算和预算执行进度给各部门下达财务指标，指导业务部门制订本月业务计划。

月份期间，财务部门根据下达的财务指标对各级业务部门的日常业务进行监督和审核，保障预算目标的实现。

月末，财务部门根据考核依据对本月的预算实现情况进行评价调整，把情况及时反馈给总经理或管理层，指导下一月度的预算计划。

（四）预算执行情况分析

预算管理层、办公室及财务管理部门对预算的执行情况按月度、季度进行分析，着重分析利润预算、资本性支出预算、现金流量预算的完成情况，对当期实际发生数与预算数之间存在的差异，无论是有利的还是不利的，都要认真分析其成因，而且要写明拟采取的改进措施。预算分析的重点是差异的原因及应采取的措施。

1. 调整经营活动，采取相应的预算控制方式

结合公司为消除不利差异所做的调整，由预算部门对初始编定的后续月度预算进行调整，以保证在完成年度预算的目标下，月度预算能够及时反映经营活动的变化，以便于实施控制与考核。调整后的预算报预算管理层审批，涉及年度预算目标的项目，报董事会审批。

2. 调整后续月度/季度的经营预算

由内部可控因素引起的不利预算差异，应由对应的责任部门调整其经营活动，采取措施，消除差异产生的原因，并尽可能在后续月度内消化已形成的预算差异。相应地，预算控制部门对上述责任部门/经营活动要加强预算控制力度。

3. 记录责任部门的经营业绩

已形成的差异将根据其成因的性质计入对应责任部门的业绩，同时，后续月度的考核指标也要随月度预算的调整进行相应的修正，以利于责任部门消除不利差异。

【动脑筋】预算考核起到什么作用？

【育德于技8-2】新大正2022年度财务决算报告

背景：新大正物业集团股份有限公司（以下简称公司）2022年度实现营业收入259 810.60万元，比上年同期增长24.41%；利润总额22 153.94万元，比上年同期增长11.49%；归属于上市公司股东的净利润18 566.25万元，比上年同期增长11.80%；归属于上市公司股东的扣除非经常性损益的净利润16 262.07万元，比上年同期增长8.50%。

公司2022年财务报告按照企业会计准则的规定编制，天健会计师事务所（特殊普通合伙）出具了标准无保留意见的审计报告《天健审〔2023〕8-78号》。现将公司2022年度的财务决算情况报告下：

（一）2022年度主要财务数据（单位：人民币万元）

项目	2022年	2021年	本年比上年增减
营业收入	259 810.60	208 826.39	24.41%
利润总额	22 153.94	19 870.67	11.49%
净利润	18 584.73	16 638.04	11.70%
归属于上市公司股东的净利润	18 566.25	16 606.98	11.80%
归属于上市公司股东的扣除非经常性损益的净利润	16 262.07	14 987.68	8.50%
经营活动产生的现金流量净额	8 967.80	7 188.95	24.74%
基本每股收益（元/股）	0.82	0.74	10.81%
加权平均净资产收益率	18.05%	18.49%	-0.44%
项目	2022年年末	2021年年末	本年比上年增减
资产总额	166 984.97	145 371.41	14.87%
归属于上市公司股东的净资产	111 671.21	97 407.72	14.64%

报告期内，公司加大市场开发力度，物业管理服务项目持续增加，带动了整体业绩的增长，较好地实现了规模增长目标。

（二）2022年度财务状况、经营成果和现金流量情况分析

略。

资料来源：佚名．新大正：2022年度财务决算报告及2023年预算报告［EB/OL］．［2023-05-25］．http：//vip.stock.finance.sina.com.cn/corp/view/vCB_AllBulletinDetail.php？gather=1&id=8917449.

问题：新正大2022年财务决算报告有什么积极意义？

分析：作为预算管理的一个重要环节，财务决算是企业预算执行情况分析、进行业绩考核、调整预算、提高预算执行效果的重要手段。新正大的财务决算工作，提高了员工和公司的预算管理意识与水平，通过编制预算来规范企业行为，体现了爱岗敬业的精神。

同步训练

一、判断题（正确的在括号内打“√”，错误的打“×”）

（　　）1.预算的决策机构为董事会和预算管理委员会。

（　　）2.预算的监控机构为各级财务部门和审计部门，预算的考核机构一般为人力资源部门和财务部门。

（　　）3.预算管理工作机构是企业预算管理工作的常设管理机构。

（　　）4.为了减少预算的工作量，可以省去审查平衡这一环节。

（　　）5.预算如果没有得到有效执行，责任完全归属于执行部门。

二、选择题（每题至少有一个正确答案，请将正确答案填在括号内）

1.全面预算管理组织体系是由全面预算管理的（　　）构成。

A.决策机构　　B.工作机构　　C.执行机构　　D.审查机构

2.组织领导企业全面预算管理的最高权力组织是（　　）。

A.预算管理决策机构　　B.预算管理工作机构

C.预算管理执行机构　　D.财务部门

3.根据董事会下达的经营战略和规划，预测、制定并审议通过集团及其所属机构的预算控制总体目标的权利归属于（　　）。

A.预算管理决策机构　　B.预算管理工作机构

C.预算管理执行机构　　D.财务部门

4.预算的考核机构一般为人力资源部门和（　　）。

A.预算委员会　　B.董事会　　C.总经理　　D.财务部门

5.（　　）将董事会或总经办审议批准的年度总预算分解成一系列的指标体系，由财务预算管理层逐级下达各部门执行。

A.企业财务部门　　B.预算委员会　　C.董事会　　D.总经理

参考答案

任务三　编制全面预算

知识准备

一、编制经营预算

动画

销售预算

（一）销售预算

销售预算是在销售预测的基础上，根据企业目标利润规划，结合其他方面因素，对预算期内的预计销售量、销售单价和销售收入所做的预算。销售预算是编制全面预算的出发点，也是日常业务预算的基础。

企业进行销售预测时，应指导所有营销人员考虑影响销售的因素，如总体经济状况、竞争、广告、定价、促销等，采用专门方法进行预测，以提高预测的准确性。然后，公司应自下而上地要求每位营销人员提交一份销售预测，汇总这些预测结果便可得到公司总的销售预测。公司总的销售预测经过预算委员会的核定，包括对预期销售量和单价的核定，便成为公司的销售预算。预计销售额的计算公式为：

预计销售额 = 预计销售量×预计销售单价

为了给编制现金预算提供资料，销售预算通常还包括现金收入的预算，以反映每个预算期内因销售而收回现金的预计数。

销售预算通常要分产品品种、分月、分季、分区域来编制，然后由公司进行汇总。为了说明预算的编制方法，我们假设某一企业只经营一种产品，分季进行预算。

（二）生产预算

动画 生产预算

生产预算是关于预算期内生产数量的预算。生产预算的编制需要以销售预算和预计期末存货数量为基础。如果不考虑期初与期末的存货数量，则预算期内的预计生产数量应当等于预算期内的预计销售量。但事实上，企业的生产与销售很难做到完全同步，需要保存一定的存货数量，以应对产品需求与生产的不确定性。所以编制生产预算时，需要对存货数量进行合理的估计，既要避免存货过多，造成资金的浪费；又要避免存货不足，影响未来销售。对存货数量的预算有两种方法：

（1）预算期第一期期初存货数量是编制预算时预计的，预算期内各期末存货数量可以根据下期预计销售数量的一定百分比来确定。

（2）单独编制存货预算。预计生产数量时，可按下面公式来计算：

预计生产数量 = 预计销售量 + 预计期末存货数量-预计期初存货数量

（三）直接材料预算

直接材料预算是以生产预算为基础，对预算期内原材料的采购数量、采购单价及预计采购成本所做的预算。

预算期内原材料的采购数量取决于生产耗用量、原材料期初存货及原材料期末存货的需要量。

动画 材料采购预算

原材料生产耗用量取决于预计生产量及单位产品材料消耗量，预计生产量即生产预算中的预计生产量，单位产品材料消耗量可以采用单位产品的定额消耗量。

期末原材料存货预算可以根据下一期原材料生产耗用量的一定百分比确定，也可以单独做预算。

各预算期的采购数量可以根据下式计算：

预计采购量 = 预计生产耗用量 + 预计原材料期末存货量-预计原材料期初存货量

预计采购单价可以根据市场有关情况进行预计。

预计采购成本是预计采购数量与预计采购单价的乘积。

购买原材料是企业现金支出的一个重要组成部分，为了给编制现金预算提供资料，编制直接材料预算的同时，需要编制现金支出预算，每一期预计现金支出包括偿还上期的采购欠款和本期预计以现金支付的采购款。每期需要以现金支付的采购款数额，需要根据企业的实际情况、供应方情况及市场情况进行确定。

（四）直接人工预算

直接人工预算也是以生产预算为基础编制，是对单位产品工时、每小时人工成本及人工总成本所做的预算。直接人工预算比直接材料预算简单，它不需要考虑存货因素，可以直接根据预算生产量所需要的直接人工小时及每小时人工成本编制。

动画 人工预算

单位产品工时及每小时人工成本（每小时人工工资）资料来自企业的定额资料。

直接人工总成本（直接人工工资）可以通过下式计算：

直接人工总成本 = 预计生产量 × 单位产品工时 × 每小时人工成本

由于直接人工工资都需要企业以现金支付，所以不需要另外编制现金支出预算，直接人工预算可直接为现金预算提供现金支出资料。

【提示】直接人工预算的"预计生产量"数据来自生产预算，"单位产品工时定额"和"每小时人工成本"数据来自标准成本资料，"人工总工时"和"人工总成本"是根据直接人工预算计算出来的。由于人工工资都需要使用现金支付，因此不需要另外预计现金支出，即可直接参加现金预算的汇总。

（五）制造费用预算

制造费用预算是对那些为产品生产服务，但不能直接计入产品成本的间接费用所做的预算。与直接材料、直接人工不同，制造费用与产品生产数量并不保持直接的比例关系，有些制造费用随产品生产数量的增减变化而变化，有些制造费用与产品数量没有直接关系，如折旧费用等。为了编制制造费用预算，通常将制造费用按成本性态分为变动制造费用和固定制造费用，并分别对变动制造费用和固定制造费用编制预算。变动制造费用与产品产量直接相关，所以变动制造费用预算以生产预算为基础来编制，变动制造费用是预计生产量与单位产品变动制造费用的乘积。固定制造费用与本期生产数量无关，需要按照费用项目逐项根据每一预算期内实际需要的支付额进行预计，或在上年基础上根据预期变动加以适当修正进行预计。

预算期内预计制造费用 = 预计变动制造费用 + 预计固定制造费用

为了给编制现金预算提供现金收支信息，在编制制造费用预算的同时，通常编制现金支出预算。但值得注意的是，有些制造费用的发生额是不需要支付现金的，如折旧，因此，编制现金支出预算，应将不需要支付现金的费用项目扣除，即：

预计现金支出 = 预计制造费用−不需要以现金支付的制造费用

【提示】为了便于以后编制产品成本预算，需要计算小时费用率。为了便于以后编制现金预算，需要预计现金支出。在制造费用中，除折旧费外都需要支付现金，所以，每个季度的制造费用扣除折旧费后，即可得出"现金支出的费用"。

（六）销售费用与管理费用预算

1. 销售费用预算

销售费用预算是对销售环节的支出所做的预算。同制造费用一样，销售费用按照与销售数量之间的关系，可分为变动销售费用和固定销售费用。变动销售费用是指随销售量的变动而变动的销售费用；固定销售费用是指不随销售数量的变动而变动的销售费用，如销售人员的工资和销售机构的折旧费用、广告费用、保险费用等。

对变动销售费用的预算应当以销售预算为基础编制，预算期内变动销售费用应是预计销售数量与单位变动销售费用的乘积。而且，变动销售费用预算应当与销售预算相协调，也应按产品品种、分月、分季、分区域来做预算，然后加以汇总。

固定销售费用因不随销售量变动而变动，通常以过去实际开支为基础，根据预算期的变动进行调整来编制预算。

2. 管理费用预算

管理费用是企业管理部门为组织和管理企业所发生的费用，一般与生产数量及销售数量都没有必然联系，属于固定费用，可采用增量预算或零基预算的方法编制预算。

销售及管理费用大部分也需要本期支付现金，为了给现金预算提供资料，在编制销售及管理费用预算时应编制现金支出预算，但应注意的是，一些不需要支付现金的销售及管理费用应扣除。

（七）产品成本预算

产品成本预算是对产品的单位成本、总成本的预算。产品成本预算的编制需要以直接材料预算、直接人工预算及制造费用预算为基础。

产品单位成本取决于单位产品的材料费用、单位产品人工费用及单位产品应分担的制造费用。其中：

单位产品的直接材料费用 = 单位产品材料消耗量 × 材料预计单价

单位产品的直接人工费用 = 单位产品工时 × 预计每小时人工成本

单位产品的制造费用 = 每小时制造费用 × 单位产品工时

= 制造费用总额 ÷ 产品工时总额 × 单位产品工时

产品总成本取决于预计生产量及产品单位成本的乘积。

（八）资本支出预算

资本支出预算是对预算期内长期投资项目（回收期超过1年）的未来现金流量进行估算。资本支出预算是与营业预算相对应的，是长期投资决策已选定方案的集中、概括和系统化、表格化，其主要内容是列示投资方案分年度的用款额度及企业各年需要投入的资金总量，以便据以筹划相应的资金来源。

（九）现金预算

现金预算是为了反映企业在计划期间预计的现金收支的详细情况而编制的预算。现金预算实际上是其他预算有关现金收支部分的汇总，以及收支差额平衡措施的具体计划。它的编制要以其他各项预算为基础，或者说其他预算在编制时要为现金预算做好数据准备。

1.现金预算的内容

现金预算包括现金收入、现金支出、现金溢余或短缺、资金的筹集和运用四个部分。

（1）现金收入

现金收入部分包括期初现金余额和预算期现金收入，如现销、应收账款收回、应收票据到期兑现、票据贴现收入、出售长期性资产、收回投资等。其中，销货取得的现金收入是其主要来源。“期初现金余额”的数据是在编制预算时预计的，“销货现金收入”的数据来自销售预算，“可动用现金”是期初余额与本期现金收入之和。

（2）现金支出

现金支出部分包括预算期预计的各项现金支出，如材料采购支付货款、支付工人工资、支付办公用品费用、支付广告费用、支付税金、应付利润及资本性支出等。需要指出的是，短期借款的利息支付不列入该项，而是归为资金的筹集和运用。“直接材料”“直接人工”“制造费用”“销售及管理费用”的数据分别来自前述有关预算。此外，“所得税费用”“购置设备”“股利分配”等的数据分别来自另行编制的专门预算。

（3）现金溢余或短缺

现金溢余或短缺是当前可动用现金合计数与预计现金支出合计数的差额。差额为正，说明现金多余，可用于偿还过去从银行取得的借款，或者用于短期投资；差额为负，说明现金不足，要向银行贷取新的借款。

动画
现金预算

（4）资金的筹集和运用

资金的筹集和运用是根据预算期现金收支的差额和企业有关资金管理的各项政策确定筹集和运用资金的数额。如果资金不足，企业可向银行贷取借款或通过其他方式筹集资金，并预计还本付息的期限和数额；如果现金多余，企业除了可以偿还借款外，还可以购买有价证券作为短期投资。

现金收入、现金支出、现金溢余或短缺、资金的筹集和运用这四个部分之间的基本关系如下：

期初现金余额＋现金收入＝当前可动用现金合计

当前可动用现金合计－现金支出＝现金溢余或短缺

现金溢余或短缺＋资金的筹集与运用＝期末现金余额

2.现金预算的编制

现金预算以各项业务预算为基础，企业通过确定现金收入和计划现金支出，编制现金预算表。因此，现金预算表的数据大多来源于其他各项预算。

二、编制预计财务报表

预计财务报表包括预计利润表和预计资产负债表。因为已经编制了现金预算，通常没有必要再编制预计现金流量表。

预计财务报表的作用与实际的财务报表不同。所有企业都要在年终编制实际的财务报表，这是有关法律法规的强制性规定，其主要目的是向外部报表使用者提供财务信息。当然，这并不意味着常规财务报表对企业管理人员没有价值。预计财务报表主要是为企业的财务管理服务，它是控制企业资金、成本和利润总量的重要手段。因其可以从总体上反映一定期间企业经营的情况，通常也称为企业的“总预算”。

（一）编制预计利润表

预计利润表是预算编制人员在企业各项经营预算的基础上，根据权责发生制编制的利润表。预计利润表综合反映了企业计划期内的预计销售收入、销售成本和预计可实现的利润或可能发生的亏损，它可以揭示企业预期的盈利情况，有助于管理人员及时调整经营策略。

预计利润表与实际利润表的内容和格式相同，只不过数据是面向预算期的，它是在汇总销售、成本、销售及管理费用、营业外收支、资本支出等预算的基础上编制的。通过编制预计利润表，企业可以了解预期的盈利水平。如果预计利润与最初编制方针中的目标利润存在较大的不一致，就需要调整部门预算，使部门预算设法达到目标利润，或者经企业领导同意后修改目标利润。

（二）编制预计资产负债表

预计资产负债表与实际的资产负债表的内容和格式相同，只不过预计资产负债表的数据是反映预算期末的财务状况。该表是利用本期期初的资产负债表，根据销售、生产、资本等预算的有关数据加以调整编制的，是反映企业预算期末财务状况的总括性预算。

预计资产负债表可以为企业管理当局提供会计期末企业预期财务状况的信息，它有助于企业管理当局预测企业未来的经营状况，并采取适当的改进措施，以改善财务状况。

典型任务举例

宏祥公司有关经济业务资料如下：

（1）宏祥公司是一家以加工定制零件为主业的小型机械加工企业。凭着质优价廉的产品和良好的信誉，宏祥公司深得几家大型机械制造商的青睐。2023年年底，宏祥公司接到了一单大生意，2024年全年为公司的一位老客户——某大型机械制造商——生产4 600件某种专用备件。宏祥公司的经理估计，如果接下这份订单，公司将再无剩余生产能力生产其他产品。

根据合同规定，该专用备件的价格是每件1 200元，宏祥公司需按季度向客户交货，四个季度的供货量分别为800件、1 100件、1500件和1 200件。合同规定的付款方式为：各季度的货款应在当季支付60%，其余40%在下季付讫。目前，该客户尚欠宏祥公司500 000元货款，预计将在2024年第一季度付清。

（2）宏祥公司预计，为保证供货的连续性，预算期内各季度的期末产品库存量应达到下期销售量的20%。同时，根据与客户的长期合作关系来看，公司预算年末的产品库存量应维持在和年初相一致的水平，大约为200件，这样才能保证及时为客户供货。

（3）宏祥公司生产该备件主要使用一种合金材料。根据以往的加工经验来看，平均每件产品需用料5千克。这种合金材料一直由公司以每公斤200元的价格跟一位长期合作的供应商定购，并且双方约定，购货款在购货当季和下季各付一半。目前，宏祥公司尚欠该供应商货款400 000元，预计将在2024年第一季度付清。公司为保证生产的连续性，规定预算期内各期期末的材料库存量应达到下期生产需要量的10%，同时规定各年年末的预计材料库存应维持在600千克左右。

（4）宏祥公司根据以往的加工经验预计，生产一件备件大约需要7个工时。而依据公司与工人签订的劳动合同，每工时需要支付工人工资10元。

（5）宏祥公司根据以往的生产经验估计，公司下年度可能会发生以下几项制造费用：辅助材料与水电费为变动费用，每工时的开支额分别是3元和2元；车间管理人员工资和设备折旧费为固定费用，估计每季度的开支总额分别为10 000元和15 250元；设备维护费为混合成本，每季度要进行一次基本维护，费用大约为15 000元，日常维护费用则与开工时数有关，估计每工时的维护费约为2元。

（6）宏祥公司预计2024年度的销售费用只有运输费一项，按照与运输公司的合同约定，每季度支付13 000元运费；管理费用包括管理人员工资、办公费和房租三项，均属于固定成本，每季开支额分别为6 000元、4 000元和10 000元。

（7）宏祥公司的产品生产成本包括直接材料、直接人工、制造费用。

（8）宏祥公司财务部门根据公司的经营特点和现金流转状况，确定公司的最佳现金持有量是10 000元。当预计现金收支净额不足10 000元时，通过变现有价证券及申请短期银行借款来补足；当预计现金收支净额超过10 000元时，超出部分用于归还借款和购入有价证券。宏祥公司估计，2024年年初，公司会有23 000元左右的有价证券储备。此外，公司已和银行商定了为期1年的信贷额度，公司随时可按6%的年利率向银行借款，借款为1 000元的整数倍。

除了日常经营活动所引起的各项现金收支外，估计宏祥公司2024年还会发生下列现金支付业务：

（1）公司的一台专用机床必须在一季度更新，预计需要支出购置及安装等费用共计130 000元；

（2）公司将在2024年年初向股东派发2023年度的现金股利20 000元；

（3）估计公司每个季度需要缴纳所得税税款5 600元。

宏祥公司财务人员估计，如果前面各项日常业务预算和现金预算都能在预算期内予以落实，那么公司在2024年度的盈利前景还是相当乐观的。估计公司2024年度的股利分配额能在2023年的基础上增长50%，达到30 000元。

要求：请根据上述资料编制宏祥公司2024年的全面预算。

解：宏祥公司2024年的全面预算编制见表8-1至表8-10。

表8-1　　宏祥公司2024年度销售预算

季　度	第一季度	第二季度	第三季度	第四季度	全　年
预计销售量（件）	800	1 100	1 500	1 200	4 600
预计单价（元）	1 200	1 200	1 200	1 200	1 200
销售收入（元）	960 000	1 320 000	1 800 000	1 440 000	5 520 000
预计现金收入（元）					
期初应收账款	500 000				500 000
第一季度	576 000	384 000			960 000
第二季度		792 000	528 000		1 320 000
第三季度			1 080 000	720 000	1 800 000
第四季度				864 000	864 000
现金收入合计	1 076 000	1 176 000	1 608 000	1 584 000	5 444 000
预计年末应收账款（元）					
期初应收账款	500 000				
加：预计全年销售收入	5 520 000				
减：预计全年收回货款	5 444 000				
期末应收账款	576 000				

表8-2　　宏祥公司2024年度生产预算

季　度	第一季度	第二季度	第三季度	第四季度	全　年
预计销售量（件）	800	1 100	1 500	1 200	4 600
加：预计期末产品存货（件）	220	300	240	200	200
减：预计期初产品存货（件）	200	220	300	240	200
预计生产量（件）	820	1 180	1 440	1 160	4 600

注：生产预算的“预计销售量”的数据来自销售预算。

表8-3　　宏祥公司2024年度直接材料预算

季　度	第一季度	第二季度	第三季度	第四季度	全　年
预计生产量（件）	820	1 180	1 440	1 160	4 600
单位产品材料用量（千克）	5	5	5	5	5
生产需用量（千克）	4 100	5 900	7 200	5 800	23 000
加：预计期末材料存货（件）	590	720	580	600	600
减：预计期初材料存货（件）	600	590	720	580	600
预计材料采购量（千克）	4 090	6 030	7 060	5 820	23 000
材料单价（元/千克）	200	200	200	200	200
预计采购金额（元）	818 000	1 206 000	1 412 000	1 164 000	4 600 000
预计现金支出（元）					
期初应付账款	400 000				400 000
第一季度	409 000	409 000			818 000
第二季度		603 000	603 000		1 206 000
第三季度			706 000	706 000	1 412 000
第四季度				582 000	582 000
合　计	809 000	1 012 000	1 309 000	1 288 000	4 418 000
预计年末应付账款（元）					
期初应付账款	400 000				
加：预计全年采购金额	4 600 000				
减：预计全年支付货款	4 418 000				
期末应付账款	582 000				

注：直接材料预算的“预计生产量”的数据来自生产预算，“单位产品材料用量”的数据来自标准成本资料或消耗定额资料，“生产需用量”是上述两项的乘积。如果材料品种很多，则需要单独编制材料存货预算。

表8-4 宏祥公司2024年度直接人工预算

季 度	第一季度	第二季度	第三季度	第四季度	全 年
预计生产量（件）	820	1 180	1 440	1 160	4 600
单位产品工时（小时）	7	7	7	7	7
人工总工时（小时）	5 740	8 260	10 080	8 120	32 200
每小时人工成本（元）	10	10	10	10	10
人工总成本（元）	57 400	82 600	100 800	81 200	322 000

表8-5 宏祥公司2024年度制造费用预算

季 度	第一季度	第二季度	第三季度	第四季度	全 年
变动制造费用					
人工总工时（小时）	5 740	8 260	10 080	8 120	32 200
辅助材料（3元/工时）	17 220	24 780	30 240	24 360	96 600
水电费（2元/工时）	11 480	16 520	20 160	16 240	64 400
设备维护费（2元/工时）	11 480	16 520	20 160	16 240	64 400
合 计	40 180	57 820	70 560	56 840	225 400
固定制造费用（元）					
管理人员工资	10 000	10 000	10 000	10 000	40 000
设备折旧费	15 250	15 250	15 250	15 250	61 000
设备维护费	15 000	15 000	15 000	15 000	60 000
合 计	40 250	40 250	40 250	40 250	161 000
预计现金支出（元）					
变动制造费用合计	40 180	57 820	70 560	56 840	225 400
固定制造费用合计	40 250	40 250	40 250	40 250	161 000
减：设备折旧费	15 250	15 250	15 250	15 250	61 000
现金支出额	65 180	82 820	95 560	81 840	325 400

表8-6 宏祥公司2024年度销售及管理费用预算 单位：元

季 度	第一季度	第二季度	第三季度	第四季度	全 年
销售费用					
运输费	13 000	13 000	13 000	13 000	52 000
管理费用					
管理人员工资	6 000	6 000	6 000	6 000	24 000
办公费	4 000	4 000	4 000	4 000	16 000
房租	10 000	10 000	10 000	10 000	40 000
合 计	33 000	33 000	33 000	33 000	132 000

表8-7 宏祥公司2024年度产品成本预算 金额单位：元

成本项目	单位产品成本			生产成本（4 600件）	期末存货（200件）	销售成本（4 600件）
	每千克或每小时	投入量	成本			
直接材料	200	5	1 000	4 600 000	200 000	4 600 000
直接人工	10	7	70	322 000	14 000	322 000
变动制造费用	7	7	49	225 400	9 800	225 400
固定制造费用	5	7	35	161 000	7 000	161 000
合 计	—	—	1 154	5 308 400	230 800	5 308 400

表8-8 宏祥公司2024年度现金预算 单位：元

季 度	第一季度	第二季度	第三季度	第四季度	全 年
期初现金余额	10 000	10 820	10 800	10 650	10 000
加：销售现金收入	1 076 000	1 176 000	1 608 000	1 584 000	5 444 000
减：各项现金支出					
材料采购	809 000	1 012 000	1 309 000	1 288 000	4 418 000
直接人工	57 400	82 600	100 800	81 200	322 000
制造费用	65 180	82 820	95 560	81 840	325 400
销售及管理费用	33 000	33 000	33 000	33 000	132 000
所得税	5 600	5 600	5 600	5 600	22 400
购置设备	130 000				130 000

续表

季　度	第一季度	第二季度	第三季度	第四季度	全　年
分配利润	20 000				20 000
支出合计	1 120 180	1 216 020	1 543 960	1 489 640	5 369 800
现金收支净额	−34 180	−29 200	74 840	105 010	84 200
现金筹集和运用					
出售有价证券	23 000				23 000
购入有价证券				95 000	95 000
申请银行借款	22 000	40 000			62 000
归还银行借款			62 000		62 000
短期借款利息			2 190		2 190

本例中，根据要求，第一季度的借款额为：

借款额=最低现金余额+现金不足额 = 10 000 +（34 180−23 000）= 21 180 ≈ 22 000（元）

第二季度借款额 = 10 000 + 29 200 = 39 200 ≈ 40 000（元）

第三季度现金多余，可用于偿还借款。还款后，仍需保持最低现金余额，否则，只能归还部分借款。

偿还金额 = 现金多余额 − 最低现金余额 = 74 840−10 000 = 64 840（元）

应计利息为：

利息 = 22 000 × 6% × 9/12 + 40 000 × 6% × 6/12 = 2 190（元）

表8-9　宏祥公司2024年度预计利润表　单位：元

项　目	金　额	资料来源
销售收入	5 520 000	销售预算
销售成本	5 308 400	产品成本预算
毛利	211 600	
销售及管理费用	132 000	销售及管理费用预算
利息费用	2 190	现金预算
利润总额	77 410	
所得税	22 400	现金预算
净利润	55 010	
加：年初未分配利润	580 800	公司预计值
可供分配的利润	635 810	
减：利润分配	30 000	公司预计值
年末未分配利润	605 810	

表8-10 宏祥公司2024年度预计资产负债表 单位：元

项　目	年初数	年末数	资料来源
资　产			
现金	10 000	10 010	现金预算
短期投资	23 000	95 000	现金预算
应收账款	500 000	576 000	销售预算
材料存货	120 000	120 000	直接材料预算
产品存货	230 800	230 800	产品成本预算
固定资产	1 100 000	1 230 000	预计购置130 000元
累计折旧	183 000	244 000	制造费用预算，预计提取折旧61 000元
资产总计	1 800 800	2 017 810	
负债及所有者权益			
应付账款	400 000	582 000	直接材料预算
应付利润	20 000	30 000	预计利润表
实收资本	800 000	800 000	
未分配利润	580 800	605 810	预计利润表
负债及所有者权益总计	1 800 800	2 017 810	

【动脑筋】企业整个预算体系的编制起点是什么？

同步训练

一、判断题（正确的在括号内打“√”，错误的打“×”）

（　）1.现金预算也称现金收支预算，是以日常业务预算和特种决策预算为基础编制的反映现金收支情况的预算。现金预算中的现金收入主要反映经营性现金收入，现金支出则同时反映经营性现金支出和资本性现金支出。编制现金预算需要以日常业务预算和财务预算为依据。

（　）2.预计资产负债表是指用于总括反映企业预算期末财务状况的一种财务预算。预计资产负债表中的项目均应在前述各项日常业务预算和专门决策预算的基础上分析填列。

（　）3.在财务预算的编制过程中，编制预计财务报表的正确程序是：先编制预计资产负债表，然后编制预计利润表。

（　）4.特种决策预算包括经营决策预算和投资决策预算，特种决策预算的数据要直接纳入日常业务预算体系，同时也将影响现金预算等财务预算。

（　　）5. 编制生产预算时，关键是正确地确定预计销售量。

二、选择题（每题至少有一个正确答案，请将正确答案填在括号内）

1. 某期现金预算中假定出现了正值的现金余缺额，且超过额定的期末现金余额，单纯从财务预算调剂现金余缺的角度看，该期可以采用的措施有（　　）。

A. 偿还部分借款利息　　B. 偿还部分借款本金

C. 抛售短期有价证券　　D. 购入短期有价证券

2. 已知A公司在预算期间，销售当季度收回货款60%，下季度收回货款30%，下下季度收回货款10%，预算年度期初应收账款金额为28万元，其中包括上年第三季度销售的应收账款4万元，第四季度销售的应收账款24万元。下列说法正确的有（　　）。

A. 上年第四季度的销售额为60万元

B. 上年第三季度的销售额为40万元

C. 上年第三季度销售的应收账款4万元在预计年度第一季度可以全部收回

D. 第一季度收回的期初应收账款为24万元

3. 下列关于本期经营现金收入的计算公式中正确的有（　　）。

A. 本期经营现金收入=本期销售收入（含销项税）+期初应收账款-期末应收账款

B. 本期经营现金收入=本期销售收入（含销项税）+期初应付账款-期末应付账款

C. 本期经营现金收入=本期销售本期收现部分（含销项税）+以前期赊销本期收现的部分

D. 本期经营现金收入=本期销售收入（含销项税）-期初应收账款+期末应收账款

4. 现金预算的编制基础包括（　　）。

A. 销售预算　　B. 投资决策预算

C. 销售费用预算　　D. 预计利润表

5. 下列各项中在生产预算的基础上编制的是（　　）。

A. 直接材料预算　　B. 直接人工预算

C. 产品成本预算　　D. 管理费用预算

三、计算分析题

1. 星海公司预算期间2024年度简略销售情况见表8-11，若销售当季度收回货款60%，次季度收回货款35%，第三季度收回货款5%，预算年度期初应收账款金额为22 000元，其中包括上年度第三季度销售的应收账款4 000元、第四季度销售的应收账款18 000元。

表8-11　　星海公司预算期间2024年度简略销售情况

季　度	1	2	3	4	合　计
预计销售量（件）	2 500	3 750	4 500	3 000	13 750
销售单价（元）	20	20	20	20	20

要求：根据上述资料编制预算年度的销售预算，并填写销售预算表（见表8-12）。

表8-12　　销售预算表　　金额单位：元

项　目	一季度	二季度	三季度	四季度
预计销售量（件）	2 500	3750	4 500	3 000
销售单价（元/件）	20	20	20	20
预计销售金额	（1）	（2）	（3）	（4）
本年期初应收账款收现	（5）	（6）		
一季度销售收现	（7）	17 500	2 500	
二季度销售收现		45 000	（8）	3 750
三季度销售收现			54 000	31 500
四季度销售收现				36 000

2. 某企业2024年度现金预算部分数据见表8-13。

假设该企业规定各季末必须保证有最低的现金余额5 000元。

表8-13　　某企业2024年度现金预算表　　单位：元

摘　要	一季度	二季度	三季度	四季度	全　年
期初现金余额	8 000	70 000			
加：现金收入			96 000		321 000
可动用现金合计	68 000			100 000	
减：现金支出	35 000				
直接材料		45 000	30 000	35 000	113 000
制造费用		30 000	10 000		36 000
购置设备	8 000	8 000			
支付股利	2 000	2 000	2 000	2 000	
现金支出合计		85 000			
现金结余（不足）	（2 000）		11 000		
现金筹集与运用					
银行借款（期初）		15 000		—	
归还本息（期末）	—	—	—	（17 000）	
现金筹集与运用合计					
期末现金余额					

参考答案

要求：将该企业2024年度现金预算中未列金额的部分逐一填列。

项目小结

本项目主要知识点归纳总结见表8-14。

表8-14　本项目主要知识点归纳总结

主要知识点	内容	
全面预算的内容	经营预算	包括销售预算、生产预算、直接材料预算、应交税金预算、销售税金及附加预算、直接人工预算、制造费用预算、产品成本预算、期末存货成本预算、销售费用及管理费用预算
	专门决策预算	包括经营决策预算和投资决策预算
	财务预算	包括现金预算、财务费用预算、预计利润表、预计资产负债表
全面预算的编制方法	按其业务量基础的数量特征不同分类	固定预算 弹性预算
	按其出发点的特征不同分类	增量预算 零基预算
	按其预算期的时间特征不同分类	定期预算 滚动预算
全面预算管理组织体系	预算管理决策机构	组织领导企业全面预算管理的最高权力组织
	预算管理工作机构	企业预算管理工作的常设管理机构
	预算管理执行机构	包括企业内部生产、投资、物资、人力资源、市场营销等职能部门
编制经营预算	销售预算	预计销售额 = 预计销售量 × 预计销售单价 为了给编制现金预算提供资料，销售预算通常还包括现金收入的预算，以反映每个预算期内因销售而收回现金的预计数
	生产预算	预计生产数量 = 预计销售量 + 预计期末存货数量-预计期初存货数量
	直接材料预算	预计采购量 = 预计生产耗用量 + 预计原材料期末存货量 - 预计原材料期初存货量 预计采购成本是预计采购数量与预计采购单价的乘积。编制直接材料预算的同时，需要编制现金支出预算，每一期预计现金支出包括偿还上期的采购欠款和本期预计以现金支付的采购款

续表

主要知识点	内容	
编制经营预算	直接人工预算	直接人工总成本 = 预计生产量 × 单位产品工时 × 每小时人工成本 直接人工预算可直接为现金预算提供现金支出资料
	制造费用预算	预算期内预计制造费用 = 预计变动制造费用+预计固定制造费用 预计现金支出 = 预计制造费用 - 不需要以现金支付的制造费用
	销售与管理费用预算	预算期内变动销售费用应是预计销售数量与单位变动销售费用的乘积。固定销售费用根据预算期的变动进行调整来编制预算。管理费用属于固定费用，可采用增量预算或零基预算的方法编制预算 预计现金支出=预计销售管理费用-不需要以现金支付的销售管理费用
	产品成本预算	单位产品的直接材料费用 = 单位产品材料消耗量 × 材料预计单价 单位产品的直接人工费用 = 单位产品工时 × 预计每小时人工成本 单位产品的制造费用 = 每小时制造费用 × 单位产品工时 = 制造费用总额 ÷ 产品工时总额 × 单位产品工时 产品总成本取决于预计生产量与产品单位成本的乘积
编制财务预算	编制现金预算	期初现金余额 + 现金收入 = 当前可动用现金合计 当前可动用现金合计-现金支出 = 现金溢余或短缺 现金溢余或短缺 + 资金的筹集与运用 = 期末现金余额 现金预算以各项业务预算为基础，企业通过确定现金收入和计划现金支出，编制现金预算表。因此，现金预算表的数据大多来源于其他各项预算
	编制预计利润表	预计利润表与实际利润表的内容和格式相同，只不过数据是面向预算期的，它是在汇总销售、成本、销售及管理费用、营业外收支、资本支出等预算的基础上编制的
	编制预计资产负债表	是利用本期期初的资产负债表，根据销售、生产、资本等预算的有关数据加以调整编制的，是反映企业预算期末财务状况的总括性预算

项目九

成本控制

【学习目标】

1. 掌握生产成本的分类
2. 掌握直接材料费用标准制定及其差异分析
3. 掌握直接人工费用标准制定及其差异分析
4. 掌握变动制造费用标准制定及其差异分析
5. 掌握固定制造费用标准制定及其二分法差异分析和三分法差异分析
6. 能够运用专门的方法正确地对混合成本进行分解

【素养目标】

1. 能深刻认识到成本规律性进而进行成本控制，明确各个部门成本控制的权责利，促进各部门合作和明确经济责任，促进企业各部门和谐发展，增加企业和社会财富
2. 根据不同成本类型，采取不同方式与策略进行成本控制，做到合理控制成本，减少甚至杜绝浪费，增加企业和社会财富

【知识点】

成本按经济用途分类　直接材料费用标准成本　直接人工标准成本　变动制造费用标准成本　固定制造费用标准成本　成本差异分析　用量差异　价格差异　效率差异　预算差异　直接人工工资率差异　直接人工效率差异　变动制造费用实际分配率　变动制造费用标准分配率　变动制造费用效率差异　两差异分析法　预算（耗费）差异　能量差异　三差异法　预算差异　能力差异　效率差异

【技能点】

制定标准成本　进行标准成本差异分析

案例导入

京东集团物流成本控制

京东集团是我国知名的综合网络零售商，于2004年正式涉足电商领域，在线销售家电、数码、家居百货、服饰、母婴、图书、视频、在线旅游等12大类数万个品牌的百万种产品。2014年5月，京东集团在美国纳斯达克证券交易所正式挂牌上市，是中国第一个成功赴美上市的综合型电商平台。2020年6月，京东集团在香港联交所二次上市。京东集团定位于“以供应链为基础的技术与服务企业”，目前业务已涉及零售、科技、物流、健康、保险等领域。

京东集团2007年开始自建物流体系，2017年4月25日正式成立京东物流集团。京东物流是中国领先的技术驱动的供应链解决方案及物流服务商，也是值得信赖的全球供应链基础设施服务商。2022年，京东物流完成对德邦物流的收购，快速获得了一张覆盖全国的快运网络，京东航空的常态化运营也有效促进了一体化供应链的降本增效。一体化供应链物流服务是京东物流的核心赛道。目前，京东物流聚焦快消、服装、家电家具、3C、汽车、生鲜等六大行业，为客户提供一体化供应链解决方案和物流服务，帮助客户优化存货管理、减少运营成本、高效分配内部资源，实现新的增长。

依托强大的物流基础设施网络和供应链整合能力，京东大幅提升了行业运营效率，降低了社会成本。通过打造高质量消费，京东以商品和服务为抓手、以技术创新为依托，带动实体经济数字化转型，促进产业和消费“双升级”，进一步助力供给侧结构性改革，推动实体经济高质量发展。

依托强大的物流基础设施网络和供应链整合能力，京东大幅提升了行业运营效率，降低了社会成本。其成功背后的重要原因之一就是基于价值链的全方位成本管理。京东基于价值链的全方位成本管理以先进的信息系统为基础，以即时库存管理为前提，以高效的物流体系为核心。其通过“提高价值链效率”和“降低价值链各个环节的成本”两条曲线，将成本管理嵌入价值链的各个环节，采取有针对性的措施对价值链节点加以完善，全方位降低成本，实现企业战略目标。

资料来源：佚名. 企业简介［EB/OL］.［2023-05-25］. https：//about.jd.com/company.

佚名. 管理会计在12家企业集团的12个应用案例［EB/OL］.［2023-05-25］. https：//www.sohu.com/a/258576542_768760.

思考：企业加强成本控制有什么重要意义？

分析：成本控制是加强成本管理的手段，也是促进各个部门改善经营管理的动力，同时也是企业内部经济责任制的重要条件。京东集团作为我国知名的综合网络零售商，物流成本降低能够保证其向客户提供产品时做到物美价廉。从整个社会的角度来看，成本控制也是企业竞争力提高的根本原因。

任务一 成本控制认知

知识准备

一、成本控制的意义

成本控制就是利用会计所提供的各种信息资料，计算实际或预计脱离目标的差异，找出差异产生的原因，并采取措施，消除不利差异，保证目标实现的过程。建立健全成本控制系统，对于充分发挥成本管理的职能，提高企业的经营管理水平和经济效益具有重要作用。

（一）成本控制是加强成本管理的主要手段

成本管理就是对从产品的设计、试制到生产的整个过程中费用的发生所进行的组织、计划、控制、核算和分析等工作的总称。成本控制是成本管理的主要内容。通过成本控制，可以对各种劳动耗费实施严格的监督，并针对已经发生或可能发生的各种成本差异进行分析，有效地把握成本的形成，保证目标成本的实现，达到降低成本、提高效益的目的。

（二）成本控制是促进企业各个部门改善经营管理的动力

成本控制的方法之一就是将企业的目标成本指标层层分解，落实到企业内部各个部门、单位，形成一个有机的成本控制系统。各部门、单位只有不断改善经营管理，才能降低劳动消耗，合理利用资源，实现成本目标。

（三）成本控制是建立健全企业内部经济责任制的重要条件

建立健全企业内部的经济责任制，需要划分责任单位，实行责任成本考核，明确企业内部各个部门的责、权、利。建立起有效的成本控制系统，既能够明确各级责任者在产品成本形成过程中所承担的责任，又能够反映他们职责的履行情况，从而能够正确地评价业绩，合理实施奖惩，使企业内部的经济责任制不断完善。

成本控制有广义和狭义之分，广义的成本控制包括事前控制、事中控制和事后控制三部分。成本的事前控制，是指产品投产前，对影响成本的经济活动进行事前规划，通过成本预测和决策，选择最佳的成本降低措施，确定未来的目标成本，编制成本预算，并以此作为成本控制的依据；成本的事中控制是对日常成本的形成和偏离预算成本的差异及其原因进行揭示，并采取相应措施加以改进，以保证成本预算目标的实现；成本的事后控制是在产品形成之后，把日常发生的差异及其原因汇总起来进行分析研究，找到成本升降的变化规律，提出今后的进一步改进措施，为不断降低成本指明方向。

狭义的成本控制主要是指事中的成本控制，也就是指在生产阶段产品成本的控制，运用一定的方法对产品的生产过程中构成产品成本的一切耗费进行科学严格的计算、限制和监督。

二、成本控制的原则

（一）及时性原则

及时性原则，指在成本控制系统中，能及时揭示成本控制过程中产生的实际与控制标准的偏差，使之能够在较短的时间内恢复正常，及时消除偏差。成本控制的及时性体现在应当及时提供成本控制中所产生的各种信息资源，当成本控制的某一个阶段需要成本控制信息时，系统的各个方面都能够及时将其计算出来并以确定的形式报出。成本控制不仅仅是一种事后的控制活动，它更多的是深入生产经营活动中，进行所谓的事中控制。而要进行事中控制，没有及时的信息反馈是不行的。若不能提供及时的信息，就不能揭示偏差和采取相应的措施纠正偏差。

（二）节约性原则

实施成本控制一般会发生一些费用。实施成本控制的目的就是通过切实有效的控制活动，给企业带来较大的经济效益。如果经济效益大于控制成本，则该项控制活动是合算的，因而该项控制活动是必要的。

（三）权责利相结合原则

在实施成本控制时，要同企业所实行的责任会计制度相结合，对于成本控制的结果要进行具体的分析，如果是有利的差异，应当予以奖励；否则，应当采取相应的措施予以改进并给予经济制裁。这样，会促进成本控制和责任会计制度的加强，使各单位努力工作，消除不利差异。

（四）例外管理原则

标准成本是人们进行成本控制的目标。在实际工作中，实际成本恰好与标准成本相等的情况并不多见。实际成本与标准成本之间存在差异是一种经常的状态。为了提高成本控制的工作效率，管理人员不应把时间和精力放在全部成本差异上，而应把注意力集中在那些不正常、不符合常规的关键性差异上，查明原因，及时处理和解决。那些不正常、不符合常规的关键性差异被称为“例外事件”，需要进行“例外管理”。一般，确定“例外事件”的标准是：

1. 重要性

重要性主要是根据成本差异额的大小和成本差异率的高低来决定的。通常情况下，差异额大和差异率高的成本差异总是比较重要的，应当予以足够的重视。差异额的大小和差异率的高低应当根据企业的具体情况衡量。例如，差异率超过某个规定限度或者差异额超过某个规定限额的，应当视作重要的成本差异，作为“例外”看待。

成本差异包括有利差异和不利差异。一般来讲，有利差异对企业是有利的，但是如果有利差异过大，也可能包含某些足以损害企业长期利益的因素。例如，为了降低成本不择手段地偷工减料，从而引起产品质量的下降，最终会给企业造成重大损失。因此对于超过限度的有利差异，也应当作为“例外”管理。

2. 一贯性

有些成本差异虽然成本差异率和成本差异额并没有超过规定的标准，但是经常发生，并且保持在一个相当稳定的水平上，对其也应当作为“例外事件”来管理。因为这种情况可能是由于原来的标准成本或者预算已经过时失效造成的，应当及时加以调整；也可能是由于在生产和管理中长期存在的某些被人们忽视的因素造成的，因此有必要提醒企业管理当局注意，找出具体原因，加以根本解决。

3. 控制能力

对于企业来讲，引起成本差异的原因有些是可控的，而有些是不可控的。凡是不可控的因素引起的成本差异，即使差异额再大，差异率再高，也不能视为“例外”。例如，由于运输费率变动而引起的采购成本差异，就是不可控的，不应当列作“例外”处理。

4. 项目本身的性质

在企业中，有些成本项目对企业的获利能力和业务发展有极大的影响，这些成本项目的差异即便没有达到严重的程度，也应当受到企业管理层的密切关注，无论差异大小都应当作为“例外”处理。企业的环保费就是一个例子，如果企业片面强调节约，必然会造成环境污染的加重。这不仅会使以后的治理费用增加，而且对社会也会产生极大的危害，其后果是相当严重的。这种损失要比环保费的节约大得多，因此对于这种类型的费用应当特别加以重视。

三、成本控制的内容及程序

（一）成本控制的内容

产品成本的控制应当是对成本形成的全过程的控制。

1. 目标成本的控制

目标成本是保证企业目标利润实现的成本，是企业经营目标的重要组成部分。

2. 设计成本的控制

设计成本是指某一设计方案的产品预计发生成本。

3. 生产成本的控制

生产成本是产品在制造过程中所发生的成本。生产成本的控制实际上是对产品实体形成过程的控制。这个阶段的成本控制主要是监督成本的发生，将实际成本与标准成本或定额、预算等进行比较，及时揭示差异，并将有关信息反馈到各个责任部门，从而引导企业监督实际成本按照成本控制标准所确定的模式来形成，是生产成本控制的重点。

4. 销售成本的控制

销售成本是在产品销售过程中所发生的费用支出。

5. 使用成本的控制

使用成本是在产品的使用过程中，因为运行、维修、保养所发生的成本。

（二）成本控制的程序

1.制定成本控制的标准

成本控制标准就是在整个生产经营过程中为各个部门、各个单位规定的费用开支和人力、物力消耗的标准。它是衡量、评价实际成本的尺度，是控制成本发生的依据。

2.控制成本的形成过程

制定了成本控制标准，就有了在生产经营过程中核发材料、调配人力、掌握开支的依据。企业可以据此控制成本的形成过程，努力使实际成本的发生不超过标准成本，以保证企业经营目标的实现。成本的形成过程在不同的阶段具有不同的特点，要根据其特点采用合适的方法进行控制。

3.揭示成本差异

揭示成本差异是将实际发生的各项成本费用与成本的控制标准进行比较，以揭示两者之间的差异，反映成本的节约或者超支情况，同时对引起成本差异的各种原因进行查找和分析，区分哪些是可控的、哪些是不可控的，有关部门进而对可控的不利差异采取有效措施加以纠正。

【动脑筋】企业成本可以按照哪些标准进行分类，各包括什么内容？不同分类标准分别满足了企业经营管理的哪些不同需要？

【育德于技9-1】宝钢集团的成本控制

背景：宝钢集团有限公司（以下简称宝钢）被称为中国改革开放的产物，于1978年12月23日，也就是十一届三中全会闭幕的第二天，在中国上海北翼、长江之畔打下第一根桩。经过30多年的发展，宝钢已成为中国现代化程度最高、最具竞争力的钢铁联合企业。截至2012年年末，宝钢员工总数为130 401人，遍布全球各地。

宝钢以钢铁为主业，生产高技术含量、高附加值的钢铁精品，形成普碳钢、不锈钢、特钢三大产品系列。这些钢铁精品通过遍布全球的营销网络，在满足国内市场需求的同时，还出口至全球四十多个国家和地区，广泛应用于汽车、家电、石油化工、机械制造、能源交通、金属制品、航天航空、核电、电子仪表等行业。

围绕钢铁主业的发展需求，宝钢还着力发展相关多元产业，重点围绕钢铁供应链、技术链、资源利用链，加大内外部资源整合力度，提高综合竞争力及行业地位，形成了资源开发及物流、钢材延伸加工、工程技术服务、煤化工、金融投资、生产服务等六大相关产业板块，并与钢铁主业协同发展。

2012年，宝钢完成钢产量4 383万吨，利润总额104亿元，成为世界钢铁行业第二大企业。2013年，宝钢连续第十年进入美国《财富》杂志评选的“世界500强”榜单，位列第222位，并连续当选为“全球最受赞赏的公司”。标普、穆迪、惠誉三大评级机构给予宝钢全球钢铁企业中最高的信用评级。2012年，宝钢被工信部和财政部联合认定为“国家技术创新示范企业”。宝钢集团还连续四年获得中国公益领域最高政府奖——中华慈善奖。

宝钢集团的管理会计框架是以全面预算管理为基本方法，以成本管理为基础，以现金流量控制为核心，以信息技术为支撑形成的四位一体结构。在具体的实践当中，宝钢集团以全面预算管理体系对接战略与运营，综合运用成本管理工具推进精益成本管理，通过三权集中和三维监控降低资金使用成本，并通过信息化建设持续提升成本竞争力。在管理会计框架指导下，宝钢集团推动其成本结构向更合理的方向发展。管理会计的应用也为宝钢实现其成为全球最具竞争力的钢铁企业的战略目标提供了有力支持。

资料来源：佚名. 宝钢集团有限公司［EB/OL］.［2023-05-25］. http：//www.gjjnhb.com/vip-com/%E5%AE%9D%E9%92%A2%E9%9B%86%E5%9B%A2/.

佚名. 管理会计在12家企业集团的12个应用案例［EB/OL］.［2023-05-25］. https：//www.sohu.com/a/258576542_768760.

问题：宝钢集团成功的经验是什么？

分析：对于工业企业来说，在保证产品质量的同时进行成本控制，是提高企业竞争力的重要举措，只有不断降低成本、减少提供产品与劳务过程中的各种消耗，才能向社会提供物美价廉的产品，实现企业、社会共赢的和谐发展局面，不断增加社会财富，为社会作出更大贡献。因此，宝钢集团的成就可以说是建立在成本控制这个核心基础之上。

同步训练

一、判断题（正确的在括号内打“√”，错误的打“×”）

（　　）1. 编制成本预算属于事前成本控制的内容。

（　　）2. 成本控制主要由管理层决策，基层员工与成本控制无关。

（　　）3. 狭义的成本控制主要指生产成本的控制。

（　　）4. 目标成本是保证企业目标利润实现的成本，是企业经营目标的重要组成部分。

（　　）5. 由于运输费率变动而引起的采购成本差异，就是不可控的，不应当列作“例外”处理。

二、选择题（每题至少有一个正确答案，请将正确答案填在括号内）

1. 通过成本控制，对各种劳动耗费实施严格的监督，并针对已经发生或可能发生的各种成本差异进行分析，有效地把握成本的形成，能够达到（　　）的目的。

A. 保证目标成本的实现　　B. 降低成本

C. 提高效益　　D. 增加销售收入

2. 利用成本控制的例外原则判断“例外事件”的依据有（　　）。

A. 重要性　　B. 一贯性　　C. 控制能力　　D. 事项本身性质

3. 下列各项中，（　　）是在整个生产经营的过程中为各个部门、各个单位规定的费用开支和人力、物力消耗的标准。

A. 成本控制标准　　B. 控制成本的形成过程

C. 成本差异分析　　D. 标准成本分类

4.成本的可归属性是指成本的发生与特定的归集对象之间的联系，按此标志可将成本分为（ ）。

A.制造成本和非制造成本　　B.直接成本和间接成本

C.历史成本和未来成　　D.相关成本和无关成本

5.成本控制的内容包括对（ ）的控制。

A.目标成本　　B.设计成本　　C.生产成本　　D.销售成本

参考答案

任务二 制定标准成本

知识准备

微课

制定标准成本

一、标准成本的概念

标准成本是企业根据产品的各项标准消耗量（如材料、工时等）及标准费用率计算出来的产品成本。根据标准成本达到的难易程度和修订的频率，可把标准成本分为以下几种：

（一）基本标准成本

这类标准成本是根据正常的耗用水平、正常的价格和正常的生产经营能力利用程度而制定的，也就是根据过去一段时期实际成本的平均值，剔除其中生产经营活动中的异常因素，并考虑今后的变动趋势而制定的。

（二）理想标准成本

这类标准成本是根据最少的耗用量、最低的价格水平和可能实现的最大生产经营能力的利用程度等条件而制定的，也就是在排除一切失误、浪费和耽搁的基础上制定的。

（三）现实标准成本

这类标准成本是根据企业最可能发生的生产要素耗用量、生产要素价格和生产经营能力利用程度而制定的。

【动脑筋】请思考一下对于同一件产品理想的标准成本与现实的标准成本哪一个成本更高。

二、标准成本法的作用

标准成本法是指将事先制定的标准成本与实际成本进行对比以揭示成本差异，对成本差异进行因素分析，并据此加强成本控制的一种会计信息系统和成本控制系统。标准成本法是管理会计的雏形，在管理会计的各种方法中出现得最早。它不仅是会计信息系统的一个分支，更重要的作用是加强成本控制。

采用标准成本法的作用主要表现在以下几个方面：

（一）便于成本控制

在标准成本法下，预先制定企业在一定时期内应达到的成本标准，及时反映和分析成本差异及其原因，使成本计算和成本控制有机结合起来。

（二）为企业决策提供依据

标准成本法中制定的标准成本，是通过科学的分析、预测得到的企业的成本目标，它剔除了很多不合理因素，因此无论是进行长期投资决策还是短期经营决策，尤其是在进行定价决策时，都是衡量经济效益的一个重要参考和依据。

（三）可以简化成本核算

在标准成本法下，在产品、产成品和销售成本均按照标准成本进行计价，这样可以减少成本核算的工作量，简化日常会计核算工作。

（四）便于编制预算和考核

标准成本是一种预计成本，方便企业编制预算；标准成本有助于责任会计制度的实施，差异分析是责任中心业绩评价的基础。

三、制定标准成本

标准成本的制定通常只针对产品的制造成本，对于管理成本和销售成本通常采用编制预算的方法进行控制。由于产品的制造成本是由直接材料、直接人工和制造费用三部分构成的，与此相适应，产品的标准成本也由这三部分组成。实际制定标准成本时，首先按照用量标准乘以价格标准分别计算三个成本项目的标准成本，然后将其相加，确定产品的标准成本。

（一）制定直接材料标准成本

直接材料标准成本，是由直接材料用量标准和直接材料价格标准决定的。

材料的用量标准是指生产单位产品所耗用的原料及主要材料的数量，即材料的消耗定额。它包括构成产品实体和有助于产品形成的材料，以及必要的损耗和不可避免地形成废品所耗用的材料。制定材料用量标准时，应当按照各种材料分别计算。

材料的价格标准是指采购某种材料的价格单价，它以订货合同价格为基础，并考虑各种变动因素的影响，包括买价、采购费和正常损耗等成本。制定材料价格标准时，也应当按照各种材料分别来计算。

根据上述确定的各种材料数量标准和价格标准，按照下列公式计算出单位产品的直接材料标准成本：

$$单位产品的直接材料标准成本 = \sum 直接材料的数量标准 \times 直接材料的价格标准$$

（二）制定直接人工标准成本

直接人工标准成本，是由直接人工用量标准和直接人工价格标准决定的。

直接人工用量标准，即工时用量标准，它是指在现有工艺方法和生产技术水平条件下，生产单位产品所耗用的生产工人工时数，即工时消耗定额。它包括直接加工工时、必要的休息和停工工时，以及难以避免地形成废品所耗用的工时。制定工时用量标准时，应当按照产品的加工工序和生产部门分别计算，然后按照产品汇总。

直接人工价格标准，即工资率标准。采用计件工资制时，它是指单位产品支付的计件单价；采用计时工资制时，它是指每一标准工时应当分配的工资。其计算公式为：

计时工资率标准=预计支付直接人工工资总额÷标准总工时

根据上述两方面标准，单位产品直接人工标准成本可以按照下列公式计算：

$$单位产品直接人工标准成本 = \sum 标准工时 \times 工时标准工资率$$

（三）制定制造费用标准成本

制造费用标准成本由制造费用用量标准和制造费用价格标准两个因素决定。

制造费用用量标准即工时用量标准，其含义与直接人工用量标准相同。

制造费用价格标准即标准费用分配率。其计算公式为：

制造费用标准分配率 = 制造费用预算总额 ÷ 生产量标准

根据上述两方面标准，单位产品制造费用标准成本可以按照下列公式计算：

单位产品制造费用标准成本 = 工时标准 × 标准费用分配率

典型任务举例

假定某企业甲产品耗用A、B两种材料，其标准消耗定额为10千克/件、20千克/件，两种材料的价格标准为25元/千克、20元/千克；该企业生产甲产品的月标准总工时为2 200小时，月标准总工资为33 000元，单位产品工时标准为20小时；标准制造费用总额为52 800元，其中，标准固定制造费用总额为17 600元。

要求：制定甲产品的标准成本。

解：其直接材料标准成本计算见表9-1。

表9-1　甲产品直接材料标准成本计算表

项　目	材料A	材料B
用量标准（1）	10千克/件	20千克/件
价格标准（2）	25元/千克	20元/千克
成本标准（3）=（1）×（2）	250元/件	400元/件
单位产品直接材料标准成本（4）=∑（3）	650元/件	

该企业甲产品直接人工标准成本计算见表9-2。

表9-2　甲产品直接人工标准成本计算表

项　目	标　准
月标准总工时（1）	2 200小时
月标准总工资（2）	33 000元
标准工资率（3）=（2）÷（1）	15元/小时
单位产品工时标准（4）	20小时
直接人工标准成本（5）=（4）×（3）	300元/件

该企业甲产品制造费用标准成本计算见表9-3。

表9-3 甲产品制造费用标准成本计算表

项目	标准
月标准总工时（1）	2 200小时
标准变动制造费用总额（2）	35 200元
标准变动制造费用分配率（3）=（2）÷（1）	16元/小时
单位产品工时标准（4）	20小时/件
变动制造费用标准成本（5）=（4）×（3）	320元/件
标准固定制造费用总额（6）	17 600元
标准固定制造费用分配率（7）=（6）÷（1）	8元/小时
固定制造费用标准成本（8）=（4）×（7）	160元/件
单位产品制造费用标准成本（9）=（5）+（8）	480元/件

为了便于计算和列示产品的标准成本，通常应为每一种产品设计一张标准成本卡。按照成本项目、用量标准和标准价格，计算汇总每种产品的单位标准成本。

根据前面所列有关资料，该企业甲产品的标准成本卡的填列见表9-4。

表9-4 甲产品标准成本卡

项目		单价标准	用量标准	标准成本
直接材料	A材料	25元/千克	10千克/件	250元/件
	B材料	20元/千克	20千克/件	400元/件
	合计			650元/件
直接人工		15元/小时	20人工小时/件	200元/件
变动制造费用		16元/小时	20台时/件	320元/件
固定制造费用		8元/小时	20台时/件	160元/件
单位甲产品标准成本（制造成本法）				1 330元/件

同步训练

一、判断题（正确的在括号内打“√”，错误的打“×”）

（　）1.理想标准成本是以现有生产经营条件处于最佳状态为基础确定的最低水平的成本，在实际工作中被广为采用。

（　　）2. 单位产品任何一项成本的标准成本都应等于该项目的价格标准与标准用量的乘积。

（　　）3. 现实标准成本是根据企业最可能发生的生产要素耗用量、生产要素价格和生产经营能力利用程度而制定的。

（　　）4. 材料的用量标准是指生产单位产品所耗用的原料及主要材料的数量，即材料的消耗定额，包括构成产品实体和有助于产品形成的材料，不包括必要的损耗和不可避免地形成废品所耗用的材料。

（　　）5. 直接人工价格标准，即工资率标准。采用计件工资制时，它是指单位产品支付的计件单价。

二、选择题（每题至少有一个正确答案，请将正确答案填在括号内）

1. 下列各项中，经常在制定标准成本时被采用的是（　　）。

A. 理想标准成本　　B. 稳定标准成本

C. 现实标准成本　　D. 正常标准成本

2. 无论是哪个成本项目，在制定标准成本时，都需要分别确定两个标准，两者相乘即为每一成本项目的标准成本，这两个标准是（　　）。

A. 价格标准和用量标准　　B. 价格标准和质量标准

C. 历史标准和用量标准　　D. 历史标准和质量标准

3. 人工工时耗用量标准即直接生产工人生产单位产品所需要的标准工时，主要内容有（　　）。

A. 对产品的直接加工工时　　B. 必要的间歇和停工工时

C. 不可避免的废品耗用工时　　D. 生产中的材料必要消耗

4. 在制定标准成本时，可选择的标准成本包括（　　）。

A. 理想标准成本　　B. 正常标准成本

C. 现实标准成本　　D. 平均标准成本

5. 某企业甲产品消耗直接材料，其中A材料价格标准为3元/千克，数量标准为5元/件；B材料价格标准为4元/千克，数量标准为10元/件，则甲产品消耗直接材料的标准成本为（　　）。

A.15元　　B.40元　　C.55元　　D.65元

三、计算分析题

1. 已知：某企业生产A产品，有关资料如下：

（1）生产A产品，耗用甲、乙两种材料。其中甲材料标准价格为每千克20元，乙材料标准价格为每千克32元。单位产品耗用甲材料标准为每件5千克，耗用乙材料标准为每件9千克。

（2）甲产品单位标准工时为13小时，直接人工标准工资率为7.5元。

（3）固定制造费用预算数为61 000元，变动制造费用预算数为38 000元，标准总工时数为10 000小时。

要求：制定A产品的标准成本。

2. 已知：某企业生产甲产品，其标准成本的相关资料如下：单件产品耗用A材料

10千克，每千克的标准单价为3元；耗用B材料8千克，每千克标准单价为5元；单位产品的标准工时为3小时，标准工资率为12元/小时；变动制造费用标准分配率为8元/小时；固定制造费用标准分配率为12元/小时。

假定本期实际产量为1 300件，发生实际工时4 100小时，直接人工成本总差异为3220元，属于超支差异。

要求：

（1）计算甲产品的单位标准成本。

（2）计算实际发生的直接人工。

参考答案

任务三 成本差异分析

知识准备

一、识别成本差异的种类

（一）价格差异与数量差异

对于直接材料、直接人工和变动制造费用而言，成本差异分为价格差异和数量差异两个部分。

1. 价格差异

价格差异是指实际价格脱离标准价格所产生的成本差异。其基本计算公式为：

价格差异 =（实际价格 − 标准价格）×实际产量下的实际用量

2. 数量差异

数量差异是指实际的单位耗用量脱离标准单位耗用量所产生的成本差异。其基本计算公式为：

数量差异 = 标准价格 ×（实际产量下的实际用量 − 实际产量下的标准用量）

（二）预算差异与能量差异

固定制造费用成本差异可分为预算差异与能量差异。

1. 预算差异

只要实际发生的固定制造费用与固定制造费用预算额不同，就应该认为产生了固定制造费用成本差异，这种成本差异就是预算差异。

2. 能量差异

能量差异是指预算产量标准工时与实际产量标准工时不同所产生的成本差异，可进一步分解为能力差异和效率差异。

（三）有利差异与不利差异

成本差异按其数量特征可分为有利差异与不利差异。有利差异是指因实际成本低于标准成本而形成的节约差。不利差异则指因实际成本高于标准成本而形成的超支差。

二、成本差异计算与分析

（一）直接材料成本差异计算与分析

1. 直接材料成本差异计算

直接材料成本差异是指在实际产量下直接材料实际总成本与其标准总成本之间的差额。

直接材料成本差异 = 实际产量直接材料实际成本 − 实际产量直接材料标准成本
= 直接材料用量差异 + 直接材料价格差异

它可分解为直接材料用量差异和直接材料价格差异两部分。

直接材料用量差异是单位实际材料耗用量脱离单位标准材料耗用量所产生的差异，其计算公式为：

$$\text{直接材料用量差异} = \text{直接材料标准价格} \times (\text{实际产量直接材料实际用量} - \text{实际产量直接材料标准用量})$$

直接材料价格差异是实际价格脱离标准价格所形成的差异，其计算公式为：

$$\text{直接材料价格差异} = (\text{直接材料实际价格} - \text{直接材料标准价格}) \times \text{实际产量直接材料实际用量}$$

2. 直接材料成本差异分析

材料价格差异通常应当由采购部门负责，因为影响材料采购价格的各种因素（如采购批量、供应商的选择、材料质量、运输工具等）一般都是由采购部门控制，并受其决策的影响。但也有一些因素是采购部门所无法控制的，如通货膨胀因素的影响和国家对原材料价格所进行的调整等导致的采购成本的上升而产生的差异。因此，对材料价格差异一定要做进一步深入的分析，查找产生差异的真正原因，分清各个部门的经营责任，只有在科学分析的基础上，才能进行有效控制。影响直接材料消耗量的因素也有很多，包括生产工人的技术熟练程度和对工作的责任感、材料的质量、生产设备的状况等。一般情况下，用量超过标准大多数是由工人粗心大意、缺乏技术培训或者技术素质较低等原因造成的，应当由生产部门负责，但材料用量差异有时也会由其他部门的原因造成。比如，采购部门购入了低质量的材料，导致生产部门用料过多，由此产生的材料用量差异应当由采购部门负责；再比如，由于设备管理部门的原因导致生产设备不能完全发挥其生产能力，造成的材料用量差异，则应当由设备管理部门负责。找出和分析造成差异的原因是进行有效控制的基础。

（二）直接人工成本差异计算与分析

1. 直接人工成本差异计算

直接人工成本差异是指在实际产量下直接人工实际总成本与其标准成本总额的差额。它可分解为直接人工效率差异与直接人工工资率差异两部分。其计算公式为：

直接人工成本差异 = 实际产量直接人工实际成本 − 实际产量直接人工标准成本
= 直接人工工资率差异 + 直接人工效率差异

其中，直接人工效率差异是指单位实际人工工时耗用量脱离单位标准人工工时耗用量所产生的差异。其计算公式为：

$$\frac{直接人工}{效率差异}=\frac{直接人工}{标准工资率}\times(\frac{实际产量直接}{人工实际工时}-\frac{实际产量直接}{人工标准工时})$$

直接人工工资率差异是指实际工资率脱离标准工资率所产生的差异。其计算公式为：

$$\frac{直接人工}{工资率差异}=(\frac{直接人工}{实际工资率}-\frac{直接人工}{标准工资率})\times\frac{实际产量直接}{人工实际工时}$$

2. 直接人工成本差异分析

直接人工工资率通常较少变动，主要的影响因素是工人工资结构和工资水平变动，如将技术熟练、工资级别较高的工人安排在不需要高技术的工作岗位上，就会出现工资率差异。

影响直接人工工时用量差异的因素包括：工人的劳动生产率、加工设备的完好程度、动力供应情况、材料半成品供应保证程度、材质规格等。

工资率差异与人工效率差异之和应当等于人工成本总差异，并可据此验算差异分析计算的正确性。

例如：人工成本差异=实际人工成本−标准人工成本=4 539−400×10=539（元）

人工成本差异=工资率差异+人工效率差异=89+450=539（元）

（三）变动制造费用成本差异计算与分析

1. 变动制造费用成本差异的计算

变动制造费用成本差异是指在实际产量下，变动制造费用实际发生总额与其标准发生总额之间的差额。它又可分解为变动制造费用预算差异和变动制造费用效率差异两部分。其计算公式为：

变动制造费用成本差异=实际产量下实际变动制造费用−实际产量下标准变动制造费用

=变动制造费用预算差异+变动制造费用效率差异

其中，变动制造费用预算差异类似于直接材料价格差异和直接人工工资率差异，其计算公式为：

$$\frac{变动制造费用}{预算差异}=(\frac{变动制造费用}{实际分配率}-\frac{变动制造费用}{标准分配率})\times\frac{实际产量}{实际工时}$$

变动制造费用效率差异类似于直接材料用量差异和直接人工效率差异，其计算公式为：

$$\frac{变动制造费用}{效率差异}=\frac{变动制造费用}{标准分配率}\times(\frac{实际产量}{实际工时}-\frac{实际产量}{标准工时})$$

2. 变动制造费用差异分析

在计算出全部变动制造费用成本差异的基础上应结合实际进行具体分析，以查清费用超支或节约的原因，并明确责任。

以上三项成本差异均属变动成本差异，其计算的归纳总结见表9−5。

表9-5 变动成本差异计算

项 目	价 格	用 量	价格差异计算公式 ①材料价格差异 ②工资率差异 ③变动制造费用预算差异	用量差异计算公式 ①材料用量差异 ②人工效率差异 ③变动制造费用效率差异
①直接材料	直接材料单价	直接材料耗用量	（实际价格-标准价格）×实际用量	（实际用量-标准用量）×标准价格
②直接人工	直接人工工资率	工时用量		
③变动制造费用	变动制造费用分配率	工时用量		

（四）固定制造费用成本差异计算与分析

固定制造费用成本差异是指在实际产量下固定制造费用实际发生总额与其标准发生总额之间的差额。

1.固定制造费用成本差异计算

标准固定制造费用分配率 = 固定制造费用预算总额 ÷ 预算产量标准总工时

固定制造费用成本差异 = 实际产量实际固定制造费用 − 实际产量标准固定制造费用

$$= \text{固定制造费用实际分配率} \times \text{实际产量实际工时} - \text{固定制造费用标准分配率} \times \text{实际产量标准工时}$$

以上固定制造费用成本差异的计算公式是在实际产量的基础上计算出来的。由于固定制造费用一般不受产量的影响，因此，产量变动对单位成本中的固定制造费用发生影响：产量增加时，单位产品应当负担的固定制造费用就会减少；产量减少时，单位产品应当负担的固定制造费用会增加。也就是说，实际产量与设计生产能力规定的产量或计划产量的差异会对产品应当负担的固定制造费用发生影响。因此，固定制造费用成本差异的分析方法与其他费用成本差异的分析方法有所不同，通常有两差异分析法和三差异分析法。

（1）两差异分析法

两差异分析法是将总差异分解为预算（也称耗费）差异和能量差异两部分。

固定制造费用预算差异是指实际固定制造费用与预算（也称计划）固定制造费用之间的差异。预算固定制造费用是按照预算产量和工时标准、标准分配率事前确定的固定制造费用。其计算公式为：

$$\text{固定制造费用预算差异} = \text{实际产量实际固定制造费用(即实际总额)} - \text{预算产量标准固定制造费用(即预算总额)}$$

固定制造费用的能量差异是指由于设计或者计划的生产能力利用程度的差异而导致的成本差异，即实际产量标准工时脱离设计或预算产量标准工时而产生的成本差异。其计算公式为：

$$\text{固定制造费用能量差异} = \text{固定制造费用标准分配率} \times (\text{预算产量标准工时} - \text{实际产量标准工时})$$

（2）三差异分析法

实际工时与标准工时之间的差异属于效率高低的问题，所以固定制造费用的成本差异分析更多地采用将能量差异划分为能力差异和效率差异的三差异分析法。因此，三差异分析法要求将固定制造费用成本总差异分解为预算差异、能力差异和效率差异三种。

固定制造费用预算差异与两差异分析法相同，其计算公式为：

固定制造费用预算差异 = 实际产量实际固定制造费用 − 预算产量标准固定制造费用

固定制造费用能力差异是指因实际产量实际工时脱离预算产量标准工时引起的生产能力利用程度差异而导致的成本差异。其计算公式为：

$$\text{固定制造费用能力差异} = \text{固定制造费用标准分配率} \times (\text{预算产量标准工时} - \text{实际产量实际工时})$$

固定制造费用效率差异是指因为生产效率差异而导致的实际工时脱离标准工时而产生的成本差异。其计算公式为：

$$\text{固定制造费用效率差异} = \text{固定制造费用标准分配率} \times (\text{实际产量实际工时} - \text{实际产量标准工时})$$

将两差异法中的能量差异进一步区分为能力差异与效率差异（即固定制造费用能力差异+固定制造费用效率差异=固定制造费用能量差异），就成为三差异法。

固定制造费用的差异计算公式中的各项指标计算归纳总结见表9-6。

表9-6　固定制造费用的差异计算公式中的各项指标计算

项　目	产　量	工　时	分配率
固定制造费用实际总额=①×②×③	①实际产量	②实际工时/件	③实际分配率
固定制造费用预算总额=④×⑤×⑥	④预算产量	⑤标准工时/件	⑥标准分配率
标准固定制造费用总额=①×⑤×⑥	①实际产量	⑤标准工时/件	⑥标准分配率

【动脑筋】固定制造费用的两差异分析法与三差异分析法的主要区别在哪里？

2. 固定制造费用差异分析

对固定制造费用预算差异来说，其产生的原因可能有：资源价格的变动，如工资率增加或减少、税率变动等；某些酌量性固定成本的变动，如职工培训费、差旅费等因管理上的新决策而有所增减；资源的数量比预算增加或减少，如增加或减少职工，以及有的部门领导因担心完不成预算而延缓酌量性成本的支出，或是因担心实际支出过少而削减下期经费预算、增加不必要的开支等。所有这些，应分别根据具体情况采取相应的对策。

【育德于技9-2】银轮股份盈利能力修复与成本控制

背景：银轮股份（以下简称“银轮公司”）公布2022年业绩：2022年度收入84.8亿元，同比增加8.48%；归母净利润3.83亿元，同比增加73.92%。2022年第4季度收入24.79亿元，同比增加24.92%，环比增加16.18%；归母净利润1.52亿元，同比增加3 160.87%，环比增加51.75%。2022年业绩符合我们预期。同时，银轮公司预告2023年第1季度归母净利润1.2亿~1.3亿元，同比增加70.83%~ 85.07%。

2022年第4季度银轮公司多项财务指标创季度历史新高，新能源业务增速亮丽。2022年第4季度银轮公司营收、归母净利润、扣非归母净利润均创历史新高，主要原因系：(1) 当前公司形成“1+4+N”产品体系，推动新能源产品线丰富度提升，2022年新能源板块收入同比增加。(2) 得益于商用车出口销量同比增加45%，一定程度上对冲国内商用车下滑影响，公司商用车及非道路板块营收增速跑赢行业。(3) 工业及民用板块营收同比增加。随着银轮公司持续扩大产品矩阵，并拓展包括新能源汽车、民用换热、储能热管理等下游市场，我们预计公司营收有望实现稳健增长。

盈利能力逐季修复，现金流彰显经营韧性。2022年第1至第4季度公司分别实现扣非归母净利率1.80%、3.10%、4.28%、4.87%，盈利能力逐季提升，主要系：(1) 原材料及海运费价格下降。(2) 公司经营管理改善，通过调整考核重点与方式、严格执行全面预算管理等措施，实现降本增效。2022年销管费用率同比降低1.31% ~8.9%，且期间费用率逐季下降，管理改革效果显现。在现金流表现上，2022年公司经营性现金流同比增加48.7%，表现稳健。

资料来源：佚名. 银轮股份（002126）：盈利能力逐季修复 新订单增速亮丽［EB/OL］.［2023-05-25］. http：//stock. finance. sina. com. cn/stock/go. php/vReport_Show/kind/search/rptid/735248418276/index.phtml.

问题：银轮公司盈利恢复的原因有哪些？

分析：一般来说，企业业绩改善的原因不外乎两点：增加收入和降低成本。2022年银轮公司收入小幅增加，但是净利润大幅度上升，因此，银轮公司业绩改善的更主要原因是成本控制较好。通过降本增效，销售成本和期间费用都得到了降低，公司经营也变得更加稳健。这为企业改善业绩、增加财富提供了另一种思路。而且对于不可再生的矿产类资源，控制成本还能减轻对环境造成的损害，符合和谐发展的要求。

典型任务举例

资料一：本月生产产品400件，使用材料2 500千克，材料单价为0.55元/千克；直接材料的单位产品标准成本为3元，即每件产品耗用6千克直接材料，每千克材料的标准价格为0.5元。

资料二：本月生产产品400件，实际使用工时890小时，支付工资4 539元；直接人工的标准成本是10元/件，即每件产品标准工时为2小时，标准工资率为5元/小时。

资料三：本月实际产量400件，使用工时890小时，实际发生变动制造费用1 958元；变动制造费用标准成本为4元/件，即每件产品标准工时为2小时，标准的变动制造费用分配率为2元/小时。

资料四：本月实际产量400件，发生固定制造成本1 424元，实际工时为890小时；企业生产能量为500件，即1 000小时；每件产品固定制造费用标准成本为3元/

件，即每件产品标准工时为2小时，标准分配率为1.50元/小时。

要求：

（1）对资料一企业产品进行直接材料成本差异分析。

（2）对资料二企业产品进行直接人工成本差异分析。

（3）对资料三企业产品进行变动制造费用差异分析。

（4）对资料四：①采用两差异分析法进行固定制造费用差异分析；②采用三差异分析法进行固定制造费用差异分析。

解：（1）对资料一企业产品进行直接材料成本差异分析：

直接材料价格差异=2 500×（0.55−0.5）=125（元）

直接材料数量差异=（2 500−400×6）×0.5=50（元）

直接材料价格差异与数量差异之和应当等于直接材料成本的总差异。

直接材料成本差异=实际成本−标准成本

=2 500×0.55−400×6×0.5=1 375−1 200=175（元）

直接材料成本差异=价格差异+数量差异=125+50=175（元）

（2）对资料二企业产品进行直接人工成本差异分析：

工资率差异=890×（4 539÷890−5）=890×（5.10−5）=89（元）

人工效率差异=（890−400×2）×5=（890−800）×5=450（元）

（3）对资料三企业产品进行变动制造费用差异分析：

变动制造费用耗费差异=890×（1 958÷890−2）=890×（2.2−2）=178（元）

变动制造费用效率差异=（890−400×2）×2=90×2=180（元）

验算：

变动制造费用成本差异=实际变动制造费用−标准变动制造费用

=1 958−400×4=358（元）

变动制造费用成本差异=变动制造费用耗费差异+变动制造费用效率差异

=178+180=358（元）

（4）①采用两差异分析法进行固定制造费用差异分析：

固定制造费用耗费差异=1 424−1 000×1.5=−76（元）

固定制造费用能量差异=1 000×1.5−400×2×1.5=1 500−1 200=300（元）

②采用三差异分析法进行固定制造费用差异分析：

固定制造费用耗费差异=1 424−1 000×1.5=−76（元）

固定制造费用能力差异=（1 000−890）×1.5=110×1.5=165（元）

固定制造费用效率差异=（890−400×2）×1.5=90×1.5=135（元）

三因素分析法的能力差异（165元）与效率差异（135元）之和为300元，与二因素分析法中的“能量差异”数额相同。

同步训练

一、判断题（正确的在括号内打“√”，错误的打“×”）

（　　）1. 对于直接材料、直接人工和变动制造费用而言，成本差异分为价格差异和数量差异两个部分。

（　　）2. 固定制造费用差异中的能量差异是指由预算产量标准工时与实际产量标准工时不同所产生的成本差异。

（　　）3. 直接材料成本总额超过预算就是不利差异。

（　　）4. 无论哪种变动成本项目的实际价格上升，都会引起变动成本差异的不利变化。

（　　）5. 在标准成本控制系统中，计算价格差异的用量基础是实际产量下的标准耗用量。

二、选择题（每题至少有一个正确答案，请将正确答案填在括号内）

1. 成本差异按其性质的不同可划分为（　　）。

A. 数量差异和价格差异　　B. 纯差异和混合差异

C. 有利差异和不利差异　　D. 可控差异和不可控差异

2. 由于特定成本项目的实际用量消耗与标准用量消耗不一致而导致的成本差异称为（　　）。

A. 价格差异　　B. 价格差　　C. 数量差异　　D. 用量差

3. 在标准成本控制系统中，成本差异是指在一定时期内生产一定数量的产品所发生的（　　）。

A. 实际成本与标准成本之差　　B. 实际成本与计划成本之差

C. 预算成本与标准成本之差　　D. 预算成本与实际成本之差

4. 在标准成本系统中，可将变动制造费用成本差异分解为以下内容，包括（　　）。

A. 耗费差异　　B. 预算差异　　C. 开支差异　　D. 效率差异

5. 按三差异分析法，可将固定制造费用成本差异分解为以下内容，包括（　　）。

A. 开支差异　　B. 能力差异　　C. 效率差异　　D. 预算差异

三、计算分析题

1. 已知：某企业生产甲产品，其标准成本资料见表9-7。

表9-7　甲产品标准成本单

项 目	价格标准	数量标准	金额（元/件）
直接材料	9元/千克	50千克/件	450
直接人工	4元/小时	45小时/件	180
变动制造费用	3元/小时	45小时/件	135
固定制造费用	2元/小时	45小时/件	90
合 计			855

甲产品正常生产能量为1 000小时。本月实际生产量为20件，实际耗用材料900千克，实际人工工时为950小时，实际成本分别为：直接材料9 000元，直接人工3 325元，变动制造费用2 375元，固定制造费用2 850元，总计17 550元。

要求：分别计算各成本项目的成本差异和分项差异，其中固定制造费用采用三因素法。

2.已知：某企业生产一种产品，相关成本资料见表9-8和表9-9。

表9-8　直接材料相关资料表　金额单位：元

材料品名	标准成本			实际成本			差异
	耗用量（件）	单价	金额	耗用量（件）	单价	金额	
甲	1 000	10	10 000	1 200	11	13 200	+3 200
乙	2 000	6	12 000	2 100	5	10 500	−1 500
合计			22 000			23 700	+1 700

表9-9　制造费用相关资料表　金额单位：元

项　目	预算数（工时：6 000）		实际产量标准数（工时：5 000）	实际数（工时：5 500）
	金额	分配率	金额	金额
变动制造费用	2 400	0.4	0.4×5 000=2 000	2 090
固定制造费用	4 800	0.8	0.8×5 000=4 000	4 675
制造费用合计	7 200	1.2	1.2×5 000=6 000	6 765

要求：

（1）计算直接材料标准成本差异；

（2）计算直接材料数量差异和价格差异；

（3）计算变动制造费用标准成本差异；

（4）计算变动制造费用的效率差异和耗费差异；

（5）计算固定制造费用标准成本差异；

（6）计算固定制造费用的预算差异和能量差异。

参考答案

项目小结

本项目主要知识点归纳总结见表9-10。

表9-10 本项目主要知识点归纳总结

主要知识点		内容
成本控制的原则	及时性原则	指在成本控制系统中，能及时揭示成本控制过程中产生的实际与控制标准的偏差，使之能够在较短的时间内恢复正常，及时消除偏差
	节约性原则	实施成本控制的目的就是通过切实有效的控制活动，给企业带来较大的经济效益
	权责利相结合原则	在实施成本控制时，要同企业所实行的责任会计制度相结合，促进成本控制和责任会计制度的加强，使各单位努力工作，消除不利差异
	例外管理原则	确定“例外事件”的标准是：重要性、一贯性、控制能力、项目本身的性质
成本控制的内容及程序	成本控制的内容	目标成本的控制、设计成本的控制、生产成本的控制、销售成本的控制、使用成本的控制
	成本控制的程序	制定成本控制的标准、控制成本的形成过程、揭示成本差异
标准成本	基本标准成本	根据正常的耗用水平、正常的价格和正常的生产经营能力的利用程度而制定
	理想标准成本	根据最少的耗用量、最低的价格水平和可能实现的最高生产经营能力的利用程度等条件而制定
	现实标准成本	根据企业最可能发生的生产要素耗用量、生产要素价格和生产经营能力的利用程度而制定
制定标准成本	直接材料标准成本的制定	单位产品的直接材料标准成本=$\sum$直接材料的数量标准 ×直接材料的价格标准
	直接人工标准成本的制定	计时工资率标准=预计支付直接人工工资总额÷标准总工时 单位产品直接人工标准成本=$\sum$标准工时 × 工时标准工资率
	制造费用标准成本的制定	制造费用标准分配率=制造费用预算总额÷生产量标准 单位产品制造费用标准成本=工时标准×标准费用分配率
成本差异的种类	价格差异与数量差异	价格差异=（实际价格-标准价格）×实际产量下的实际用量
		用量差异=标准价格×（实际产量下的实际用量-实际产量下的标准用量）

续表

<table>
<tr><th>主要知识点</th><th colspan="3">内　容</th></tr>
<tr><td rowspan="3">成本差异的种类</td><td rowspan="2">预算差异与能量差异</td><td colspan="2">只要实际发生的固定制造费用与固定制造费用预算额不同，就应该认为产生了固定制造费用成本差异，这种成本差异就是预算差异</td></tr>
<tr><td colspan="2">能量差异是指预算产量标准工时与实际产量标准工时不同所产生的成本差异，可进一步分解为能力差异和效率差异</td></tr>
<tr><td>有利差异与不利差异</td><td colspan="2">有利差异是指因实际成本低于标准成本而形成的节约差；不利差异则指因实际成本高于标准成本而形成的超支差</td></tr>
<tr><td rowspan="7">成本差异计算与分析</td><td rowspan="2">直接材料成本差异</td><td colspan="2">直接材料用量差异=直接材料标准价格×（实际产量直接材料实际用量−实际产量直接材料标准用量）</td></tr>
<tr><td colspan="2">直接材料价格差异=（直接材料实际价格−直接材料标准价格）×实际产量直接材料实际用量</td></tr>
<tr><td rowspan="2">直接人工成本差异</td><td colspan="2">直接人工效率差异=直接人工标准工资率×（实际产量直接人工实际工时−实际产量直接人工标准工时）</td></tr>
<tr><td colspan="2">直接人工工资率差异=（直接人工实际工资率−直接人工标准工资率）×实际产量直接人工实际工时</td></tr>
<tr><td rowspan="2">变动制造费用成本差异</td><td colspan="2">变动制造费用预算差异=（变动制造费用实际分配率−变动制造费用标准分配率）×实际产量实际工时</td></tr>
<tr><td colspan="2">变动制造费用效率差异=变动制造费用标准分配率×（实际产量实际工时−实际产量标准工时）</td></tr>
<tr><td>固定制造费用成本差异</td><td colspan="2">两差异分析法，三差异分析法</td></tr>
<tr><td rowspan="5">固定制造费用成本差异</td><td rowspan="2">两差异分析法</td><td rowspan="2">两差异分析法是将总差异分解为预算（也称耗费）差异和能量差异两部分</td><td>固定制造费用预算差异=实际产量实际固定造费用（即实际总额）−预算产量标准固定制造费用（即预算总额）</td></tr>
<tr><td>固定制造费用能量差异=固定制造费用标准分配率×（预算产量标准工时−实际产量标准工时）</td></tr>
<tr><td rowspan="3">三差异分析法</td><td rowspan="3">三差异分析法要求将固定制造费用成本总差异分解为预算差异、能力差异和效率差异三种</td><td>固定制造费用预算差异=实际产量实际固定制造费用−预算产量标准固定制造费用</td></tr>
<tr><td>固定制造费用能力差异=固定制造费用标准分配率×（预算产量标准工时−实际产量实际工时）</td></tr>
<tr><td>固定制造费用效率差异=固定制造费用标准分配率×（实际产量实际工时−实际产量标准工时）</td></tr>
</table>

项目十
责任会计

【学习目标】
1. 掌握责任会计制度的内容
2. 掌握责任中心的分类
3. 掌握成本中心的特点及其考核指标
4. 掌握利润中心的特点及其考核指标
5. 掌握投资中心的特点及其考核指标
6. 掌握内部转移价格的分类
7. 掌握责任中心的考核指标
8. 掌握内部经济仲裁

【素养目标】
1. 通过责任会计中心，明确企业内部各个部门和个人的权责利，根据其目标任务的完成情况进行公平合理的奖励，促进企业内部各部门提高绩效、和谐发展，实现公平公正，促进各部门共同努力，增加企业和社会财富
2. 制定合理的内部转移价格，既发挥企业内部不同部门的积极主动性，也能促进各方合作，增加企业和社会财富

【知识点】
责任会计制度的内容　责任中心　成本中心　成本中心的类型　技术性成本中心　酌量性成本中心　成本中心特点　成本费用变动额　成本费用变动率　利润中心　人为利润中心　自然利润中心　共同成本　不可控成本　利润中心边际贡献总额　利润中心负责人可控利润总额　利润中心可控利润总额　投资中心　投资利润率　剩余收益　内部转移价格　内部转移价格的类型　市场价格　协商价格　双重价格　成本转移价格　内部经济仲裁

【技能点】
运用各种考核指标评价成本中心　运用各种考核指标评价利润中心　运用各种考核指标评价投资中心　制定内部转移价格

案例导入

天合光能股份有限公司控股子公司的剩余收益

天合光能股份有限公司（股票简称：天合光能；股票代码：688599）创立于1997年，业务覆盖光伏组件的研发、生产和销售，电站及系统产品，光伏发电及运维服务，智能微网及多能系统的开发和销售，以及能源云平台运营等，致力于成为全球光伏智慧能源解决方案的领导者，助力新型电力系统变革，创建美好零碳新世界。

至今，天合光能"光伏科学与技术国家重点实验室"在光伏电池转换效率和组件输出功率方面先后25次创造和刷新世界纪录。截至2022年4月27日，公司组件累计出货量超过100吉瓦，相当于4.4个三峡水电站的装机量，约等于在全球种了74亿棵树。同时，天合光能在全球布局下游生态链，为客户提供开发、融资、设计、施工、运维等一站式系统集成解决方案。公司全球项目累计并网超过9.5吉瓦。

2022年，天合光能主要财务指标和控股子公司指标如下：

主要财务指标	2022年	2021年	本期比上年同期增减（%）	2020年
基本每股收益（元/股）	1.72	0.87	—	—
⋮	⋮	⋮	⋮	⋮
加权平均净资产收益率（%）	16.16	11.27	—	—
扣除非经常性损益后的加权平均净资产收益率（%）	15.21	9.67	—	—
研发投入占营业收入的比例（%）	5.43	5.74	—	—

主要控股子公司情况如下（单位：万元）：

子公司名称	业务性质	总资产	净资产	净利润	持股比例%
天合光能（常州）科技有限公司	组件生产和销售	1 297 325.16	494 175.94	−6 630.77	100.00
天合光能（上海）有限公司	组件销售	466 731.52	4 918.32	12 447.69	100.00
	⋮				
TRINA SOLAR ENERGY DEVELOPMENT COMPANY LIMITED	太阳能电池制造与销售	435 608.76	93 891.70	41 857.77	100.00

资料来源：佚名. 天合光能：2022年年度报告［EB/OL］.［2023-05-25］. https：//vip.stock.finance.sina.com.cn/corp/view/vCB_AllBulletinDetail.php? stockid=688599&id=9060205.

思考：如果以净利润为考核指标，请计算分析天合光能（常州）科技有限公司和天合光能（上海）有限公司的剩余收益。

分析：剩余收益=净利润−投资额×规定或预期最低投资报酬率，以天合光能2022年扣非后加权平均净资产收益率为要求的最低报酬率，分别计算：

天合光能（常州）科技有限公司的剩余收益=−6 630.77−494 175.94×15.21%=

−81 794.93（万元）

天合光能（上海）有限公司的剩余收益=12 447.69−4 918.32×15.21%=11 699.61（万元）

因此，天合光能（常州）科技有限公司的剩余收益是负数，为−81 794.93万元；天合光能（上海）有限公司的剩余收益为11 699.61万元。

任务一 责任会计认知

知识准备

一、责任会计制度的含义

组织是由一些稳定的部分组成的，比如，一个公司可能会分为设计部门、生产部门和营销部门，而生产部门又被进一步划分为零配件生产部门和安装部门等。这些组织结构中的基本部分构成了公司的不同工作团队，从而可以根据这一划分对公司的每个部分所从事的工作加以确认和区分。将相关的决策权分配到企业中的各个分部门，是解决有关个人有限的处理能力这一问题的关键所在。企业中的这些稳定的部门就是责任中心，每个责任中心都拥有一定的决策权。

责任会计制度就是在企业内部建立各个责任中心，以责、权、利相统一的机制为基础，通过一系列的考核和评价指标来对责任单位进行约束和考评，并通过一定的奖惩措施来保证责任目标实现的一种内部控制制度。

建立责任会计制度是企业贯彻内部经济责任制的基础。经济责任制是指以提高经济效益为目的，以明确经济责任为核心，实行责、权、利紧密结合的一种企业经营管理制度。在企业内部实行经济责任制，确定企业内部各个单位、部门，乃至员工个人的经济责任和权利，是提高企业经济效益的一种重要手段。因此，企业必须在内部建立和实施责任会计制度，以一定的责任中心为核算主体，运用会计学的原理和方法及其他科学方法，通过信息的积累、加工和反馈形成严格的企业内部控制体系，对各个责任中心的责任目标的确定、责任预算的编制和落实进行必要的核算和控制，并为责任业绩的考核、评价提供依据。有了责任会计制度，把会计数据同经济责任、会计控制同业绩考核结合起来，做到奖罚分明，能促使每个员工积极担负自己应当担负的责任，从而不断提高企业的竞争能力，使有限的资源得到合理的配置，不断提高企业的经济效益。

二、责任会计制度的内容

责任会计制度是一个相对独立的体系，主要内容有：

（一）划分责任中心，明确权责范围

根据责、权、利相结合的原则，要在企业内部划分相应的责任中心，并根据企业生产经营的内容和特点，规定每个责任中心的权、责范围，使每个中心能在权限范围内独立地履行职责，并且也要明确每个中心相对独立的经济利益，充分发挥每个责任中心的积极性。正确地划分责任中心是实施责任会计制度的基础和前提。

（二）编制责任预算，确定各个责任中心的业绩考核标准

编制责任预算，就是将企业生产经营的总体目标分解到各个责任中心，作为对各个责任中心工作业绩考核和评价的依据和标准。由于各个责任中心的职责范围不同，其责任目标也不一样。各个责任中心的目标和预算确定后，就规定了各个责任中心的具体任务。正确地编制责任预算是实施责任会计制度的中心环节。

（三）合理制定内部转移价格

为了分清经济责任、便于正确评价各中心的工作业绩，各个责任中心相互提供产品和劳务时，应合理制定内部转移价格。用内部转移价格正确地计量、记录、考核各责任中心的工作业绩，既有利于充分调动各个中心生产经营的积极性、主动性，又有利于企业局部利益和整体利益的协调发展。制定合适的内部转移价格是责任会计制度的重要组成部分。

（四）建立和健全严密、规范的记录、报告系统

企业应借助一个良好的记录、报告系统，通过对相关数据的收集、归类、整理，真实地记录各责任中心责任预算的实际执行情况，通过业绩报告的形式加以集中、概括说明。业绩报告所提供的信息，充分揭示了责任预算和实际执行情况之间的差异，并分析差异产生的原因，便于对各个责任中心的工作业绩进行考核和评价，企业应根据业绩好坏进行奖惩，促使各中心采取切实可行的措施，实现各中心既定的目标，进而实现企业的整体目标。

三、责任会计制度的基本原则

（一）权、责、利相结合的原则

在责任会计制度下，对每个中心都要规定与其相应的经济责任，同时赋予其与企业管理总目标相协调、与各个中心管理职能相适应的权利，并建立与责任相配套的利益机制，做到权、责、利的有效统一。这样，各个责任中心既有一定的权力，又要承担一定的责任，可以充分调动每个责任中心的工作积极性和创造性。

（二）总体优化原则

总体优化原则，就是要求各责任中心目标的实现要有助于企业总体目标的实现，使两者的目标保持一致。建立责任会计制度的目的是有效地促进各责任中心为实现企业总体目标而努力。由于各个中心有不同的职责，甚至存在利益上的冲突，所以在制定预算和考核标准时应避免局部利益损害企业整体利益的情况。

（三）可控性原则

由于各个责任中心的利益与其工作业绩直接挂钩，因此对每个中心的业绩考核、评价必须以可控性为原则。如果责任中心对与其有关的收支活动不能控制，对相应收入或支出的计量就不能真实反映其工作业绩，从而也就无法进行合理的考核和评价，也会影响各中心的工作积极性。

（四）及时性原则

及时性原则要求信息反馈和根据信息进行的调控是及时有效的，责任会计制度要求各责任中心对经营的实际情况进行完整的记录，并通过规范的传输程序和传输方式及时进行报告，通过信息的反馈，要求有关管理人员在及时地分析预算目标和实际情况出现偏差的原因的基础上，采取有效措施对差异加以纠正。否则，责任会计制度的作用就会被削弱。

（五）公平性原则

公平性原则，就是对各责任中心之间经济关系的处理应公平合理，应有利于调动各责任中心的积极性。根据这一原则，在编制责任中心责任预算时，应注意预算水平的协调性，避免出现诸如由于内部结算价格制定不当而导致不能“等价交换”这样的情况。贯彻公平性原则，可以使各个责任中心在公平、合理的条件下进行各自的生产经营活动，开展劳动竞赛，并加强协作，从而更好地实现企业总体目标。

（六）重要性原则

重要性原则也称例外管理原则，就是要求各责任中心对其生产经营过程中发生的重点差异进行分析、控制。重点差异有两层含义：一是指对实现企业总体预算、责任中心责任预算或社会效益有实质性影响的差异。这类差异无论其数额大小，都应列为重点进行分析、控制，如国家下达的指令性计划或供销合同完成情况等。二是指数额较大的差异。通过对这类差异的分析、控制，能够花费较少的精力解决较大的问题，达到事半功倍的效果。重点差异包括不利差异和有利差异。无论是不利差异还是有利差异，只要是重点差异，均应深入分析其产生的原因。

【请注意】责任会计原则与财务会计原则的不同之处是后者具有普遍约束力，前者无法律效力。

【育德于技10-1】许继电气的责任会计制度

背景：许继电气股份有限公司前身为许昌继电器厂。1993年，许昌继电器厂作为独家发起人以定向募集方式改组设立许继电气股份有限公司。1996年，河南省经济体制改革委员会以豫股批字〔1996〕107号《关于许继电气股份有限公司重新确认的批复》认定许继电气符合公司法的要求，确认其为股份有限公司。1997年4月18日，许继电气股份有限公司正式在深圳证券交易所挂牌上市，股票简称为“许继电气”，股票代码为“000400”。

许继电气是中国电力装备行业的领先企业，致力于为国民经济和社会发展提供能源电力高端技术装备，为清洁能源生产、传输、配送以及高效使用提供全面的技术、产品和服务支撑。公司聚焦特高压、智能电网、新能源、电动汽车充换电、轨道交通及工业智能化五大核心业务，综合能源服务、先进储能、智能运维、电力物联网等新兴业务，产品广泛应用于电力系统各环节。公司产品主要分为智能变配电系统、直流输电系统、智能中压供用电设备、智能电表、电动汽车智能充换电系统、EMS加工服务等六类。

许继电气（以下简称“公司”）经过40多年的发展，规模不断壮大，运营复杂度急剧上升，运营效率停滞不前，运营矛盾日渐成为公司的主要矛盾，根据国资委的要求，在深入分析公司面临的机遇、挑战与存在的主要矛盾后，开启了基于战略执行的全员绩效管理变革，该体系模型以公司全员目标责任体系为中心，以全闭环绩效过程管理体系为主线，以全面综合保障体系为基础支撑：全员目标责任体系将公司战略层层分解落实到每一位员工的实际工作中，做到“千斤重担有人挑，人人肩上有指标”。全闭环绩效过程管理体系通过绩效承诺的“双定（定任务、定报酬）”会议、绩效过程管理的铁篦梳理、绩效评价和结果应用对公司经营目标实行全过程跟踪、辅导与评估，以顺利实现公司经营目标。全面综合保障体系以科学的组织体系、完备的制度体系、业绩导向的绩效文化及先进的信息技术为主要构成，全面支撑公司绩效管理高效运行。

资料来源：许继电气．许继电气集团［EB/OL］．［2023-05-25］．http：//www.xjgc.com/.

佚名．管理会计在12家企业集团的12个应用案例［EB/OL］．［2023-05-25］．https：//www.sohu.com/a/258576542_768760.

问题：许继电气是如何解决由公司规模扩大产生的管理困难问题？

分析：随着公司规模的扩大，管理层级增加，运行效率会变得低下，这是大企业的普遍共性。出现问题不可怕，关键在于如何解决。许继电气的责任会计制度的实施能够极好地解决这个问题，该体系的核心在于“以公司全员目标责任体系为中心，以全闭环绩效过程管理体系为主线，以全面综合保障体系为基础支撑：全员目标责任体系将公司战略层层分解落实到每一位员工的实际工作中”。通过责任会计制度实施，能做到企业各个部门公平公正、和谐发展。

同步训练

一、判断题（正确的在括号内打“√”，错误的打“×”）

（　　）1.责任会计制度实际上是企业的一种内部控制制度。

（　　）2.建立责任会计制度是企业贯彻内部经济责任制的基础。

（　　）3.责任会计制度的实施有可能提高企业资源配置效率。

（　　）4.由于各个责任中心的利益与其工作业绩直接挂钩，因此对每个中心的业绩考核、评价必须以可控性为原则。

（　　）5.责任会计制度要求各责任中心对经营的实际情况进行完整的记录，因此对于信息的及时性要求不高。

二、选择题（每题至少有一个正确答案，请将正确答案填在括号内）

1.下列各项属于建立责任会计制度的目标的是（　　）。

A.实现责、权、利的协调统一　　B.划分责任中心
C.编制责任预算　　D.提交责任报告

2.下列各项中属于建立责任会计制度必须遵循的原则的是（　　）。
A.责任主体原则　　B.可控性原则
C.目标一致原则　　D.激励原则

3.下列各项中属于责任会计制度内容的有（　　）。
A.协调责任中心　　B.编制责任预算
C.提交责任报告　　D.评价经营业绩

4.责任会计制度是一个相对独立的体系，主要内容有（　　）。
A.划分责任中心，明确权责范围
B.编制责任预算
C.合理制定内部转移价格
D.建立和健全严密、规范的记录、报告系统

5.在责任会计制度中，将企业办理内部交易结算和内部责任结转所使用的价格称为（　　）。
A.变动成本　　B.单项责任成本　　C.内部转移价格　　D.重置价格

参考答案

任务二　考核责任中心

知识准备

责任中心是承担一定的经济责任，并享有一定权利的企业内部（责任）单位。

凡是能承担相应责任，拥有一定权利，具有相对独立的经济业务和财务收支活动，便于进行会计核算或单独的企业内部单位，如分公司、事业部、车间、班组，甚至个人都可以作为一个责任中心。建立责任中心是实行责任预算和责任会计制度的基础。

根据分配给企业的一个分部门决策权的不同，可以将部门划分为：成本中心、利润中心、投资中心。不同的责任中心具有不同的决策权分配和相应的业绩评价指标体系。

一、考核成本中心

（一）成本中心的含义

成本中心是指对成本费用承担责任的责任中心。一般有费用支出的地方——大到工厂、公司，小到车间、工段、班组、个人——都可以建立成本中心。成本中心一般不会产生收入，因而不需要对收入、利润或投资负责，所以通常只对成本费用负责。

（二）成本中心的类型

成本中心分为技术性成本中心和酌量性成本中心两种类型。

1.技术性成本中心

技术性成本是指中心发生的成本数额通过技术分析可以相对可靠地估算出来，如产品生产过程中发生的直接材料、直接人工、变动制造费用等。其特点是这种成本的发生可以为企业提供一定的技术成果，在技术上的投入量与产出量之间有密切的联系。技术性成本中心可以通过弹性预算予以控制。

2.酌量性成本中心

酌量性成本是否发生及发生数量的多少，是管理人员的决策所决定的，主要包括各种管理费用和某些间接成本项目，如研究开发费用、广告宣传费用、职工培训费用等。这种费用的发生主要是为企业提供一定的专业服务，一般不能产生直接可以用货币计量的成果。在技术上，投入量与产出量之间没有直接关系。酌量性成本的控制应着重于预算总额的审批。

（三）成本中心的特点

微课

成本中心

1.成本中心只考评成本费用而不考评收益

在一般情况下，成本中心不拥有经营权和销售权，其经济活动的结果不会形成收入或只能形成少量的可用货币计量的收入，因而，对成本中心只能计量并考核其成本费用，而不考评其收益。

2.成本中心对可控成本承担责任

作为成本中心考核依据的成本不是指传统产品成本，而是指可控成本。可控成本必须具备以下条件：

（1）可以预计将发生哪些成本，以及在何时发生成本；

（2）成本中心能够对发生的成本进行计量；

（3）成本中心能够通过自身的行为对成本进行调节和控制；

（4）成本中心能够将有关成本的控制责任予以分解落实，并进行考核评价。

凡不能同时具备上述四个条件的成本属于不可控成本。可控成本和不可控成本是相对而言的，这与责任中心所处管理层次的高低、管理权限及控制范围的大小和经营期间的长短有直接关系。

首先，某些成本对较高层次的责任中心而言是可控的，对于其下属的较低层次的责任中心而言就可能是不可控的；反之，较低层次的责任中心的不可控成本，可能是其所属较高层次责任中心的可控成本。对企业来讲，几乎所有的成本都是可控的，而对于企业内部的各部门及个人来讲，则既有各自的可控成本，又有各自的不可控成本。

其次，成本的可控与否，与责任中心的管辖范围有关，某项成本，就某一责任中心来看是不可控的，而对另一个责任中心而言可能是可控的，这主要取决于该责任中心的业务内容。例如，生产部门负责控制材料消耗，应对材料成本负责，但由于原材料单位成本过高而引起的成本差异，则应由材料供应部门负责。

最后，成本的可控与否也与一定的期间相关，从短期来看不可控的成本，从较长的期间看又可能成了可控成本。

3.成本中心只对责任成本进行考核和控制

责任成本是各成本中心发生的各项可控成本之和，分为预算责任成本和实际责任成本。预算责任成本，是指由责任预算分解确定的各责任中心应承担的责任成本；实际责任成本是各责任中心从事业务活动实际发生的责任成本。对成本中心的工作业绩进行考评，应将其预算责任成本和实际责任成本进行比较，根据差异的不同情况，采取相应的奖惩措施。只有以责任成本作为对成本中心考核和评价的依据，才能保证成本中心承担的责任和享有的权利是相适应和对称的，而不会出现权责分离的情况。

（四）成本中心的考核指标

成本中心主要通过成本（费用）变动额和变动率这两个指标来对其工作业绩进行考评，其计算公式如下：

成本（费用）变动额=实际责任成本（费用）-预算责任成本（费用）

成本（费用）变动率=成本费用变动额÷预算责任成本（费用）×100%

值得注意的是，在对成本中心进行业绩考核时，如果预算产量与实际产量不一致，应按弹性预算的方法先调整预算标准，然后，再按上述指标计算。

【动脑筋】成本中心成本额上升可能有哪些原因？

二、考核利润中心

（一）利润中心的含义

利润中心是对利润负责的责任中心。由于利润是由收入与成本两个因素决定的，因而利润中心实际上既要对收入负责，也要对成本负责。

利润中心与成本中心相比，其权力更大，责任也更大，处于企业内部的较高层次，如分厂、分店、分公司。利润中心一般具有独立的收入来源或视同一个有独立收入的部门，一般还具有独立的经营权。

（二）利润中心的类型

利润中心分为自然利润中心与人为利润中心两种。

自然利润中心是指可以直接对外界市场销售产品或提供劳务，取得收入，并能给企业带来利润的利润中心。这类利润中心本身直接面向市场，具有产品销售权、价格制定权、材料采购权和生产经营决策权。自然利润中心最典型的形式就是公司的事业部，每个事业部均有销售、生产、采购的机能，有很大的独立性，能独立控制成本、取得收入。

人为利润中心是指在企业内部按照内部转移价格转移产品或提供劳务的利润中心。这类利润中心一般不对外销售产品。作为人为利润中心应当为其他责任中心提供产品或劳务，并能为它所提供的产品或劳务确定合理的内部转移价格，以计算相关的利润。实际上，大多数成本中心只要能为它们的产品或劳务制定适当的内部转移价格，都可以转化为人为利润中心。

（三）利润中心的考核指标

利润中心的考核指标为利润。利润表现为收入与成本的差额。利润中心的成本计算有两种方式：一种是只计算可控成本，不分担不可控成本；另一种是不仅计算可控成本，也计算不可控成本。

由于成本计算方式不同，各利润中心的利润指标的表现形式也不相同。

（1）当利润中心不计算共同成本或不可控成本时，其考核指标是：

利润中心边际贡献总额=该利润中心销售收入总额-该利润中心可控（或变动）成本

使用这种方法计算出来的边际贡献总额不是真正意义上的利润，在此基础上减去未分配的共同成本，才是真正意义上的利润。

（2）当利润中心计算共同成本或不可控成本，并采取变动成本法计算成本时，其考核指标主要有：

利润中心边际贡献总额=该利润中心销售收入总额-该利润中心变动成本总额 （1）

$$\text{利润中心负责人可控利润总额}=\text{该利润中心边际贡献总额}-\text{该利润中心负责人可控固定成本} \quad (2)$$

$$\text{利润中心可控利润总额}=\text{该利润中心负责人可控利润总额}-\text{该利润中心负责人不可控固定成本} \quad (3)$$

$$\text{公司利润总额}=\text{各利润中心可控利润总额之和}-\text{公司不可分摊的各种管理费用、财务费用等} \quad (4)$$

公式（2）主要用于考核利润中心负责人的工作业绩，公式（3）主要用于考核利润中心的经营业绩。

三、考核投资中心

（一）投资中心的含义

投资中心是指既对成本、收入和利润负责，又对投资效果负责的责任中心。投资中心既然是对投资负责的责任中心，由于投资的目的是获得利润，因而投资中心同时也是利润中心。投资中心在责任中心中处于最高层次，也承担最大的责任。

投资中心属于规模和经营权力较大的部门。例如，大型企业集团所属的子公司、分公司、事业部等往往都是投资中心。在组织形式上，投资中心一般是独立法人。投资中心拥有充分的经营决策权和投资决策权，不仅在产品生产销售上享有较大的自主权，而且能相对独立地运用所掌握的资产，并有权购建或处理固定资产、扩大或缩减现有的生产能力。投资中心独立性较高，它一般由公司的总经理或董事长直接负责。

（二）投资中心的考核指标

考核投资中心的业绩时，必须将所获得的利润与其所占用的资产进行比较，分析其投入与产出之间的关系，计算利润与投资额的关系性指标，即投资利润率和剩余收益。

1. 投资利润率

投资利润率是投资中心所获得的利润与投资额之间的比率。其计算公式为：

投资利润率 = 利润 ÷ 投资额 × 100%

投资利润率这一指标还可以做以下分解：

投资利润率 =（销售收入 ÷ 投资额）×（成本费用 ÷ 销售收入）×（利润 ÷ 成本费用）
= 资本周转率 × 销售成本率 × 成本费用利润率

以上公式中的投资额是指投资中心的总资产扣除负债后的余额，即投资中心的净资产。所以该指标也可以称为净资产利润率。

为了评价和考核由投资中心掌握、使用的全部资产的运用状况和盈利能力，也可以计算投资中心的总资产息税前利润率，即将投资中心的息税前利润除以总资产占用额。

作为评价投资中心工作业绩的一个重要指标，投资利润率具有以下优点：

（1）投资利润率能反映投资中心的综合盈利能力。从投资利润率的分解公式可以发现，要想提高投资利润率应提高销售量，增加销售收入，降低成本，增加利润，减少营业资产占用，加速资产的周转。

（2）投资利润率作为一种相对指标，能将投资额不同的各个投资中心的工作业绩进行比较，具有横向可比性。

（3）投资利润率可以作为选择投资机会的依据，有利于调整资产存量、优化资源配置。

（4）投资利润率这一评价指标，有利于克服投资中心的短期行为。因为以投资利润率作为考评尺度，将促使投资中心盘活闲置资产，减少不合理资产占用，及时处理不良资产。

投资利润率也有其局限性，主要表现在投资利润率往往会使投资中心只顾本身利益而放弃对整个企业有利的投资项目，与企业的长远目标相背离。各投资中心为达到较高的投资利润率，可能会减少投资行为。为克服投资利润率指标的不利影响，可采用剩余收益作为评价指标。

2. 剩余收益

剩余收益是一个绝对数指标，是指投资中心获得利润扣减其最低投资收益后的余额。最低投资收益是投资中心的投资额按规定或预期的最低报酬率计算的收益。其计算公式为：

剩余收益 = 利润 - 投资额 × 规定或预期的最低投资报酬率

如果考核指标是总资产息税前利润，则剩余收益的计算应进行相应调整：

剩余收益 = 息税前利润 - 总资产占用额 × 规定或预期的总资产息税前利润率

以剩余收益作为评价投资中心工作业绩的评价指标，各中心的投资利润率大于规定或预期的最低投资报酬率（或总资产息税前利润率大于规定或预期的最低总资产息税前利润率），该投资项目便是可行的。

采用剩余收益指标来考核投资中心的经营业绩，一是体现了投入产出关系，比较全面地考核和评价了投资中心的业绩；二是能避免投资中心的本位倾向，促使它们选择对企业整体有利的项目，进而实现企业的整体利益与投资中心的局部利益的和谐统一。

在以剩余收益指标作为评价标准时，选择什么样的规定或预期最低投资报酬率，对这个指标数值影响很大，如果选择不恰当，则会影响对各投资中心评价的公正性和合理性。通常，我们可以采用企业整体的平均利润率或资金成本率作为一个基准收益率，再根据具体情况进行适当的调整。

投资利润率和剩余收益这两个指标有各自的优缺点，在实际应用时，往往是将两个指标结合起来，全面评价各个投资中心的业绩。

典型任务举例

资料一：某企业内部一车间为成本中心，生产甲产品，预算产量为1 500件，单位成本为40元，实际产量为2 000件，单位成本为36元。

资料二：某利润中心有关数据如下：

销售收入为4 000 000元，变动成本为2 800 000元，该利润中心负责人可控固定成本为600 000元，利润中心负责人不可控但应由该中心负担的固定成本为500 000元。

资料三：某公司下设A、B两个投资中心，该公司最低投资利润率为10%。现向两个中心追加投资，有关资料见表10-1。

表10-1　投资中心投资额及其利润　单位：万元

项　目		投资额	利　润
追加投资前	A	40	2.6
	B	60	8.4
	公司	100	11
投资中心A追加投资20万元	A	60	4.2
	B	60	8.4
	公司	120	12.6
投资中心B追加投资40万元	A	40	2.6
	B	100	13.5
	公司	140	16.1

要求：

（1）请计算分析资料一中的成本中心的成本变动额和成本变动率。

（2）请计算资料二中的利润中心的相关考核指标。

（3）请计算资料三中各中心的投资利润率和剩余收益，并比较分析投资利润率与剩余收益对利润中心决策的影响。

解：（1）资料一中的成本中心成本变动额和成本变动率：

根据公式计算的成本变动额和变动率为：

成本变动额=36×2 000−40×2 000=−8 000（元）

成本变动率=−8 000÷（40×2 000）×100%=−10%

该成本中心的成本降低额为8 000元，成本变动率为−10%。

在对比的基础上，再按一定的方法分析其原因。

（2）资料二中的利润中心的相关考核指标：

利润中心边际贡献总额=4 000 000−2 800 000=1 200 000（元）

利润中心负责人可控利润总额=1 200 000−600 000=600 000（元）

利润中心可控利润总额=600 000−500 000=100 000（元）

（3）根据资料三计算各投资中心的投资利润率和剩余收益，见表10-2。

表10-2　　投资中心考核指标表　　金额单位：万元

项　目		投资额	利润	投资利润率	剩余收益
追加投资前	A	40	2.6	6.5%	2.6−40×10%=−1.4
	B	60	8.4	14%	8.4−60×10%=2.4
	公司	100	11	11%	11−100×10%=1
投资中心A 追加投资20万元	A	60	4.2	7%	4.2−60×10%=−1.8
	B	60	8.4	14%	8.4−60×10%=2.4
	公司	120	12.6	10.5%	12.6−120×10%=0.6
投资中心B 追加投资40万元	A	40	2.6	6.5%	2.6−40×10%=−1.4
	B	100	13.5	13.5%	13.5−100×10%=3.5
	公司	140	16.1	11.5%	16.1−140×10%=2.1

根据表10-2可知，如果以投资利润率作为考核指标，追加投资后，A的利润率由6.5%提高到了7%，B的利润率由14%下降到了13.5%，A投资中心愿意接受该投资，而B投资中心不愿意接受该投资；但如果以剩余收益作为考核指标，A的剩余收益由原来的−1.4万元变成了−1.8万元，B的剩余收益由原来的2.4万元增加到3.5万元，B投资中心会接受该投资，而A投资中心会放弃该项投资。如果从整个公司的角度进行评价，就会发现A投资中心追加投资时全公司总体投资利润率由11%下降到10.5%，剩余收益由1万元下降到0.6万元；B投资中心追加投资时全公司总体投资利润率由11%上升到11.5%，剩余收益由1万元上升到2.1万元。这与以剩余收益指标评价各投资中心的业绩的结果一致。因此，以剩余收益作为评价指标可以保持各投资中心获利目标与公

司整体目标一致。

同步训练

一、判断题（正确的在括号内打“√”，错误的打“×”）

（　　）1.由于利润中心无法控制上级分配来的固定成本数额，所以，对这部分固定成本的影响在考核时予以剔除。

（　　）2.各成本中心的可控成本之和等于企业的总成本之和。

（　　）3.在成本中心、利润中心和投资中心中，成本中心是最基本的中心，它仅对成本负责。

（　　）4.投资中心属于责任中心中的最高层次，具有最大的决策权，追求投资利润率最大化。

（　　）5.剩余收益指标的优点是可以使投资中心的业绩评价与企业目标协调一致。

二、选择题（每题至少有一个正确答案，请将正确答案填在括号内）

1.下列各项中，应作为成本中心控制和考核内容的是（　）。

A.责任成本　　B.产品成本　　C.直接成本　　D.目标成本

2.下列各项中，不属于利润中心负责范围的是（　　）。

A.成本　　B.收入　　C.利润　　D.投资效果

3.下列各项中，通常具有法人资格的责任中心是（　　）。

A.投资中心　　B.利润中心　　C.成本中心　　D.费用中心

4.某轮胎厂是某汽车公司的一个投资中心，该厂预计2024年投资600万元，预计净收益增加120万元，如果该公司的平均报酬率为20%，则该厂这项投资的剩余收益为（　）万元。

A.150　　B.105　　C.45　　D.0

5.在下列各项指标中，属于考核投资中心投资效果的指标有（　）。

A.剩余收益　　B.营业收入　　C.边际贡献　　D.投资利润率

三、计算分析题

1.某投资中心投资额为100 000元，年净利润额为18 000元，企业为该投资中心规定的投资利润率为15%。

要求：计算该投资中心的投资利润率和剩余收益。

2.A公司2022年的销售收入为40 000元，营业资产为16 000元；B公司2022年的销售收入为1 000 000元，营业资产为20 000元。如果两家公司均希望其在2022年的投资利润率达到15%。

要求：分别计算A、B公司在2022年的销售利润率。

3.D公司投资中心A原投资利润率为18%，营业资产为500 000元，营业利润为100 000元。现有一项业务，需要借入资金200 000元，可获利68 000元。

要求：

(1) 若以投资利润率作为评价和考核投资中心A的依据，A投资中心是否愿意投资这项新业务？

(2) 若以剩余收益作为评价和考核投资中心A的依据，新项目要求的最低收益率为15%，A投资中心是否愿意投资这个新项目？

参考答案

任务三 制定内部转移价格

知识准备

一、内部转移价格的概念

内部转移价格是指企业内部各责任中心之间转移中间产品或相互提供劳务而发生内部结算，以及进行内部责任结转所使用的计价标准。

在实行分权管理和责任会计的条件下，企业内部各责任单位在生产经营方面既有一定的独立性和自主权，同时又相互协作，各责任中心之间经常相互提供产品或服务。为了明确各责任中心的经济责任，考核评价各责任中心的经营业绩，充分调动各责任中心的积极性，必须根据各责任中心业务的具体实际情况，制定一个合理的内部转移价格。

在各个责任中心内部采用内部转移价格进行结算，能起到与外部市场价格相类似的作用，促使各个责任中心不断地改善经营和管理，努力增加收入和降低成本费用，以实现更多的利润。但企业内部转移价格与真正的市场价格有许多不一样的地方。内部转移价格是企业内部各责任中心之间进行结算而使用的计价标准，内部转移价格的改变会改变各责任中心的收入、成本和利润，但站在整个企业的角度看，企业的收入、成本和利润并不发生改变。

二、内部转移价格的制定原则

为更好地发挥内部转移价格的作用，企业在制定内部转移价格时应遵循以下几点原则：

(一) 全局性原则

制定内部转移价格时必须强调企业的整体利益高于各个责任中心的局部利益。因为内部转移价格直接关系到各个责任中心的实际利益，所以各个责任中心在制定内部转移价格时，必然首先站在自己的利益角度来制定价格，因此很有可能与企业的整体利益发生冲突，进而损害企业的整体利益。因此，企业和各责任中心在制定内部转移价格时，首先要考虑和满足企业的整体利益，再考虑各中心的利益要求，制定一个合理的内部转移价格。

(二)公平性原则

内部转移价格的制定应当公平合理，要充分考虑各个中心的利益要求，公平地体现各中心的真实业绩和经营成果，防止某些中心因为不合理的价格优势而获得额外的非正当利益，同时也使其他责任中心因为价格劣势而遭受额外损失。各个责任中心所采用的内部转移价格要能使其付出与收益相适应。

(三)自主性原则

在确保企业整体利益的前提下，为充分调动各中心的积极性，应尽可能地让各个责任中心通过自由竞争或相互讨价还价来确定内部转移价格，使内部转移价格真正被各个责任中心接受。

(四)重要性原则

为了节约成本，在制定内部转移价格时，一般应遵循重要的物资价格从细制定，而一般的零星物资价格从简制定的原则。

三、内部转移价格的类型

(一)市场价格

市场价格是以产品或劳务的市场价格作为基础价格。采用市场价格时，一般假定各责任中心处于相对自主的状态，可以自主决定从外部或内部进行购销，同时产品或劳务有客观的市场价可供参考。

采用市场价作为内部转移价格时需要注意：一是当中间产品存在外部市场、可向外部出售或向外部购买时，以市场价格作为内部转移价格并不意味着一定完全按照市场价格来进行内部结算，而应该在市场价格的基础上根据实际情况进行必要的调整。这是因为外部市场价格和内部转移价格所涵盖的具体内涵有些时候存在很大的差异。二是当以市场价格为依据制定内部转移价格时，一般假设责任中心的中间产品存在完全竞争市场，或中间产品提供部门不存在闲置的生产能力。

在采用市场价格作为内部转移价格时，应尽可能使责任中心进行内部转让，除非责任中心有充足的理由说明对外交易比内部转让更为有利。具体可实行如下原则：

(1) 当供应方愿意对内销售，而且售价不高于市场价格时，购买方有购买的义务，不得拒绝；

(2) 当供应方售价高于市场价格时，购买方有转向市场购买的自由；

(3) 当供应方宁愿对外部市场销售时，应赋予其可以不对内销售的权利。

(二)协商价格

协商价格也称议价，指企业内部各责任中心以正常的市场价格为基础，通过协商确定双方都能接受的价格。采用协商价格的前提是在各责任中心间转移的产品有在非竞争市场买卖的可能。在这种市场条件下，买卖双方有权自行决定是否买卖这种中间产品。如果买卖双方不能自行决定，或双方协商发生矛盾又不能自行解决，或双方协商的价格影响企业整体利益的实现时，企业有关决策部门要对协商定价进行干预，但这种干预应以有限、得体为原则，不能因此剥夺买卖双方的协商定价权。

协商价格的上限是市价，下限是单位变动成本，具体价格应由各相关责任中心在这一范围内协商议定。当产品或劳务没有适当的市价时，也只能采用议价方式来确定。各相关责任中心通过讨价还价，形成企业内部的模拟“公允市价”，以此作为计价的基础。

协商存在一定的缺陷：一是协商定价的过程要花费人力、物力和时间；二是协商定价各方往往会相持不下，需企业高层领导裁定，这样就弱化了分权管理的作用。

（三）双重价格

双重价格就是责任中心交易双方分别采用不同的内部转移价格作为计价基础。例如，对产品（半成品）的供应方，可按协商的市场价格计价；对使用方则按供应方的产品（半成品）的单位变动成本计价。其差额由会计最终调整。之所以采用双重价格是因为内部转移价格的作用主要是便于对企业内部各责任中心的业绩进行分别评价、考核，故各相关责任中心所采用的价格并不需要完全一致，可分别选用对各责任中心最为有利的价格为计价依据。双重价格有两种形式：

（1）双重市场价格，就是当某种产品或劳务在市场上出现几种不同价格时，供应方采用最高市价，使用方采用最低市价。

（2）双重转移价格，就是供应方以市场价格或议价作为计价基础，而使用方以供应方的单位变动成本作为计价基础。

双重价格的好处是既可较好地满足供应方和使用方的不同需要，也能激励双方在经营上充分发挥其主动性和积极性。

【动脑筋】企业采用双重转移价格会对公司的利润产生影响吗？

采用双重价格的前提条件是：内部转移的产品或劳务有外部市场，供应方有剩余生产能力，而且其单位变动成本要低于市价。特别是当采用单一的内部转移价格不能达到激励各责任中心的有效经营和保证责任中心与整个企业的经营目标达成一致时，应采用双重价格。

（四）成本转移价格

成本转移价格就是以产品或劳务的成本为基础而制定的内部转移价格。由于成本核算的概念不同，成本转移价格也有多种不同形式，其中运用较为广泛的成本转移价格有三种：

1. 标准成本

标准成本，即以产品（半成品）或劳务的标准成本作为内部转移价格。它适用于成本中心产品（半成品）的转移。其优点是将管理和核算工作结合起来，可以避免供应方成本高低对使用方产生的影响，有利于调动供求双方降低成本的积极性。

2. 标准成本加成

标准成本加成，即按产品（半成品）或劳务的标准成本加计一定的合理利润作为计价基础。它的优点是能分清相关责任中心的责任，但在确定加成利润率时，它难免带有主观随意性。

3. 标准变动成本

标准变动成本，是以产品（半成品）或劳务的标准变动成本作为内部转移价格。

它符合成本习性，能够明确揭示成本与产量的关系，便于考核各责任中心的业绩，也有利于开展生产经营决策。不足之处是产品（半成品）或劳务中不包含固定成本，不能反映劳动生产率变化对成本的影响，不利于调动各责任中心提高产量的积极性。

【育德于技10–2】杭萧钢构2023年关联交易定价原则

背景：杭萧钢构公司与关联方的日常关联交易有利于公司充分利用关联方拥有的资源和优势为公司日常经营服务，有利于双方实现合作共赢。2022年度其日常关联交易定价遵循公平、公正、合理的市场化定价原则，不存在损害公司和股东特别是中小股东利益的情形。

1.2023年度日常关联交易预计金额和类别（单位：万元）

关联交易类别	关联人	本次预计金额	占同类业务比例（%）	本年年初至披露日与关联人累计已发生的交易金额	上年实际发生金额	占同类业务比例（%）
向关联人购买原材料	杭州浩合螺栓有限公司	3 000.00	0.35	243.79	2 398.82	0.28
	⋮	⋮	⋮	⋮	⋮	⋮
	小计	3 950.00		418.40	3 095.48	
向关联人销售产品、商品	万郡房地产（淮安）有限公司	160.00	0.01		137.78	0.01
	⋮	⋮	⋮	⋮	⋮	⋮
	小计	1 510.00		134.39	1 077.39	
向关联人提供劳务	万郡房地产（包头）有限公司	0.00			516.50	0.17
	⋮	⋮	⋮	⋮	⋮	⋮
	小计	513.60		73.29	2 736.26	
接受关联人提供的劳务	杭州冰玉建筑装饰有限公司	1 000.00	0.42	339.69	843.80	0.35
	⋮	⋮	⋮	⋮	⋮	⋮

2.关联交易主要内容和定价政策

杭萧钢构公司及控股子公司与关联人的日常关联交易主要为向上述关联人购买及销售商品、提供及接受劳务，公司与上述关联人将根据自愿、平等、公平、公允的原则签订交易协议，具体关联交易协议将在实际发生时签署。关联交易的定价主要遵循市场原则；如果没有市场价格，按照成本加合理的利润由双方协商定价；如果既没有市场价格，也不适合采用成本加成定价的，按照协议价格定价。

3.关联交易目的和对公司的影响

杭萧钢构公司及控股子公司2023年度预计与上述关联人之间发生的日常关联交易是基于公司日常生产经营需要确定的。关联交易将严格遵循自愿、平等、诚信的原则，按照市场价格，并经双方协商确定，定价公允，结算时间和方式合理，交易不会损害公司及非关联股东特别是中小股东的利益，不会影响公司的独立性，不会对公司的持续经营能力产生不利影响，公司亦不会因此而对关联人形成依赖。

资料来源：佚名．杭萧钢构：关于2023年度日常关联交易预计及对2022年度超出预计部分的日常关联交易进行确认的公告［EB/OL］．［2023-05-25］．https：//vip.stock.finance.sina.com.cn/corp/view/vCB_AllBulletinDetail.php？stockid=600477&id=8900014.

问题：结合杭萧钢构案例请分析说明公司应该如何制定内部转移价格？

分析：内部转移价格是当企业内部进行交易时，为了明确各自的权利义务、合理确定各自贡献而设置的交易价格，企业内部的关联交易也是必不可少的，关键在于合理的关联交易价格（内部转移价格）能促进企业内部各方的合作，为企业和社会创造更多财富，也为企业内部、企业与外部和谐发展创造公平公正的条件。

四、内部经济仲裁

在贯彻经济责任制的过程中，各责任中心之间不可避免地会产生一些有关责、权、利方面的纠纷，以及有关内部转移价格的争议事项，这就需要企业内部有一个部门能在保持中立的基础上进行调停、裁决。因此，“内部经济仲裁”就成为责任会计的核心问题之一。

企业内部经济仲裁组织应当是由最高管理部门与各部门的负责人组成的一个领导与群众相结合、合理公正的权威机构，通常叫作“经济仲裁委员会”，专门负责调查研究并协商处理各种经济纠纷，在必要时作出裁决。在中小企业，也可以由企业最高领导指定财务副总经理或总会计师负责内部经济仲裁。

必须指出，为了便于分清经济责任、尽量减少经济纠纷，应将经济责任制和责任会计中有关责、权、利的关系和要求等核心内容，通过规章制度的形式固定下来，以便今后在实际工作中有法可依、有章可循。

同步训练

一、判断题（正确的在括号内打“√”，错误的打“×”）

（　）1.以实际成本作为内部转移价格可以避免责任转嫁现象。

（　）2.当供应方提供的产品或劳务没有现成的市场价格时，可采用协商价格作为内部转移价格。

（　）3.一般来讲，成本中心之间相互提供产品或劳务，最好以“实际成本”作为内部转移价格。

（　）4.以市价为基础制定的内部转移价格比较公平合理，对交易双方较为公正。

（　）5.随着内部转移价格的波动，企业的利润总水平也随之发生变化。

二、选择题（每题至少有一个正确答案，请将正确答案填在括号内）

1. 如果企业内部的供需双方分别按照不同的内部转移价格对同一笔内部交易进行结算，则可以断定它们采用的是（　　）。

A. 成本转移价格　B. 市场价格　C. 协商价格　D. 双重价格

2. 当成本转移价格作为内部转移价格时，如果交易产品涉及利润中心或投资中心，则此时的价格应当是（　　）。

A. 实际成本　B. 标准成本
C. 标准成本加成　D. 变动成本

3. 如果某利润中心的产品只能在企业内部各责任中心之间销售，且按照“内部转移价格”取得收入，则可以断定该中心是（　　）。

A. 完整利润中心　B. 局部利润中心
C. 自然利润中心　D. 人为利润中心

4. 下列各项中，属于双重价格表现形式的有（　　）。

A. 双重产品价格　B. 双重市场价格
C. 双重协商价格　D. 双重转移价格

5. 内部经济仲裁委员会的工作内容包括（　　）。

A. 调整经济纠纷　B. 对无法调解的纠纷进行裁决
C. 办理内部交易结算　D. 办理内部责任结转

参考答案

项目小结

本项目主要知识点归纳总结见表10-3。

表10-3　本项目主要知识点归纳总结

<table>
<tr><th>主要知识点</th><th colspan="2">内　容</th></tr>
<tr><td rowspan="4">责任会计制度的内容</td><td colspan="2">划分责任中心，明确权责范围</td></tr>
<tr><td colspan="2">编制责任预算，确定各个责任中心的业绩考核标准</td></tr>
<tr><td colspan="2">合理制定内部转移价格</td></tr>
<tr><td colspan="2">建立和健全严密、规范的记录、报告系统</td></tr>
<tr><td>责任会计制度的基本原则</td><td colspan="2">权、责、利相结合的原则；总体优化原则；可控性原则；及时性原则；公平性原则；重要性原则</td></tr>
<tr><td rowspan="2">责任中心分类</td><td>成本中心</td><td>成本中心指对成本费用承担责任的责任中心。成本中心分为技术性成本中心和酌量性成本中心两种</td></tr>
<tr><td>利润中心</td><td>利润中心是对利润负责的责任中心。由于利润由收入与成本两个因素决定，因而利润中心实际上既要对收入负责，也要对成本负责。利润中心分为自然利润中心与人为利润中心两种</td></tr>
</table>

续表

<table>
<tr><th>主要知识点</th><th colspan="3">内 容</th></tr>
<tr><td>责任中心分类</td><td>投资中心</td><td colspan="2">投资中心是指既对成本、收入和利润负责，又对投资效果负责的责任中心。投资中心既然是对投资负责的责任中心，由于投资的目的是获得利润，因而投资中心同时也是利润中心。投资中心在责任中心中处于最高层次，也承担最大的责任</td></tr>
<tr><td rowspan="2">成本中心考核</td><td>技术性成本中心</td><td rowspan="2" colspan="2">成本（费用）变动额=实际责任成本（费用）-预算责任成本（费用）
成本（费用）变动率=成本费用变动额÷预算责任成本（费用）×100%</td></tr>
<tr><td>酌量性成本中心</td></tr>
<tr><td rowspan="2">利润中心考核</td><td>自然利润中心</td><td rowspan="2" colspan="2">利润中心边际贡献总额=该利润中心销售收入总额-该利润中心可控（或变动）成本
利润中心边际贡献总额=该利润中心销售收入总额-该利润中心变动成本总额
利润中心负责人可控利润总额=该利润中心边际贡献总额-该利润中心负责人可控固定成本
利润中心可控利润总额=该利润中心负责人可控利润总额-该利润中心负责人不可控固定成本
公司利润总额=各利润中心可控利润总额之和-公司不可分摊的各种管理费用、财务费用等</td></tr>
<tr><td>人为利润中心</td></tr>
<tr><td rowspan="2">投资中心考核</td><td rowspan="2">投资中心在责任中心中处于最高层次，也承担最大的责任</td><td colspan="2">投资利润率=利润÷投资额×100%
投资利润率这一指标还可以进行以下分解：
投资利润率=（销售收入/投资额）×（成本费用/销售收入）×（利润/成本费用）=资本周转率×销售成本率×成本费用利润率</td></tr>
<tr><td colspan="2">剩余收益=利润-投资额×规定或预期的最低投资报酬率
如果考核指标是总资产息税前利润，则剩余收益的计算应进行相应调整：
剩余收益=息税前利润-总资产占用额×规定或预期的总资产息税前利润率</td></tr>
<tr><td rowspan="6">内部转移价格的类型</td><td>市场价格</td><td colspan="2">市场价格是以产品或劳务的市场价格作为基础价格</td></tr>
<tr><td>协商价格</td><td colspan="2">也称议价，指企业内部各责任中心以正常的市场价格为基础，通过协商确定双方都能接受的价格</td></tr>
<tr><td>双重价格</td><td colspan="2">双重价格就是责任中心交易双方分别采用不同的内部转移价格作为计价基础</td></tr>
<tr><td rowspan="3">成本转移价格</td><td rowspan="3">成本转移价格就是以产品或劳务的成本为基础而制定的内部转移价格</td><td>标准成本</td></tr>
<tr><td>标准成本加成</td></tr>
<tr><td>标准变动成本</td></tr>
<tr><td>内部经济仲裁</td><td colspan="3">企业内部经济仲裁应当是由最高管理部门与各部门的负责人组成的一个领导与群众相结合、合理公正的权威机构，通常叫作“经济仲裁委员会”，专门负责调查研究并协商处理各种经济纠纷，在必要时作出裁决</td></tr>
</table>

项目十一

管理会计前沿

【学习目标】 1. 了解管理会计的前沿方法
2. 了解管理会计的最新进展

【素养目标】 能爱岗敬业，积极学习管理会计前沿技术，提高为企业提供管理会计信息的能力，增加企业和社会财富

【知识点】 作业成本法　平衡计分卡　业财融合　智能管理会计

【技能点】 了解作业成本法、平衡计分卡、业财融合和智能管理会计基本原理

案例导入

2022年陕西煤业业绩与现代管理会计方法应用

陕西煤业是一家资源、品质、产能分布、开采成本、赋存条件等都十分突出的企业。公司的管理团队拥有着丰富的经验和卓越的能力，长期专注于能源行业，致力于为股东创造价值。

2022年，陕西煤业实现煤炭产能1.57亿吨，同比增长11%；营业收入1 668.48亿元，同比增长9.55%；实现利润总额640.63亿元，同比增长55.79%；实现归母净利润351.23亿元，同比增长63.98%。其各项经营指标——净资产收益率、总资产报酬率、人员功效——均排在行业前列。

陕西煤业严格按照上市公司治理要求，建立了完善的公司治理结构、风险防范体系和内控体系，通过强化过程控制，持续提升安全保障能力。公司着力构建“智慧运销+智慧零售”数智运销平台（一朵运销云、一中台、智慧运销和智慧零售双系统、多个数字化应用场景），加快数字化精准创新，充分利用互联网区块链等信息技术，推进数字化营销转型，结合煤炭营销的业务特点，携手互联网科技巨头京东，推进“互联网+”模式创新，打造集智慧运销与智慧零售于一体的数智运销平台。陕西煤业深化经营管控变革，筑牢高质量发展支撑，对标世界一流企业，发展质效迈向新高度。其建成全国煤炭行业首个对标管理数字平台，填补了行业“空白”；构建了“矿业能源企业评价体系”和“煤矿综合评价体系”，实现了企业管理由指标引领到标准引领的升级。陕西煤业的“大型煤炭企业以多层级智能协同为目标的全面数字化升级管理”项目成功荣获全国企业管理现代化创新成果一等奖，成为此次煤炭行业唯一获得一等奖的企业，引领了煤炭行业的高质量发展。

资料来源：佚名．陕西煤业：2022年年度报告全文［EB/OL］．［2025-05-25］．https：//vip.stock.finance.sina.com.cn/corp/view/vCB_AllBulletinDetail.php？stockid=601225&id=9100449.

思考：陕西煤业2022年业绩较好，除了资源优势之外，还有哪些原因？

分析：陕西煤业2022年的业绩较好，除了资源优势之外，还与其加强经营管理有关。其大力推广和应用先进的管理会计方法，具体措施包括数字化管理、完善公司治理结构、建立健全风险防范体系和内控体系等。

任务一　认知作业成本法①

知识准备

一、作业成本法的定义

作业成本法（Activity Based Costing），简称ABC成本法，又称作业成本分析法、作业成本计算法、作业成本核算法。

作业成本法的指导思想是："成本对象消耗作业，作业消耗资源。"作业成本法把直接成本和间接成本（包括期间费用）作为产品（服务）消耗作业的成本同等地对待，拓宽了成本的计算范围，使计算出来的产品（服务）成本更准确真实。

作业是成本计算的核心和基本对象，产品成本或服务成本是全部作业的成本总和，是实际耗用企业资源成本的终结。

作业成本法在精确成本信息，改善经营过程，为资源决策、产品定价及组合决策提供完善的信息等方面，都受到了广泛的赞誉。自20世纪90年代以来，世界上许多先进的公司已经实施作业成本法以改善原有的会计系统、增强企业的竞争力。

二、作业成本法成本分配的过程

作业成本法不仅是一种成本计算方法，更是成本计算与成本管理的有机结合。作业成本法基于资源耗用的因果关系进行成本分配：根据作业活动耗用资源的情况，将资源耗费分配给作业；再依照成本对象消耗作业的情况，把作业成本分配给成本对象。

（一）资源

资源是企业生产耗费的原始形态，是成本产生的源泉。企业作业活动系统所涉及的人力、物力、财力都属于资源。一个企业的资源包括直接人工、直接材料、间接制造费用等。

（二）作业

作业，是指在一个组织内为了某一目的而进行的耗费资源动作，它是作业成本计算系统中最小的成本归集单元。作业贯穿产品生产经营的全过程——从产品设计、原料采购、生产加工，直至产品的发运销售。在这一过程中，每个环节、每道工序都可以视为一项作业。

---

① 本节内容主要根据百度百科"作业成本法"修改编写。佚名. ABC成本法［EB/OL］.［2023-05-25］. https：//baike.so.com/doc/5440893-5679217.html.

（三）成本动因

成本动因，亦称成本驱动因素，是指导致成本发生的因素，即成本的诱因。成本动因通常以作业活动耗费的资源来进行度量，如质量检查次数、用电度数等。在作业成本法下，成本动因是成本分配的依据。成本动因又可以分为资源动因和作业动因。

（四）作业中心

作业中心又称成本库，是指构成一个业务过程的相互联系的作业集合，用来汇集业务过程及其产出的成本。换言之，按照统一的作业动因，将各种资源耗费项目归结在一起，便形成作业中心。作业中心有助于企业更明晰地分析一组相关的作业，以便进行作业管理以及企业组织机构和责任中心的设计与考核。

三、作业成本法实施步骤

作业成本的实施一般包括以下几个步骤：

（一）设定作业成本法实施的目标、范围，组成实施小组

作业成本的实施必须目标明确，即决策者如何利用作业成本计算提供的信息。实施范围是实施作业成本的部门，作业成本可以在全企业实施，也可以在独立核算的部门实施，作业成本的实施主体必须明确。为实施作业成本必须组建作业成本实施小组，小组由企业的领导牵头，包括企业的会计负责人以及相关的人员。国外作业成本实施时一般由企业内部的人员和外部的专业咨询人员组成专门实施小组，外部的专业咨询人员具有作业成本的实施经验，使得实施可以借鉴其他实施案例的成功与失败的经验。

（二）了解企业的运作流程，收集相关信息

此步的目的是详细了解企业的经营过程，厘清企业的成本流动过程、导致成本发生的因素、各个部门对成本的责任，便于设计作业以及责任控制体系。

（三）建立企业的作业成本核算模型

在对企业的运作进行充分了解与分析的基础上，设计企业的作业成本核算模型，主要确定以下内容：企业资源、作业和成本对象。具体包括它们的分类，与各个组织层次的关系，各个计算对象的责任主体，资源作业分配的成本动因，资源到作业的分配关系。

（四）选择/开发作业成本实施工具系统

作业成本法能够提供比传统成本更丰富的信息，是建立在大量的计算基础上的。作业成本的实施离不开软件工具的支持，软件工具有助于完成复杂的核算任务，有助于对信息进行分析。作业成本软件系统提供了作业成本核算体系构造工具，可以帮助建立和管理作业成本核算体系，并完成作业成本核算。

（五）作业成本运行

在建立作业成本核算体系的基础上，输入具体的数据，运行作业成本法。

（六）分析解释作业成本运行结果

对作业成本的计算结果进行分析与解释，如分析成本偏高的原因、成本构成的变化等。

（七）采取行动

针对成本核算反映的问题采取行动，如提高作业效率、考核组织和员工、改变作

业的执行方式、消除无价值的作业。

企业是一个变化的实体，在作业成本正常运行后，还需要对作业成本核算模型进行维护，以使其能够反映企业的发展变化。伴随企业的运行，作业成本的运行、解释和行动是一个循环的过程。

【知识窗】开辟马克思主义中国化时代化新境界与管理会计前沿

习近平总书记在党的二十大报告"开辟马克思主义中国化时代化新境界"部分中指出，"我们必须坚持解放思想、实事求是、与时俱进、求真务实，一切从实际出发，着眼解决新时代改革开放和社会主义现代化建设的实际问题，不断回答中国之问、世界之问、人民之问、时代之问，作出符合中国实际和时代要求的正确回答，得出符合客观规律的科学认识，形成与时俱进的理论成果，更好指导中国实践"。

"实践没有止境，理论创新也没有止境。"习近平总书记指出，"必须坚持守正创新。我们从事的是前无古人的伟大事业，守正才能不迷失方向、不犯颠覆性错误，创新才能把握时代、引领时代。我们要以科学的态度对待科学、以真理的精神追求真理，坚持马克思主义基本原理不动摇，坚持党的全面领导不动摇，坚持中国特色社会主义不动摇，紧跟时代步伐，顺应实践发展，以满腔热忱对待一切新生事物，不断拓展认识的广度和深度，敢于说前人没有说过的新话，敢于干前人没有干过的事情，以新的理论指导新的实践。"

当前，新技术不断涌现，新的问题也不断产生，这些新变是一柄双刃剑，既给企业带来压力，也给企业创造了机遇。管理会计也随着社会经济环境的变化而发展变化，企业应该守正创新，提高学习能力，积极采用管理会计的前沿技术方法提高企业经济效益。

同步训练

一、判断题（正确的在括号内打"√"，错误的打"×"）

（　　）1.作业成本法的主要目的在于提供成本计算方法。

（　　）2.作业成本法中的资源包括直接人工费用。

（　　）3.作业成本法的作业要消耗资源。

（　　）4.作业成本法控制成本的一个做法是消除无效作业。

（　　）5.作业中心又称成本库。

二、选择题（每题至少有一个正确答案，请将正确答案填在括号内）

1.下列与作业成本法相关的概念中，表述错误的是（　）。

A.作业动因是指企业基于特定目的重复执行的任务或活动

B.资源费用是指企业在一定期间内开展经济活动所发生的各项资源耗费

C.成本对象是指企业追溯或分配资源费用、计算成本的对象物

D.成本动因是指诱导成本发生的原因

2.下列各项关于作业成本法的表述中，正确的有（　　）。

A.它是一种财务预算的方法
B.它以作业为基础计算成本
C.它是一种成本控制的方法
D.它是一种准确无误的成本计算方法

3.下列各项中属于作业成本法中的作业的是（ ）。

A.产品设计 B.原料采购 C.生产加工 D.产品销售

4.作业成本法的基本对象是（ ）。

A.作业 B.资源 C.产品 D.销售活动

5.（ ）是作业成本法下成本产生的源泉。

A.作业 B.资源 C.产品 D.成本库

参考答案

任务二 平衡计分卡法①

知识准备

一、平衡计分卡的定义

平衡计分卡（Balanced Score Card，BSC）是常见的绩效考核方式之一，是从财务、客户、内部流程、学习与成长四个角度，将组织的战略落实为可操作的衡量指标和目标值的一种新型绩效管理体系。设计平衡计分卡的目的就是要建立“实现战略制导”的绩效管理系统，从而保证企业战略得到有效的执行。因此，人们通常称平衡计分卡是加强企业战略执行力的最有效的战略管理工具。

平衡计分卡把对企业业绩的评价划分为四个部分：财务、客户、内部流程、学习与成长。其核心思想是：以财务为核心，实现绩效评价与财务目标的结合。

二、平衡计分卡的内容

平衡计分卡中的目标和评估指标来源于组织战略，它把组织的使命和战略转化为有形的目标和衡量指标。平衡计分卡的设计包括四个方面：财务、客户、内部流程、学习与成长。这几个角度分别代表企业三个主要的利益相关者：股东、客户、员工。每个角度的重要性取决于角度的本身和指标的选择是否与公司战略相一致。其中每一个方面都有其核心内容：

（一）财务层面

财务业绩指标可以显示企业的战略及其实施和执行是否对改善企业盈利作出贡

① 本节主要根据百度百科“平衡计分卡”修改编写。佚名．平衡计分卡［EB/OL］．［2023-05-25］．https：//baike.so.com/doc/2779728-2933979.htm.

献。财务目标通常与获利能力有关，其衡量指标有营业收入、资本报酬率、经济增加值等，也可能是销售额的迅速提高或创造现金流量。

（二）客户层面

在平衡计分卡的客户层面，管理者确立了其业务单位将竞争的客户和市场，以及业务单位在这些目标客户和市场中的衡量指标。客户层面指标通常包括客户满意度、客户保持率、客户获得率、客户盈利率，以及在目标市场中所占的份额。客户层面使业务单位的管理者能够阐明客户和市场战略，从而创造出色的财务回报。

（三）内部流程层面

在这一层面上，管理者要确认组织擅长的关键的内部流程，这些流程帮助业务单位提供价值主张，以吸引和留住目标细分市场的客户，并满足股东对卓越财务回报的期望。

（四）学习与成长层面

它确立了企业要创造长期的成长和改善就必须建立的基础框架，确立了未来成功的关键因素。平衡计分卡的前三个层面一般会揭示企业的实际能力与实现突破性业绩所必需的能力之间的差距，为了弥补这个差距，企业必须投资于员工技术的再造、组织程序和日常工作的理顺，这些都是平衡计分卡学习与成长层面追求的目标，如员工满意度、员工保持率、员工培训和技能等，以及这些指标的驱动因素。

三、平衡计分卡流程简介

平衡计分卡是一套从四个方面对公司战略管理的绩效进行财务与非财务综合评价的评分卡片，不仅能有效克服传统的财务评估方法的滞后性、偏重短期利益和内部利益以及忽视无形资产收益等诸多缺陷，而且是一个科学的集公司战略管理控制与战略管理的绩效评估于一体的管理系统，其基本原理和流程简述如下：

首先，以组织的共同愿景与战略为内核，运用综合与平衡的哲学思想，依据组织结构，将公司的愿景与战略转化为下属各责任部门（如各事业部）在财务、客户、内部流程、学习与成长四个方面的系列具体目标（即成功的因素），并设置相应的四张计分卡。

然后，依据各责任部门分别在财务、客户、内部流程、学习与成长四个方面可具体操作的目标，设置对应的绩效评价指标体系。这些指标不仅与公司战略目标高度相关，而且是以先行（Leading）与滞后（Lagging）两种形式，兼顾和平衡公司长期和短期目标、内部与外部利益，综合反映战略管理绩效的财务与非财务信息。

最后，由各主管部门与责任部门共同商定各项指标的具体评分规则。一般是将各项指标的预算值与实际值进行比较，对应不同范围的差异率，设定不同的评分值。以综合评分的形式，定期（通常是一个季度）考核各责任部门在财务、客户、内部流程、学习与成长四个方面的目标执行情况，及时反馈，适时调整战略偏差，或修正原定目标和评价指标，确保公司战略得以顺利与正确执行。

【育德于技11-1】浙江美大的平衡计分卡管理思想

背景：浙江美大公司（以下简称公司）系集成灶行业的开创者和领军者，是集成灶行业内首家上市公司，先后发起了两次厨房革命。公司致力于“以健康环保科技造福全人类”，打造健康环保厨房事业，于2003年成功研发生产出我国第一台集吸油烟系统、灶具和消毒柜等功能于一体的集成灶，填补国内行业空白，开启了“下排油烟”时代。此后，公司相继投入大量资金，持续进行技术创新和产品升级，使产品在集成化、高端化、智能化、人性化等方面都有极大的突破和提升，并推动中国厨房建筑设计标准的相应修订，促成了集成灶行业标准和国家标准的诞生，引领行业快速发展。

公司率先采用国际先进的卓越绩效质量管理标准，从领导、战略、顾客与市场、资源、过程管理、测量分析与改进、经营结果等七大方面进行质量管控；同时导入了基于全供应链的数字化质量追溯管理模式，将品质管理从内向外延伸，对供应商产品研发、材料进货、生产制造等各环节进行全面控制管理，真正从源头上保障产品品质，确保产品质量保持行业领先。公司财务模式稳健，现金流充沛，为行业开辟了良好的营商环境。公司与经销商采取“先款后货”的交易方式，有效地控制交易风险，控制渠道存货规模，降低因经销商拖欠货款而引发坏账的风险，保障公司持续充沛的现金流，为公司长远发展提供了充足的资金保障，同时为行业的健康发展开辟了良好的经营秩序和营商环境。公司先后获得“2019中国上市好公司”“最佳财务健康上市公司”“第十三届中国上市公司价值评选中国中小板上市公司价值前十强”“第十五届中国上市公司价值评选中国主板上市公司价值百强”“浙江省优秀民营企业”“浙江省诚信民营企业”“浙江省成长性最快百强企业”“嘉兴市上市公司十大优秀企业”“第十六届中国上市公司价值评选主板上市公司价值百强”等荣誉。

资料来源：佚名．浙江美大：2022年年度报告［EB/OL］.［2023-05-25］. https：//vip.stock.finance.sina.com.cn/corp/view/vCB_AllBulletinDetail.php？stockid=002677&id=9029141.

问题：浙江美大的行业地位和企业荣誉与公司管理有何联系？

分析：浙江美大公司的行业龙头地位和所获荣誉，与公司的战略管理密不可分。公司采取了平衡计分卡的战略管理思想，以财务为核心，综合考虑了顾客层面、内部控制流程和创新与学习等方面的平衡关系，运用先进的管理会计方法为企业和社会创造了财富。

同步训练

一、判断题（正确的在括号内打“√”，错误的打“×”）

（　　）1.平衡计分卡是一种绩效管理体系。

（　　）2.平衡计分卡中客户盈利率是一个财务方面的指标。

（　　）3.平衡计分卡的核心思想是：以财务为核心。

（　　）4.可以用现金流量作为平衡计分卡的财务指标。

（　　）5.平衡计分卡主要考查财务业绩指标。

二、选择题（每题至少有一个正确答案，请将正确答案填在括号内）

1.平衡计分卡从（　　）四个维度进行测评。

A.财务、客户、内部流程、学习与成长

B.财务、美誉度、内部流程、适应能力

C.战略、客户、内部流程、学习与成长

D.战略、美誉度、内部流程、适应能力

2.下列各项属于平衡计分卡的内容的是（　　）。

A.财务层面　B.客户层面　C.内部流程层面　D.供应商关系层面

3.平衡计分卡在保留了传统财务指标的基础上，增加了（　　）非财务指标。

A.外部环境　B.学习与成长　C.市场　D.内部流程

4.能够作为平衡计分卡核心指标的是（　　）。

A.客户满意度　B.员工满意度　C.净资产收益率　D.经济增加值

5.平衡计分卡是一套从四个方面对公司战略管理的绩效进行财务与非财务综合评价的评分卡片，其优点包括（　　）。

A.能有效克服传统的财务评估方法的滞后性

B.能克服偏重短期利益

C.能克服偏重内部利益以及忽视无形资产收益等诸多缺陷

D.是一个科学的集公司战略管理控制与战略管理的绩效评估于一体的管理系统

参考答案

任务三　认知业财融合①

知识准备

一、业财融合的定义

在全球经济深度调整和我国经济发展进入新常态的大背景下，企业需要更好、更快、更有效地响应客户需求，挖掘潜在需要，这对传统的财务管理产生了巨大的冲击。新时代下企业管理人员与财务管理人员需要更多地接触业务层面，深入了解并支持业务过程和决策，并对业务的绩效评估提供依据，让财务在资源、信息和管控三方面的效用最大化，实现“业财融合”。

业财融合，是业务与财务融合的简称，是指业务发展与财务管理相结合，业务和财务融为一体，从企业的整体角度去思考业务开展是否符合集团发展的目标方向。

对业务部门来说，在业务开展的全过程中要有经营思维和风险意识，要清晰地认

① 本任务主要参考资料：河南质量工程职业学院财务处．“业财融合”究竟是什么？怎么做？[EB/OL].［2023-05-25］. http：//www.zlxy.edu.cn/cwc/info/1980/3155.htm.

识到业务开展需要为公司创造价值和利润、控制和规避风险、减少损失。

对财务部门来说，要深入到业务活动中，特别是将财务管理前移到业务前端，将对数据的预测和分析反馈给业务部门及决策层，使企业的管理决策更加科学；同时，通过把握业务流程的关键控制点和潜在风险点，实施有针对性的改进措施，降低运营风险。

二、业财融合与价值创造

随着公司业务的不断发展，新的商业模式在带来新机遇的同时，也会产生新的问题和风险。面对复杂多变的环境和外部的不确定性，需要公司作出更为敏捷和快速的应对，传统的事后核算型财务管理方式已经不能适应这种需求，需要将财务管理向业务前端前移，在业务决策时提供财务分析和风险提示，做好财务规划，降低风险。

价值创造即企业的业务活动所产生的收益大于付出的成本，通常以货币的形式表现为利润的增加。因此，要实现企业价值的增加，既要考虑业务活动能取得的收益，还要考虑相关的成本和可能的风险损失。通过业财融合提前介入和充分沟通，用数据的形式体现整个价值创造过程和结果，有助于提高决策的科学性，也为后期的业务开展提供了控制依据和标准。

三、业财融合的要点

业财融合的核心是：事前规划、事中控制、事后评估，形成一个管理的闭环，重点在于把握业务流程的关键控制点。

以下以资产项目投资全过程说明如何进行业财融合。

（一）事前规划

根据项目的基本情况（如可售面积、销售价格），结合业务部门的预测，制定销售周期、销售政策、人员安排、费用预算，财务汇总形成项目整体预算，包括服务费/佣金收入、渠道及员工提成支出、人员固定支出、项目费用支出、资金成本测算（如有），最终计算出项目预计利润（还可以结合敏感性分析），并根据谈判结果不断修正数据，作为项目投资的参考依据。

事前规划的关键控制点在于业务部门的预测是否准确，需要业务部门对项目情况进行了解后，结合市场情况、竞品情况、客户开发情况，作出合理的预计。

（二）事中控制

在已有预算的基础上，在业务的实际开展过程中，要实时监控销售进度、成本开支、项目利润情况，并结合预算进行对比分析，与业务部门共同分析存在的问题及改进措施。

事中控制的关键是识别风险、控制风险、灵活应对，及时识别风险并规避风险，建立全员参与的风险管理意识。

在事中控制上可进行数据跟踪、分析和反馈，并对问题分析和改进措施进行加强，提高业务人员的风险管理意识。

（三）事后评估

事后评估即在项目结束后，对整个项目的实际数据与预算数据进行整体对比分析：一是为项目相关人员的绩效评价和绩效考核提供依据，二是总结项目整体管理中的经验及教训，为新项目的开展提供改进意见。

四、业财融合对财务人员的要求

（一）财务人员价值提升

会计核算是财务人员创造价值的基础，确保会计信息的高质量是财务人员的首要目标。决策支持使得财务人员起到了一个企业的“参谋长”的作用。然而财务人员不能闭门造车，在诸如会计准则、国家税务政策里面困住，而应该在工作时结合专业和企业的实际业务。如果财务不懂业务，只能提供低价值的会计服务。财务人员一定要快速地融入业务，才能更大程度地提升财务人员的价值。

（二）财务组织结构优化

企业规模越大、分工越细，财务会计人员越是只能专注一小段工作，很难窥探会计工作全貌。这不仅对财务人员自身职业发展不利，而且对企业的发展不利。财务组织内部可以制定岗位轮换相关制度，发挥不同财务人员的优势，将合适的人放在合适的岗位，一段时间之后，可以再进行变动，财务人员可能会在另一些方面发现自己的新优势。

（三）财务人员参与预算预测

在企业发展初期，全面预算实行起来会有较大困难，预算工作基本由财务人员自行完成，成本费用支出由财务人员根据以往数据测算，销售业绩也根据业务老总“拍脑袋”决定。

企业发展成熟以后，财务人员参与预算预测是将业务人员汇报的数据进行汇总整理，但对于业务数据来源的合理性缺乏一定的鉴别分析能力，财务人员与市场环境较为脱节。因此，财务人员参与预算预测，不仅要汇总整理数据，还需要在日常工作中加强审核数据的合理性，从表面看到本质，积累业务知识，等到启动预算工作时，便可游刃有余。

（四）财务人员要注重沟通

在企业中，财务人员面临不同的沟通对象，要根据这些对象的特点有针对性地进行沟通。沟通时需要注意站在对方的角度看问题，从业务的角度去解释问题。财务人员要真正做到与业务融合，降低沟通成本是重要的一环。

同步训练

一、判断题（正确的在括号内打“√”，错误的打“×”）

（　　）1.传统财务信息化总账系统面向财务独立应用，财务部门与其他部门之间可以通过系统直接传递数据。

（　　）2.业财融合中财务人员要积极参与预算管理。

（　　）3.会计核算是财务人员创造价值的基础，确保会计信息的高质量是财务人员的首要目标。

（　　）4.通过业财融合提前介入和充分沟通，用数据的形式体现整个价值创造过程和结果，有助于提高决策的科学性，也为后期的业务开展提供了控制依据和标准。

（　　）5.从业务部门来说，在业务开展的全过程中，不需要考虑业务对利润的影响。

二、选择题（每题至少有一个正确答案，请将正确答案填在括号内）

1.业财融合，是业务与财务融合的简称，是指业务发展与（　　）相结合。

A.营销管理　B.生产管理　C.人力资源管理　D.财务管理

2.业财融合中事前规划的关键控制点在于业务部门的预测是否准确，需要业务部门对项目情况进行了解后，结合（　　）作出合理的预计。

A.市场情况　B.竞品情况　C.客户开发情况　D.预算数据

3.业财融合财务管理需要（　　）。

A.将财务管理向业务前端前移　B.财务分析

C.财务规划　D.风险提示

4.业财融合中的事中控制的关键是（　　）。

A.识别风险　B.控制风险

C.及时识别风险并规避风险　D.建立全员参与的风险管理意识

5.事后评估即在项目结束后，对整个项目的实际数据与（　　）进行整体对比分析，一是为项目相关人员的绩效评价和绩效考核提供依据，二是总结项目整体管理中的经验及教训，为新项目的开展提供改进意见。

A.预算数据　B.历史数据　C.行业均值　D.先进企业数据

参考答案

任务四　认知智能管理会计[①]

知识准备

一、智能管理会计的定义

在智能化时代，技术环境发生了很大变化，大数据能够被充分利用。新业态、新产业、新模式，特别是新技术，对会计影响巨大。财务云、电子发票、移动支付、电子档案、在线审计、数据挖掘、数字签名、财务专家系统、移动互联网、身份认证等作为影响会计的十大信息技术已经得到普遍认可。若不懂这些信息技术，会计工作则无从做起，因此人们必须掌握这些核心信息技术。

企业进入智能化阶段以后，将在五个方面呈现智能化：生产过程智能化、生产管理智能化、产品创新智能化、经济管理智能化、经济调节智能化。生产过程智能化和生产管理智能化强调的是智能制造；产品创新智能化注重的是智能创新；经济管理智

① 本任务主要资料来源：温素彬．智能管理会计：趋势与体系构建［EB/OL］．［2023-05-25］．https://www.sohu.com/a/432101796_120636688.

能化和经济调节智能化则属于智能管理会计范畴。经济管理智能化的主要内容包括用工需求预测和分析、供应链管理、成本管理、财务管理、资产管理、情报管理、决策管理等；经济调节智能化的主要内容包括市场分析、政策分析、战略分析、区域经济分析、经济危机预警等。

智能管理会计有两层含义：一是全面应用以"大智移云物"和区块链为代表的数字化技术；二是对传统管理会计模式，包括组织、流程和工作模式等进行全方位变革，使管理会计体系能够更好地支撑企业业务发展。智能管理会计是基于智能共享从多维度的视角观察一个组织利益相关者的行为并进行关联性分析和决策支持，其主要从行为关联、路径网络、演化机制、结果分析、决策支持等五大方面研究利益相关者行为。

二、智能管理会计体系

智能管理会计体系概括起来可以称为"一个目标、四个基础、六大领域、若干工具、一套报告和一套系统"。一个目标即创造价值。四个基础包括管理基础、技术基础、数据基础和人才基础，其中管理基础包括伦理和道德、文化和战略、制度体系。六大领域即预算管理、绩效管理、成本管理、经营管理、投融资决策和风险管理。若干工具包括战略地图、本量利分析、平衡计分卡（BSC）、作业成本管理（ABM）等。一套报告包括绩效报告、成本报告等。一套系统即智能化管理会计系统。

管理会计首先是一个体系，而不是一系列工具的组合，工具只是其中的组成部分。目前，很多企业只是在不同管理领域简单应用了一些管理会计工具，不同的工具之间未形成联动关系，影响了管理会计工具效用的发挥，所以必须构建管理会计体系。智能管理会计体系框架如图11-1所示。

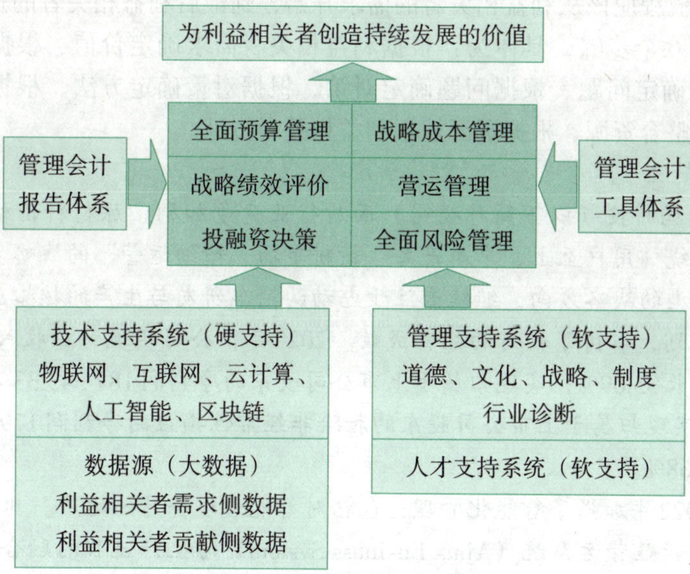

图11-1　智能管理会计体系框架

三、智能管理会计的基础

智能管理会计的基础是财务共享。财务共享共包括三个阶段：核算共享、业财一体化共享和智能大共享。目前大多数企业已经筹划和设计核算共享，且有些企业已经实现核算共享；业财一体化共享即要实现业财融合；智能大共享则是在业财融合的基础上，进一步在战略、业务、财务、利益相关者和时间等方面实现共享，并体现它们之间的关联性。

财务共享需要技术支持，智能管理会计的技术支持系统包括三个层面：物联网是最基础的，其为互联网、移动互联和区块链提供数据；互联网、移动互联和区块链起桥梁作用；大数据技术和机器智能使大量的非结构化信息变成可供决策使用的信息（如图11-2所示）。这些信息技术是具有一定层次性的，我们不需要掌握所有的信息技术，只需要具有信息技术思维模式就可以了。

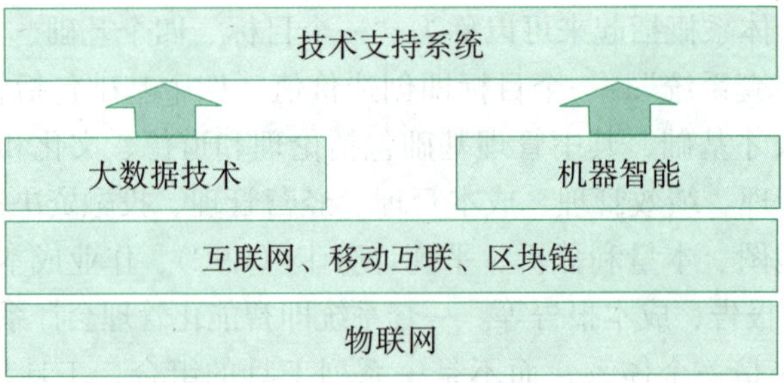

图11-2 财务共享的技术支持

四、智能管理会计的决策流程

智能决策流程应该从利益相关者的需求开始，到最后利益相关者的贡献，形成闭环。其中包含八个步骤，具体为：根据利益相关者需求确定价值、根据价值确定目标、根据目标确定问题、根据问题确定对策、根据对策确定方法、根据方法培育能力、根据能力整合资源、根据资源挖掘利益相关者贡献。

【育德与技11-2】爱玛科技的智能管理

2022年爱玛科技（以下简称公司）面对行业竞争加剧、原材料价格上涨等不利因素，紧紧围绕“用户至上、卓越产品、精耕市场、精细运营”的战略主轴和向数智化科技公司转型的战略方向，继续专注于电动两轮车研发与生产的核心业务，严格执行年度经营计划，取得了较好的经营成效。2022年，公司实现营业收入2 080 221.30万元，同比增长35.09%；实现归属于上市公司股东的净利润187 343.33万元，同比增长182.14%；实现归属于上市公司股东的扣除非经常性损益的净利润179 735.77万元，同比增长191.68%。

公司在2022年加强了智能化管理，包括对智能管理会计的运用。具体表现如下：

加强爱玛精益营运系统（Aima Business System）与生产流程的融合，以方法论、人才育成、标杆打造为三大核心驱动，不断完善并落地质量控制、精益物流、成本管理、交付管理等精细化、标准化作业手册；成立专项攻坚项目组，以工艺降本达成率、交付及时准确率、物料周转率以及质量目标达成率等业绩指标为核心进行激励，执行日常跟踪、持续改善、激励示范、固化提升的常态化工作机制，全面提升公司的精益制造水平。

在运营数智化方面，报告期内，公司深入推进“361数智化工程”战略，随着数智化系统和业务的不断融合，公司精准运营和精细运作水平不断提升，各业务领域全面赋能。公司以大数据为基础，利用算法模型，制定准确性较高的销售计划，以牵引采购、生产及市场推广等，顺畅衔接销售预订单、物料供应链、排产计划、生产过程以及物流排期等业务流程，提升采购及库存管理的效率、公司产品交付及上市的及时性和准确率，实现精细运营降本。

在研发数智化方面，公司挖掘互联网商情和舆情数据价值，搜集用户及其用车场景、行为数据等，建立并不断完善用户画像，有利于精准洞察消费需求以提升产品开发的成功率。

在精益制造方面，公司将数智化系统不断下沉至各细分生产领域，如精细化计算各烤漆工厂油漆用量标准和给料计划，协同降本工艺，有利于提高生产交付达成率和实现降本目标。各生产线的产出情况、过程质量检验情况等在系统中实时呈现，能精准反馈并快速调整生产计划执行等。

在服务数智化方面，以工单为驱动为用户提供优质的售后服务，包括便捷的用户端口操作、高效精细的服务响应、实时的服务进度显示，透明化的服务监督等；同时拉通爱玛车服与经销商管理系统，有利于经销商建立并经营其私域流量池，有利于提升搜集消费特征数据、产品动销数据和品质数据的准确性。

在财经数智化方面，以全面预算为主线、以企业内控为准则，以费用管理、资金管理等四大平台打造合规提效、流程闭环、业财一体、安全可控的战略财经管理体系，以经营数据检视、调整决策执行，实现对业务进行管控和服务的双重目的。

资料来源：佚名. 爱玛科技：2022年年度报告［EB/OL］.［2023-05-25］. https：//vip.stock.finance.sina.com.cn/corp/view/vCB_AllBulletinDetail.php？stockid=603529&id=8992475.

问题：爱玛科技在智能管理会计的运用方面有哪些成功的经验？

分析：在智能化时代，技术环境发生了很大变化，新业态、新产业、新模式，特别是新技术，对会计影响巨大。企业管理人员必须本着爱岗敬业精神，不断学习新技术、新方法，积极利用智能管理会计体系提升企业竞争力、为企业和社会创造价值。

同步训练

一、判断题（正确的在括号内打“√”，错误的打“×”）

（　　）1.智能管理会计是基于智能共享从多维度的视角观察一个组织利益相关者的行为并进行关联性分析和决策支持。

（　　）2.智能管理会计的目标也是创造价值。

（　　）3.智能管理会计主要是一个智能化工具。

（　　）4.智能管理会计可以运用于投融资管理。

（　　）5.智能管理会计的主要职能之一是决策支持。

二、选择题（每题至少有一个正确答案，请将正确答案填在括号内）

1.企业进入智能化阶段后，将在以下方面呈现智能化（　　）。

A.生产过程智能化　　B.生产管理智能化

C.产品创新智能化　　D.经济管理智能化

2.智能管理会计体系的四个基础包括（　　）。

A.管理基础　　B.技术基础　　C.数据基础　　D.人才基础

3.智能管理会计的工作领域包括（　　）。

A.预算管理　　B.绩效管理

C.成本管理　　D.投融资决策和风险管理

4.在智能管理会计中（　　）使得大量的非结构化信息变成可供决策使用的信息。

A.物联网　　B.区块链　　C.大数据技术　　D.机器智能

5.经济调节智能化的主要内容包括（　　）。

A.市场分析　　B.政策分析　　C.战略分析　　D.经济危机预警

参考答案

项目小结

本项目主要知识点归纳总结见表11-1。

表11-1　本项目主要知识点归纳总结

主要知识点	内容	
作业成本法认知	作业成本法的概念	作业成本法简称ABC成本法，又称作业成本分析法、作业成本计算法、作业成本核算法。作业成本法的指导思想是：“成本对象消耗作业，作业消耗资源。”作业成本法把直接成本和间接成本（包括期间费用）作为产品（服务）消耗作业的成本同等地对待，拓宽了成本的计算范围，使计算出来的产品（服务）成本更准确真实
	作业成本法成本分配的过程	作业成本法不仅是一种成本计算方法，更是成本计算与成本管理的有机结合。作业成本法基于资源耗用的因果关系进行成本分配：根据作业活动耗用资源的情况，将资源耗费分配给作业；再依照成本对象消耗作业的情况，把作业成本分配给成本对象。作业成本法的四个要素是：资源、作业、成本动因和作业中心

续表

主要知识点	内　容	
作业成本法认知	作业成本法实施步骤	（1）设定作业成本法实施的目标、范围，组成实施小组 （2）了解企业的运作流程，收集相关信息 （3）建立企业的作业成本核算模型 （4）选择/开发作业成本实施工具系统 （5）作业成本运行 （6）分析解释作业成本运行结果 （7）采取行动
平衡计分卡法认知	平衡计分卡法的概念	平衡计分卡是常见的绩效考核方式之一，是从财务、客户、内部流程、学习与成长四个角度，将组织的战略落实为可操作的衡量指标和目标值的一种新型绩效管理体系。设计平衡计分卡的目的就是要建立“实现战略制导”的绩效管理系统，从而保证企业战略得到有效的执行。因此，人们通常称平衡计分卡是加强企业战略执行力的最有效的战略管理工具
	平衡计分卡的内容	平衡计分卡中的目标和评估指标来源于组织战略，它把组织的使命和战略转化为有形的目标和衡量指标。平衡计分卡的设计包括四个方面：财务、客户、内部流程、学习与成长。这几个角度分别代表企业三个主要的利益相关者：股东、客户、员工。每个角度的重要性取决于角度的本身和指标的选择是否与公司战略相一致
	平衡计分卡流程简介	（1）将公司的愿景与战略转化为下属各责任部门（如各事业部）在财务、客户、内部流程、学习与成长四个方面的系列具体目标 （2）依据各责任部门分别在财务、客户、内部流程、学习与成长四个方面可具体操作的目标，设置对应的绩效评价指标体系 （3）由各主管部门与责任部门共同商定各项指标的具体评分规则
认知业财融合	业财融合的概念	业财融合是业务与财务融合的简称，是指业务发展与财务管理相结合，业务和财务融为一体，从企业的整体去思考业务开展是否符合集团发展的目标方向
	业财融合的要点	业财融合的核心是：事前规划、事中控制、事后评估，形成一个管理的闭环，重点在于把握业务流程的关键控制点
	业财融合对财务人员的要求	（1）财务人员价值提升 （2）财务组织结构优化 （3）财务人员参与预算预测 （4）财务人员要注重沟通

续表

主要知识点	内容	
认知智能管理会计	智能管理会计的概念	智能管理会计有两层含义：一是全面应用以“大智移云物”和区块链为代表的数字化技术；二是对传统管理会计模式，包括组织、流程和工作模式等进行全方位变革，使管理会计体系能够更好地支撑企业业务发展。智能管理会计是基于智能共享从多维度的视角观察一个组织利益相关者的行为并进行关联性分析和决策支持，其主要从行为关联、路径网络、演化机制、结果分析、决策支持等五大方面研究利益相关者行为
	智能管理会计体系	智能管理会计体系概括起来可以称为一个目标、四个基础、六大领域、若干工具、一套报告和一套系统： (1) 一个目标即创造价值 (2) 四个基础包括管理基础、技术基础、数据基础和人才基础，其中管理基础包括伦理和道德、文化和战略和制度体系 (3) 六大领域即预算管理、绩效管理、成本管理、经营管理、投融资决策和风险管理 (4) 若干工具包括战略地图、本量利分析、平衡计分卡（BSC）、作业成本管理（ABM）等 (5) 一套报告包括绩效报告、成本报告等 (6) 一套系统即智能化管理会计系统
	智能管理会计的基础	智能管理会计的基础是财务共享。智能管理会计的技术支持系统包括三个层面：物联网是最基础的，物联网为互联网、移动互联和区块链提供数据；互联网、移动互联和区块链起桥梁作用；大数据技术和机器智能使得大量的非结构化的信息变成可供决策使用的信息
	智能管理会计的决策流程	根据利益相关者需求确定价值、根据价值确定目标、根据目标确定问题、根据问题确定对策、根据对策确定方法、根据方法培育能力、根据能力整合资源、根据资源挖掘利益相关者贡献

参考文献

［1］孙茂竹，支晓强，戴璐．管理会计学［M］．8版．北京：中国人民大学出版社，2018.

［2］孙茂竹，支晓强，戴璐．管理会计学学习指导书［M］．8版．北京：中国人民大学出版社，2018.

［3］吴大军．管理会计［M］．5版．大连：东北财经大学出版社，2018.

［4］傅元略．管理会计［M］．北京：经济科学出版社，2015.

［5］孔德兰．管理会计［M］．3版．大连：大连出版社，2011.

［6］孔德兰．管理会计习题与实训［M］．2版．大连：大连出版社，2011.

附 录

附表一 一元复利终值系数表

期数	1%	2%	3%	4%	5%	6%	7%	8%	9%	10%	11%	12%	13%	14%	15%
1	1.01	1.02	1.03	1.04	1.05	1.06	1.07	1.08	1.09	1.1	1.11	1.12	1.13	1.14	1.15
2	1.0201	1.0404	1.0609	1.0816	1.1025	1.1236	1.1449	1.1664	1.1881	1.21	1.2321	1.2544	1.2769	1.2996	1.3225
3	1.0303	1.0612	1.0927	1.1249	1.1576	1.191	1.225	1.2597	1.295	1.331	1.3676	1.4049	1.4429	1.4815	1.5209
4	1.0406	1.0824	1.1255	1.1699	1.2155	1.2625	1.3108	1.3605	1.4116	1.4641	1.5181	1.5735	1.6305	1.689	1.749
5	1.051	1.1041	1.1593	1.2167	1.2763	1.3382	1.4026	1.4693	1.5386	1.6105	1.6851	1.7623	1.8424	1.9254	2.0114
6	1.0615	1.1262	1.1941	1.2653	1.3401	1.4185	1.5007	1.5869	1.6771	1.7716	1.8704	1.9738	2.082	2.195	2.3131
7	1.0721	1.1487	1.2299	1.3159	1.4071	1.5036	1.6058	1.7138	1.828	1.9487	2.0762	2.2107	2.3526	2.5023	2.66
8	1.0829	1.1717	1.2668	1.3686	1.4775	1.5938	1.7182	1.8509	1.9926	2.1436	2.3045	2.476	2.6584	2.8526	3.059
9	1.0937	1.1951	1.3048	1.4233	1.5513	1.6895	1.8385	1.999	2.1719	2.3579	2.558	2.7731	3.004	3.2519	3.5179
10	1.1046	1.219	1.3439	1.4802	1.6289	1.7908	1.9672	2.1589	2.3674	2.5937	2.8394	3.1058	3.3946	3.7072	4.0456
11	1.1157	1.2434	1.3842	1.5395	1.7103	1.8983	2.1049	2.3316	2.5804	2.8531	3.1518	3.4786	3.8359	4.2262	4.6524
12	1.1268	1.2682	1.4258	1.601	1.7959	2.0122	2.2522	2.5182	2.8127	3.1384	3.4985	3.896	4.3345	4.8179	5.3503
13	1.1381	1.2936	1.4685	1.6651	1.8856	2.1329	2.4098	2.7196	3.0658	3.4523	3.8833	4.3635	4.898	5.4924	6.1528
14	1.1495	1.3195	1.5126	1.7317	1.9799	2.2609	2.5785	2.9372	3.3417	3.7975	4.3104	4.8871	5.5348	6.2613	7.0757
15	1.161	1.3459	1.558	1.8009	2.0789	2.3966	2.759	3.1722	3.6425	4.1772	4.7846	5.4736	6.2543	7.1379	8.1371

续表

期数	1%	2%	3%	4%	5%	6%	7%	8%	9%	10%	11%	12%	13%	14%	15%
16	1.1726	1.3728	1.6047	1.873	2.1829	2.5404	2.9522	3.4259	3.9703	4.595	5.3109	6.1304	7.0673	8.1372	9.3576
17	1.1843	1.4002	1.6528	1.9479	2.292	2.6928	3.1588	3.7	4.3276	5.0545	5.8951	6.866	7.9861	9.2765	10.7613
18	1.1961	1.4282	1.7024	2.0258	2.4066	2.8543	3.3799	3.996	4.7171	5.5599	6.5436	7.69	9.0243	10.5752	12.3755
19	1.2081	1.4568	1.7535	2.1068	2.527	3.0256	3.6165	4.3157	5.1417	6.1159	7.2633	8.6128	10.1974	12.0557	14.2318
20	1.2202	1.4859	1.8061	2.1911	2.6533	3.2071	3.8697	4.661	5.6044	6.7275	8.0623	9.6463	11.5231	13.7435	16.3665
21	1.2324	1.5157	1.8603	2.2788	2.786	3.3996	4.1406	5.0338	6.1088	7.4002	8.9492	10.8038	13.0211	15.6676	18.8215
22	1.2447	1.546	1.9161	2.3699	2.9253	3.6035	4.4304	5.4365	6.6586	8.1403	9.9336	12.1003	14.7138	17.861	21.6447
23	1.2572	1.5769	1.9736	2.4647	3.0715	3.8197	4.7405	5.8715	7.2579	8.9543	11.0263	13.5523	16.6266	20.3616	24.8915
24	1.2697	1.6084	2.0328	2.5633	3.2251	4.0489	5.0724	6.3412	7.9111	9.8497	12.2392	15.1786	18.7881	23.2122	28.6252
25	1.2824	1.6406	2.0938	2.6658	3.3864	4.2919	5.4274	6.8485	8.6231	10.8347	13.5855	17.0001	21.2305	26.4619	32.919
26	1.2953	1.6734	2.1566	2.7725	3.5557	4.5494	5.8074	7.3964	9.3992	11.9182	15.0799	19.0401	23.9905	30.1666	37.8568
27	1.3082	1.7069	2.2213	2.8834	3.7335	4.8223	6.2139	7.9881	10.2451	13.11	16.7387	21.3249	27.1093	34.3899	43.5353
28	1.3213	1.741	2.2879	2.9987	3.9201	5.1117	6.6488	8.6271	11.1671	14.421	18.5799	23.8839	30.6335	39.2045	50.0656
29	1.3345	1.7758	2.3566	3.1187	4.1161	5.4184	7.1143	9.3173	12.1722	15.8631	20.6237	26.7499	34.6158	44.6931	57.5755
30	1.3478	1.8114	2.4273	3.2434	4.3219	5.7435	7.6123	10.0627	13.2677	17.4494	22.8923	29.9599	39.1159	50.9502	66.2118

续表

期数	16%	17%	18%	19%	20%	21%	22%	23%	24%	25%	26%	27%	28%	29%	30%
1	1.16	1.17	1.18	1.19	1.2	1.21	1.22	1.23	1.24	1.25	1.26	1.27	1.28	1.29	1.3
2	1.3456	1.3689	1.3924	1.4161	1.44	1.4641	1.4884	1.5129	1.5376	1.5625	1.5876	1.6129	1.6384	1.6641	1.69
3	1.5609	1.6016	1.643	1.6852	1.728	1.7716	1.8158	1.8609	1.9066	1.9531	2.0004	2.0484	2.0972	2.1467	2.197
4	1.8106	1.8739	1.9388	2.0053	2.0736	2.1436	2.2153	2.2889	2.3642	2.4414	2.5205	2.6014	2.6844	2.7692	2.8561
5	2.1003	2.1924	2.2878	2.3864	2.4883	2.5937	2.7027	2.8153	2.9316	3.0518	3.1758	3.3038	3.436	3.5723	3.7129
6	2.4364	2.5652	2.6996	2.8398	2.986	3.1384	3.2973	3.4628	3.6352	3.8147	4.0015	4.1959	4.398	4.6083	4.8268
7	2.8262	3.0012	3.1855	3.3793	3.5832	3.7975	4.0227	4.2593	4.5077	4.7684	5.0419	5.3288	5.6295	5.9447	6.2749
8	3.2784	3.5115	3.7589	4.0214	4.2998	4.595	4.9077	5.2389	5.5895	5.9605	6.3528	6.7675	7.2058	7.6686	8.1573
9	3.803	4.1084	4.4355	4.7854	5.1598	5.5599	5.9874	6.4439	6.931	7.4506	8.0045	8.5948	9.2234	9.8925	10.6045
10	4.4114	4.8068	5.2338	5.6947	6.1917	6.7275	7.3046	7.9259	8.5944	9.3132	10.0857	10.9153	11.8059	12.7614	13.7858
11	5.1173	5.624	6.1759	6.7767	7.4301	8.1403	8.9117	9.7489	10.6571	11.6415	12.708	13.8625	15.1116	16.4622	17.9216
12	5.936	6.5801	7.2876	8.0642	8.9161	9.8497	10.8722	11.9912	13.2148	14.5519	16.012	17.6053	19.3428	21.2362	23.2981
13	6.8858	7.6987	8.5994	9.5964	10.6993	11.9182	13.2641	14.7491	16.3863	18.1899	20.1752	22.3588	24.7588	27.3947	30.2875
14	7.9875	9.0075	10.1472	11.4198	12.8392	14.421	16.1822	18.1414	20.3191	22.7374	25.4207	28.3957	31.6913	35.3391	39.3738
15	9.2655	10.5387	11.9737	13.5895	15.407	17.4494	19.7423	22.314	25.1956	28.4217	32.0301	36.0625	40.5648	45.5875	51.1859

续表

期数	16%	17%	18%	19%	20%	21%	22%	23%	24%	25%	26%	27%	28%	29%	30%
16	10.748	12.3303	14.129	16.1715	18.4884	21.1138	24.0856	27.4462	31.2426	35.5271	40.3579	45.7994	51.923	58.8079	66.5417
17	12.4677	14.4265	16.6722	19.2441	22.1861	25.5477	29.3844	33.7588	38.7408	44.4089	50.851	58.1652	66.4614	75.8621	86.5042
18	14.4625	16.879	19.6733	22.9005	26.6233	30.9127	35.849	41.5233	48.0386	55.5112	64.0722	73.8698	85.0706	97.8622	112.4554
19	16.7765	19.7484	23.2144	27.2516	31.948	37.4043	43.7358	51.0737	59.5679	69.3889	80.731	93.8147	108.8904	126.2422	146.192
20	19.4608	23.1056	27.393	32.4294	38.3376	45.2593	53.3576	62.8206	73.8641	86.7362	101.7211	119.1446	139.3797	162.8524	190.0496
21	22.5745	27.0336	32.3238	38.591	46.0051	54.7637	65.0963	77.2694	91.5915	108.4202	128.1685	151.3137	178.406	210.0796	247.0645
22	26.1864	31.6293	38.1421	45.9233	55.2061	66.2641	79.4175	95.0413	113.5735	135.5253	161.4924	192.1683	228.3596	271.0027	321.1839
23	30.3762	37.0062	45.0076	54.6487	66.2474	80.1795	96.8894	116.9008	140.8312	169.4066	203.4804	244.0538	292.3003	349.5935	417.5391
24	35.2364	43.2973	53.109	65.032	79.4968	97.0172	118.205	143.788	174.6306	211.7582	256.3853	309.9483	374.1444	450.9756	542.8008
25	40.8742	50.6578	62.6686	77.3881	95.3962	117.3909	144.2101	176.8593	216.542	264.6978	323.0454	393.6344	478.9049	581.7585	705.641
26	47.4141	59.2697	73.949	92.0918	114.4755	142.0429	175.9364	217.5369	268.5121	330.8722	407.0373	499.9157	612.9982	750.4685	917.3333
27	55.0004	69.3455	87.2598	109.5893	137.3706	171.8719	214.6424	267.5704	332.955	413.5903	512.867	634.8929	784.6377	968.1044	1192.5333
28	63.8004	81.1342	102.9666	130.4112	164.8447	207.9651	261.8637	329.1115	412.8642	516.9879	646.2124	806.314	1004.3363	1248.8546	1550.2933
29	74.0085	94.9271	121.5005	155.1893	197.8136	251.6377	319.4737	404.8072	511.9516	646.2349	814.2276	1024.0187	1285.5504	1611.0225	2015.3813
30	85.8499	111.0647	143.3706	184.6753	237.3763	304.4816	389.7579	497.9129	634.8199	807.7936	1025.9267	1300.5038	1645.5046	2078.219	2619.9956

附表二

一元复利现值系数表

期数	1%	2%	3%	4%	5%	6%	7%	8%	9%	10%	11%	12%	13%	14%	15%
1	0.9901	0.9804	0.9709	0.9615	0.9524	0.9434	0.9346	0.9259	0.9174	0.9091	0.9009	0.8929	0.885	0.8772	0.8696
2	0.9803	0.9612	0.9426	0.9246	0.907	0.89	0.8734	0.8573	0.8417	0.8264	0.8116	0.7972	0.7831	0.7695	0.7561
3	0.9706	0.9423	0.9151	0.889	0.8638	0.8396	0.8163	0.7938	0.7722	0.7513	0.7312	0.7118	0.6931	0.675	0.6575
4	0.961	0.9238	0.8885	0.8548	0.8227	0.7921	0.7629	0.735	0.7084	0.683	0.6587	0.6355	0.6133	0.5921	0.5718
5	0.9515	0.9057	0.8626	0.8219	0.7835	0.7473	0.713	0.6806	0.6499	0.6209	0.5935	0.5674	0.5428	0.5194	0.4972
6	0.942	0.888	0.8375	0.7903	0.7462	0.705	0.6663	0.6302	0.5963	0.5645	0.5346	0.5066	0.4803	0.4556	0.4323
7	0.9327	0.8706	0.8131	0.7599	0.7107	0.6651	0.6227	0.5835	0.547	0.5132	0.4817	0.4523	0.4251	0.3996	0.3759
8	0.9235	0.8535	0.7894	0.7307	0.6768	0.6274	0.582	0.5403	0.5019	0.4665	0.4339	0.4039	0.3762	0.3506	0.3269
9	0.9143	0.8368	0.7664	0.7026	0.6446	0.5919	0.5439	0.5002	0.4604	0.4241	0.3909	0.3606	0.3329	0.3075	0.2843
10	0.9053	0.8203	0.7441	0.6756	0.6139	0.5584	0.5083	0.4632	0.4224	0.3855	0.3522	0.322	0.2946	0.2697	0.2472
11	0.8963	0.8043	0.7224	0.6496	0.5847	0.5268	0.4751	0.4289	0.3875	0.3505	0.3173	0.2875	0.2607	0.2366	0.2149
12	0.8874	0.7885	0.7014	0.6246	0.5568	0.497	0.444	0.3971	0.3555	0.3186	0.2858	0.2567	0.2307	0.2076	0.1869
13	0.8787	0.773	0.681	0.6006	0.5303	0.4688	0.415	0.3677	0.3262	0.2897	0.2575	0.2292	0.2042	0.1821	0.1625
14	0.87	0.7579	0.6611	0.5775	0.5051	0.4423	0.3878	0.3405	0.2992	0.2633	0.232	0.2046	0.1807	0.1597	0.1413
15	0.8613	0.743	0.6419	0.5553	0.481	0.4173	0.3624	0.3152	0.2745	0.2394	0.209	0.1827	0.1599	0.1401	0.1229

续表

期数	1%	2%	3%	4%	5%	6%	7%	8%	9%	10%	11%	12%	13%	14%	15%
16	0.8528	0.7284	0.6232	0.5339	0.4581	0.3936	0.3387	0.2919	0.2519	0.2176	0.1883	0.1631	0.1415	0.1229	0.1069
17	0.8444	0.7142	0.605	0.5134	0.4363	0.3714	0.3166	0.2703	0.2311	0.1978	0.1696	0.1456	0.1252	0.1078	0.0929
18	0.836	0.7002	0.5874	0.4936	0.4155	0.3503	0.2959	0.2502	0.212	0.1799	0.1528	0.13	0.1108	0.0946	0.0808
19	0.8277	0.6864	0.5703	0.4746	0.3957	0.3305	0.2765	0.2317	0.1945	0.1635	0.1377	0.1161	0.0981	0.0829	0.0703
20	0.8195	0.673	0.5537	0.4564	0.3769	0.3118	0.2584	0.2145	0.1784	0.1486	0.124	0.1037	0.0868	0.0728	0.0611
21	0.8114	0.6598	0.5375	0.4388	0.3589	0.2942	0.2415	0.1987	0.1637	0.1351	0.1117	0.0926	0.0768	0.0638	0.0531
22	0.8034	0.6468	0.5219	0.422	0.3418	0.2775	0.2257	0.1839	0.1502	0.1228	0.1007	0.0826	0.068	0.056	0.0462
23	0.7954	0.6342	0.5067	0.4057	0.3256	0.2618	0.2109	0.1703	0.1378	0.1117	0.0907	0.0738	0.0601	0.0491	0.0402
24	0.7876	0.6217	0.4919	0.3901	0.3101	0.247	0.1971	0.1577	0.1264	0.1015	0.0817	0.0659	0.0532	0.0431	0.0349
25	0.7798	0.6095	0.4776	0.3751	0.2953	0.233	0.1842	0.146	0.116	0.0923	0.0736	0.0588	0.0471	0.0378	0.0304
26	0.772	0.5976	0.4637	0.3607	0.2812	0.2198	0.1722	0.1352	0.1064	0.0839	0.0663	0.0525	0.0417	0.0331	0.0264
27	0.7644	0.5859	0.4502	0.3468	0.2678	0.2074	0.1609	0.1252	0.0976	0.0763	0.0597	0.0469	0.0369	0.0291	0.023
28	0.7568	0.5744	0.4371	0.3335	0.2551	0.1956	0.1504	0.1159	0.0895	0.0693	0.0538	0.0419	0.0326	0.0255	0.02
29	0.7493	0.5631	0.4243	0.3207	0.2429	0.1846	0.1406	0.1073	0.0822	0.063	0.0485	0.0374	0.0289	0.0224	0.0174
30	0.7419	0.5521	0.412	0.3083	0.2314	0.1741	0.1314	0.0994	0.0754	0.0573	0.0437	0.0334	0.0256	0.0196	0.0151

续表

期数	16%	17%	18%	19%	20%	21%	22%	23%	24%	25%	26%	27%	28%	29%	30%
1	0.8621	0.8547	0.8475	0.8403	0.8333	0.8264	0.8197	0.813	0.8065	0.8	0.7937	0.7874	0.7813	0.7752	0.7692
2	0.7432	0.7305	0.7182	0.7062	0.6944	0.683	0.6719	0.661	0.6504	0.64	0.6299	0.62	0.6104	0.6009	0.5917
3	0.6407	0.6244	0.6086	0.5934	0.5787	0.5645	0.5507	0.5374	0.5245	0.512	0.4999	0.4882	0.4768	0.4658	0.4552
4	0.5523	0.5337	0.5158	0.4987	0.4823	0.4665	0.4514	0.4369	0.423	0.4096	0.3968	0.3844	0.3725	0.3611	0.3501
5	0.4761	0.4561	0.4371	0.419	0.4019	0.3855	0.37	0.3552	0.3411	0.3277	0.3149	0.3027	0.291	0.2799	0.2693
6	0.4104	0.3898	0.3704	0.3521	0.3349	0.3186	0.3033	0.2888	0.2751	0.2621	0.2499	0.2383	0.2274	0.217	0.2072
7	0.3538	0.3332	0.3139	0.2959	0.2791	0.2633	0.2486	0.2348	0.2218	0.2097	0.1983	0.1877	0.1776	0.1682	0.1594
8	0.305	0.2848	0.266	0.2487	0.2326	0.2176	0.2038	0.1909	0.1789	0.1678	0.1574	0.1478	0.1388	0.1304	0.1226
9	0.263	0.2434	0.2255	0.209	0.1938	0.1799	0.167	0.1552	0.1443	0.1342	0.1249	0.1164	0.1084	0.1011	0.0943
10	0.2267	0.208	0.1911	0.1756	0.1615	0.1486	0.1369	0.1262	0.1164	0.1074	0.0992	0.0916	0.0847	0.0784	0.0725
11	0.1954	0.1778	0.1619	0.1476	0.1346	0.1228	0.1122	0.1026	0.0938	0.0859	0.0787	0.0721	0.0662	0.0607	0.0558
12	0.1685	0.152	0.1372	0.124	0.1122	0.1015	0.092	0.0834	0.0757	0.0687	0.0625	0.0568	0.0517	0.0471	0.0429
13	0.1452	0.1299	0.1163	0.1042	0.0935	0.0839	0.0754	0.0678	0.061	0.055	0.0496	0.0447	0.0404	0.0365	0.033
14	0.1252	0.111	0.0985	0.0876	0.0779	0.0693	0.0618	0.0551	0.0492	0.044	0.0393	0.0352	0.0316	0.0283	0.0254
15	0.1079	0.0949	0.0835	0.0736	0.0649	0.0573	0.0507	0.0448	0.0397	0.0352	0.0312	0.0277	0.0247	0.0219	0.0195

续表

期数	16%	17%	18%	19%	20%	21%	22%	23%	24%	25%	26%	27%	28%	29%	30%
16	0.093	0.0811	0.0708	0.0618	0.0541	0.0474	0.0415	0.0364	0.032	0.0281	0.0248	0.0218	0.0193	0.017	0.015
17	0.0802	0.0693	0.06	0.052	0.0451	0.0391	0.034	0.0296	0.0258	0.0225	0.0197	0.0172	0.015	0.0132	0.0116
18	0.0691	0.0592	0.0508	0.0437	0.0376	0.0323	0.0279	0.0241	0.0208	0.018	0.0156	0.0135	0.0118	0.0102	0.0089
19	0.0596	0.0506	0.0431	0.0367	0.0313	0.0267	0.0229	0.0196	0.0168	0.0144	0.0124	0.0107	0.0092	0.0079	0.0068
20	0.0514	0.0433	0.0365	0.0308	0.0261	0.0221	0.0187	0.0159	0.0135	0.0115	0.0098	0.0084	0.0072	0.0061	0.0053
21	0.0443	0.037	0.0309	0.0259	0.0217	0.0183	0.0154	0.0129	0.0109	0.0092	0.0078	0.0066	0.0056	0.0048	0.004
22	0.0382	0.0316	0.0262	0.0218	0.0181	0.0151	0.0126	0.0105	0.0088	0.0074	0.0062	0.0052	0.0044	0.0037	0.0031
23	0.0329	0.027	0.0222	0.0183	0.0151	0.0125	0.0103	0.0086	0.0071	0.0059	0.0049	0.0041	0.0034	0.0029	0.0024
24	0.0284	0.0231	0.0188	0.0154	0.0126	0.0103	0.0085	0.007	0.0057	0.0047	0.0039	0.0032	0.0027	0.0022	0.0018
25	0.0245	0.0197	0.016	0.0129	0.0105	0.0085	0.0069	0.0057	0.0046	0.0038	0.0031	0.0025	0.0021	0.0017	0.0014
26	0.0211	0.0169	0.0135	0.0109	0.0087	0.007	0.0057	0.0046	0.0037	0.003	0.0025	0.002	0.0016	0.0013	0.0011
27	0.0182	0.0144	0.0115	0.0091	0.0073	0.0058	0.0047	0.0037	0.003	0.0024	0.0019	0.0016	0.0013	0.001	0.0008
28	0.0157	0.0123	0.0097	0.0077	0.0061	0.0048	0.0038	0.003	0.0024	0.0019	0.0015	0.0012	0.001	0.0008	0.0006
29	0.0135	0.0105	0.0082	0.0064	0.0051	0.004	0.0031	0.0025	0.002	0.0015	0.0012	0.001	0.0008	0.0006	0.0005
30	0.0116	0.009	0.007	0.0054	0.0042	0.0033	0.0026	0.002	0.0016	0.0012	0.001	0.0008	0.0006	0.0005	0.0004

附表三

一元年金终值系数表

期数	1%	2%	3%	4%	5%	6%	7%	8%	9%	10%	11%	12%	13%	14%	15%
1	1	1	1	1	1	1	1	1	1	1	1	1	1	1	1
2	2.01	2.02	2.03	2.04	2.05	2.06	2.07	2.08	2.09	2.1	2.11	2.12	2.13	2.14	2.15
3	3.0301	3.0604	3.0909	3.1216	3.1525	3.1836	3.2149	3.2464	3.2781	3.31	3.3421	3.3744	3.4069	3.4396	3.4725
4	4.0604	4.1216	4.1836	4.2465	4.3101	4.3746	4.4399	4.5061	4.5731	4.641	4.7097	4.7793	4.8498	4.9211	4.9934
5	5.101	5.204	5.3091	5.4163	5.5256	5.6371	5.7507	5.8666	5.9847	6.1051	6.2278	6.3528	6.4803	6.6101	6.7424
6	6.152	6.3081	6.4684	6.633	6.8019	6.9753	7.1533	7.3359	7.5233	7.7156	7.9129	8.1152	8.3227	8.5355	8.7537
7	7.2135	7.4343	7.6625	7.8983	8.142	8.3938	8.654	8.9228	9.2004	9.4872	9.7833	10.089	10.4047	10.7305	11.0668
8	8.2857	8.583	8.8923	9.2142	9.5491	9.8975	10.2598	10.6366	11.0285	11.4359	11.8594	12.2997	12.7573	13.2328	13.7268
9	9.3685	9.7546	10.1591	10.5828	11.0266	11.4913	11.978	12.4876	13.021	13.5795	14.164	14.7757	15.4157	16.0853	16.7858
10	10.4622	10.9497	11.4639	12.0061	12.5779	13.1808	13.8164	14.4866	15.1929	15.9374	16.722	17.5487	18.4197	19.3373	20.3037
11	11.5668	12.1687	12.8078	13.4864	14.2068	14.9716	15.7836	16.6455	17.5603	18.5312	19.5614	20.6546	21.8143	23.0445	24.3493
12	12.6825	13.4121	14.192	15.0258	15.9171	16.8699	17.8885	18.9771	20.1407	21.3843	22.7132	24.1331	25.6502	27.2707	29.0017
13	13.8093	14.6803	15.6178	16.6268	17.713	18.8821	20.1406	21.4953	22.9534	24.5227	26.2116	28.0291	29.9847	32.0887	34.3519
14	14.9474	15.9739	17.0863	18.2919	19.5986	21.0151	22.5505	24.2149	26.0192	27.975	30.0949	32.3926	34.8827	37.5811	40.5047
15	16.0969	17.2934	18.5989	20.0236	21.5786	23.276	25.129	27.1521	29.3609	31.7725	34.4054	37.2797	40.4175	43.8424	47.5804

续表

期数	1%	2%	3%	4%	5%	6%	7%	8%	9%	10%	11%	12%	13%	14%	15%
16	17.2579	18.6393	20.1569	21.8245	23.6575	25.6725	27.8881	30.3243	33.0034	35.9497	39.1899	42.7533	46.6717	50.9804	55.7175
17	18.4304	20.0121	21.7616	23.6975	25.8404	28.2129	30.8402	33.7502	36.9737	40.5447	44.5008	48.8837	53.7391	59.1176	65.0751
18	19.6147	21.4123	23.4144	25.6454	28.1324	30.9057	33.999	37.4502	41.3013	45.5992	50.3959	55.7497	61.7251	68.3941	75.8364
19	20.8109	22.8406	25.1169	27.6712	30.539	33.76	37.379	41.4463	46.0185	51.1591	56.9395	63.4397	70.7494	78.9692	88.2118
20	22.019	24.2974	26.8704	29.7781	33.066	36.7856	40.9955	45.762	51.1601	57.275	64.2028	72.0524	80.9468	91.0249	102.4436
21	23.2392	25.7833	28.6765	31.9692	35.7193	39.9927	44.8652	50.4229	56.7645	64.0025	72.2651	81.6987	92.4699	104.7684	118.8101
22	24.4716	27.299	30.5368	34.248	38.5052	43.3923	49.0057	55.4568	62.8733	71.4027	81.2143	92.5026	105.491	120.436	137.6316
23	25.7163	28.845	32.4529	36.6179	41.4305	46.9958	53.4361	60.8933	69.5319	79.543	91.1479	104.6029	120.2048	138.297	159.2764
24	26.9735	30.4219	34.4265	39.0826	44.502	50.8156	58.1767	66.7648	76.7898	88.4973	102.1742	118.1552	136.8315	158.6586	184.1678
25	28.2432	32.0303	36.4593	41.6459	47.7271	54.8645	63.249	73.1059	84.7009	98.3471	114.4133	133.3339	155.6196	181.8708	212.793
26	29.5256	33.6709	38.553	44.3117	51.1135	59.1564	68.6765	79.9544	93.324	109.1818	127.9988	150.3339	176.8501	208.3327	245.712
27	30.8209	35.3443	40.7096	47.0842	54.6691	63.7058	74.4838	87.3508	102.7231	121.0999	143.0786	169.374	200.8406	238.4993	283.5688
28	32.1291	37.0512	42.9309	49.9676	58.4026	68.5281	80.6977	95.3388	112.9682	134.2099	159.8173	190.6989	227.9499	272.8892	327.1041
29	33.4504	38.7922	45.2189	52.9663	62.3227	73.6398	87.3465	103.9659	124.1354	148.6309	178.3972	214.5828	258.5834	312.0937	377.1697
30	34.7849	40.5681	47.5754	56.0849	66.4388	79.0582	94.4608	113.2832	136.3075	164.494	199.0209	241.3327	293.1992	356.7868	434.7451

续表

期数	16%	17%	18%	19%	20%	21%	22%	23%	24%	25%	26%	27%	28%	29%	30%
1	1	1	1	1	1	1	1	1	1	1	1	1	1	1	1
2	2.16	2.17	2.18	2.19	2.2	2.21	2.22	2.23	2.24	2.25	2.26	2.27	2.28	2.29	2.3
3	3.5056	3.5389	3.5724	3.6061	3.64	3.6741	3.7084	3.7429	3.7776	3.8125	3.8476	3.8829	3.9184	3.9541	3.99
4	5.0665	5.1405	5.2154	5.2913	5.368	5.4457	5.5242	5.6038	5.6842	5.7656	5.848	5.9313	6.0156	6.1008	6.187
5	6.8771	7.0144	7.1542	7.2966	7.4416	7.5892	7.7396	7.8926	8.0484	8.207	8.3684	8.5327	8.6999	8.87	9.0431
6	8.9775	9.2068	9.442	9.683	9.9299	10.183	10.4423	10.7079	10.9801	11.2588	11.5442	11.8366	12.1359	12.4423	12.756
7	11.4139	11.772	12.1415	12.5227	12.9159	13.3214	13.7396	14.1708	14.6153	15.0735	15.5458	16.0324	16.5339	17.0506	17.5828
8	14.2401	14.7733	15.327	15.902	16.4991	17.1189	17.7623	18.43	19.1229	19.8419	20.5876	21.3612	22.1634	22.9953	23.8577
9	17.5185	18.2847	19.0859	19.9234	20.7989	21.7139	22.67	23.669	24.7125	25.8023	26.9404	28.1287	29.3692	30.6639	32.015
10	21.3215	22.3931	23.5213	24.7089	25.9587	27.2738	28.6574	30.1128	31.6434	33.2529	34.9449	36.7235	38.5926	40.5564	42.6195
11	25.7329	27.1999	28.7551	30.4035	32.1504	34.0013	35.962	38.0388	40.2379	42.5661	45.0306	47.6388	50.3985	53.3178	56.4053
12	30.8502	32.8239	34.9311	37.1802	39.5805	42.1416	44.8737	47.7877	50.895	54.2077	57.7386	61.5013	65.51	69.78	74.327
13	36.7862	39.404	42.2187	45.2445	48.4966	51.9913	55.7459	59.7788	64.1097	68.7596	73.7506	79.1066	84.8529	91.0161	97.625
14	43.672	47.1027	50.818	54.8409	59.1959	63.9095	69.01	74.528	80.4961	86.9495	93.9258	101.4654	109.6117	118.4108	127.9125
15	51.6595	56.1101	60.9653	66.2607	72.0351	78.3305	85.1922	92.6694	100.8151	109.6868	119.3465	129.8611	141.3029	153.75	167.2863

续表

期数	16%	17%	18%	19%	20%	21%	22%	23%	24%	25%	26%	27%	28%	29%	30%
16	60.925	66.6488	72.939	79.8502	87.4421	95.7799	104.9345	114.9834	126.0108	138.1085	151.3766	165.9236	181.8677	199.3374	218.4722
17	71.673	78.9792	87.068	96.0218	105.9306	116.8937	129.0201	142.4295	157.2534	173.6357	191.7345	211.723	233.7907	258.1453	285.0139
18	84.1407	93.4056	103.7403	115.2659	128.1167	142.4413	158.4045	176.1883	195.9942	218.0446	242.5855	269.8882	300.2521	334.0074	371.518
19	98.6032	110.2846	123.4135	138.1664	154.74	173.354	194.2535	217.7116	244.0328	273.5558	306.6577	343.758	385.3227	431.8696	483.9734
20	115.3797	130.0329	146.628	165.418	186.688	210.7584	237.9893	268.7853	303.6006	342.9447	387.3887	437.5726	494.2131	558.1118	630.1655
21	134.8405	153.1385	174.021	197.8474	225.0256	256.0176	291.3469	331.6059	377.4648	429.6809	489.1098	556.7173	633.5927	720.9642	820.2151
22	157.415	180.1721	206.3448	236.4385	271.0307	310.7813	356.4432	408.8753	469.0563	538.1011	617.2783	708.0309	811.9987	931.0438	1067.2796
23	183.6014	211.8013	244.4868	282.3618	326.2369	377.0454	435.8607	503.9166	582.6298	673.6264	778.7707	900.1993	1040.3583	1202.0465	1388.4635
24	213.9776	248.8076	289.4945	337.0105	392.4842	457.2249	532.7501	620.8174	723.461	843.0329	982.2511	1144.2531	1332.6586	1551.64	1806.0026
25	249.214	292.1049	342.6035	402.0425	471.9811	554.2422	650.9551	764.6054	898.0916	1054.7912	1238.6363	1454.2014	1706.8031	2002.6156	2348.8033
26	290.0883	342.7627	405.2721	479.4306	567.3773	671.633	795.1653	941.4647	1114.6336	1319.489	1561.6818	1847.8358	2185.7079	2584.3741	3054.4443
27	337.5024	402.0323	479.2211	571.5224	681.8528	813.6759	971.1016	1159.0016	1383.1457	1650.3612	1968.7191	2347.7515	2798.7061	3334.8426	3971.7776
28	392.5028	471.3778	566.4809	681.1116	819.2233	985.5479	1185.744	1426.5719	1716.1007	2063.9515	2481.586	2982.6444	3583.3438	4302.947	5164.3109
29	456.3032	552.5121	669.4475	811.5228	984.068	1193.5129	1447.6077	1755.6835	2128.9648	2580.9394	3127.7984	3788.9583	4587.6801	5551.8016	6714.6042
30	530.3117	647.4391	790.948	966.7122	1181.8816	1445.1507	1767.0813	2160.4907	2640.9164	3227.1743	3942.026	4812.9771	5873.2306	7162.8241	8729.9855

附表四

一元年金现值系数表

期数	1%	2%	3%	4%	5%	6%	7%	8%	9%	10%	11%	12%	13%	14%	15%
1	0.9901	0.9804	0.9709	0.9615	0.9524	0.9434	0.9346	0.9259	0.9174	0.9091	0.9009	0.8929	0.885	0.8772	0.8696
2	1.9704	1.9416	1.9135	1.8861	1.8594	1.8334	1.808	1.7833	1.7591	1.7355	1.7125	1.6901	1.6681	1.6467	1.6257
3	2.941	2.8839	2.8286	2.7751	2.7232	2.673	2.6243	2.5771	2.5313	2.4869	2.4437	2.4018	2.3612	2.3216	2.2832
4	3.902	3.8077	3.7171	3.6299	3.546	3.4651	3.3872	3.3121	3.2397	3.1699	3.1024	3.0373	2.9745	2.9137	2.855
5	4.8534	4.7135	4.5797	4.4518	4.3295	4.2124	4.1002	3.9927	3.8897	3.7908	3.6959	3.6048	3.5172	3.4331	3.3522
6	5.7955	5.6014	5.4172	5.2421	5.0757	4.9173	4.7665	4.6229	4.4859	4.3553	4.2305	4.1114	3.9975	3.8887	3.7845
7	6.7282	6.472	6.2303	6.0021	5.7864	5.5824	5.3893	5.2064	5.033	4.8684	4.7122	4.5638	4.4226	4.2883	4.1604
8	7.6517	7.3255	7.0197	6.7327	6.4632	6.2098	5.9713	5.7466	5.5348	5.3349	5.1461	4.9676	4.7988	4.6389	4.4873
9	8.566	8.1622	7.7861	7.4353	7.1078	6.8017	6.5152	6.2469	5.9952	5.759	5.537	5.3282	5.1317	4.9464	4.7716
10	9.4713	8.9826	8.5302	8.1109	7.7217	7.3601	7.0236	6.7101	6.4177	6.1446	5.8892	5.6502	5.4262	5.2161	5.0188
11	10.3676	9.7868	9.2526	8.7605	8.3064	7.8869	7.4987	7.139	6.8052	6.4951	6.2065	5.9377	5.6869	5.4527	5.2337
12	11.2551	10.5753	9.954	9.3851	8.8633	8.3838	7.9427	7.5361	7.1607	6.8137	6.4924	6.1944	5.9176	5.6603	5.4206
13	12.1337	11.3484	10.635	9.9856	9.3936	8.8527	8.3577	7.9038	7.4869	7.1034	6.7499	6.4235	6.1218	5.8424	5.5831
14	13.0037	12.1062	11.2961	10.5631	9.8986	9.295	8.7455	8.2442	7.7862	7.3667	6.9819	6.6282	6.3025	6.0021	5.7245
15	13.8651	12.8493	11.9379	11.1184	10.3797	9.7122	9.1079	8.5595	8.0607	7.6061	7.1909	6.8109	6.4624	6.1422	5.8474

续表

期数	1%	2%	3%	4%	5%	6%	7%	8%	9%	10%	11%	12%	13%	14%	15%
16	14.7179	13.5777	12.5611	11.6523	10.8378	10.1059	9.4466	8.8514	8.3126	7.8237	7.3792	6.974	6.6039	6.2651	5.9542
17	15.5623	14.2919	13.1661	12.1657	11.2741	10.4773	9.7632	9.1216	8.5436	8.0216	7.5488	7.1196	6.7291	6.3729	6.0472
18	16.3983	14.992	13.7535	12.6593	11.6896	10.8276	10.0591	9.3719	8.7556	8.2014	7.7016	7.2497	6.8399	6.4674	6.128
19	17.226	15.6785	14.3238	13.1339	12.0853	11.1581	10.3356	9.6036	8.9501	8.3649	7.8393	7.3658	6.938	6.5504	6.1982
20	18.0456	16.3514	14.8775	13.5903	12.4622	11.4699	10.594	9.8181	9.1285	8.5136	7.9633	7.4694	7.0248	6.6231	6.2593
21	18.857	17.0112	15.415	14.0292	12.8212	11.7641	10.8355	10.0168	9.2922	8.6487	8.0751	7.562	7.1016	6.687	6.3125
22	19.6604	17.658	15.9369	14.4511	13.163	12.0416	11.0612	10.2007	9.4424	8.7715	8.1757	7.6446	7.1695	6.7429	6.3587
23	20.4558	18.2922	16.4436	14.8568	13.4886	12.3034	11.2722	10.3711	9.5802	8.8832	8.2664	7.7184	7.2297	6.7921	6.3988
24	21.2434	18.9139	16.9355	15.247	13.7986	12.5504	11.4693	10.5288	9.7066	8.9847	8.3481	7.7843	7.2829	6.8351	6.4338
25	22.0232	19.5235	17.4131	15.6221	14.0939	12.7834	11.6536	10.6748	9.8226	9.077	8.4217	7.8431	7.33	6.8729	6.4641
26	22.7952	20.121	17.8768	15.9828	14.3752	13.0032	11.8258	10.81	9.929	9.1609	8.4881	7.8957	7.3717	6.9061	6.4906
27	23.5596	20.7069	18.327	16.3296	14.643	13.2105	11.9867	10.9352	10.0266	9.2372	8.5478	7.9426	7.4086	6.9352	6.5135
28	24.3164	21.2813	18.7641	16.6631	14.8981	13.4062	12.1371	11.0511	10.1161	9.3066	8.6016	7.9844	7.4412	6.9607	6.5335
29	25.0658	21.8444	19.1885	16.9837	15.1411	13.5907	12.2777	11.1584	10.1983	9.3696	8.6501	8.0218	7.4701	6.983	6.5509
30	25.8077	22.3965	19.6004	17.292	15.3725	13.7648	12.409	11.2578	10.2737	9.4269	8.6938	8.0552	7.4957	7.0027	6.566

续表

期数	16%	17%	18%	19%	20%	21%	22%	23%	24%	25%	26%	27%	28%	29%	30%
1	0.8621	0.8547	0.8475	0.8403	0.8333	0.8264	0.8197	0.813	0.8065	0.8	0.7937	0.7874	0.7813	0.7752	0.7692
2	1.6052	1.5852	1.5656	1.5465	1.5278	1.5095	1.4915	1.474	1.4568	1.44	1.4235	1.4074	1.3916	1.3761	1.3609
3	2.2459	2.2096	2.1743	2.1399	2.1065	2.0739	2.0422	2.0114	1.9813	1.952	1.9234	1.8956	1.8684	1.842	1.8161
4	2.7982	2.7432	2.6901	2.6386	2.5887	2.5404	2.4936	2.4483	2.4043	2.3616	2.3202	2.28	2.241	2.2031	2.1662
5	3.2743	3.1993	3.1272	3.0576	2.9906	2.926	2.8636	2.8035	2.7454	2.6893	2.6351	2.5827	2.532	2.483	2.4356
6	3.6847	3.5892	3.4976	3.4098	3.3255	3.2446	3.1669	3.0923	3.0205	2.9514	2.885	2.821	2.7594	2.7	2.6427
7	4.0386	3.9224	3.8115	3.7057	3.6046	3.5079	3.4155	3.327	3.2423	3.1611	3.0833	3.0087	2.937	2.8682	2.8021
8	4.3436	4.2072	4.0776	3.9544	3.8372	3.7256	3.6193	3.5179	3.4212	3.3289	3.2407	3.1564	3.0758	2.9986	2.9247
9	4.6065	4.4506	4.303	4.1633	4.031	3.9054	3.7863	3.6731	3.5655	3.4631	3.3657	3.2728	3.1842	3.0997	3.019
10	4.8332	4.6586	4.4941	4.3389	4.1925	4.0541	3.9232	3.7993	3.6819	3.5705	3.4648	3.3644	3.2689	3.1781	3.0915
11	5.0286	4.8364	4.656	4.4865	4.3271	4.1769	4.0354	3.9018	3.7757	3.6564	3.5435	3.4365	3.3351	3.2388	3.1473
12	5.1971	4.9884	4.7932	4.6105	4.4392	4.2784	4.1274	3.9852	3.8514	3.7251	3.6059	3.4933	3.3868	3.2859	3.1903
13	5.3423	5.1183	4.9095	4.7147	4.5327	4.3624	4.2028	4.053	3.9124	3.7801	3.6555	3.5381	3.4272	3.3224	3.2233
14	5.4675	5.2293	5.0081	4.8023	4.6106	4.4317	4.2646	4.1082	3.9616	3.8241	3.6949	3.5733	3.4587	3.3507	3.2487
15	5.5755	5.3242	5.0916	4.8759	4.6755	4.489	4.3152	4.153	4.0013	3.8593	3.7261	3.601	3.4834	3.3726	3.2682

续表

期数	16%	17%	18%	19%	20%	21%	22%	23%	24%	25%	26%	27%	28%	29%	30%
16	5.6685	5.4053	5.1624	4.9377	4.7296	4.5364	4.3567	4.1894	4.0333	3.8874	3.7509	3.6228	3.5026	3.3896	3.2832
17	5.7487	5.4746	5.2223	4.9897	4.7746	4.5755	4.3908	4.219	4.0591	3.9099	3.7705	3.64	3.5177	3.4028	3.2948
18	5.8178	5.5339	5.2732	5.0333	4.8122	4.6079	4.4187	4.2431	4.0799	3.9279	3.7861	3.6536	3.5294	3.413	3.3037
19	5.8775	5.5845	5.3162	5.07	4.8435	4.6346	4.4415	4.2627	4.0967	3.9424	3.7985	3.6642	3.5386	3.421	3.3105
20	5.9288	5.6278	5.3527	5.1009	4.8696	4.6567	4.4603	4.2786	4.1103	3.9539	3.8083	3.6726	3.5458	3.4271	3.3158
21	5.9731	5.6648	5.3837	5.1268	4.8913	4.675	4.4756	4.2916	4.1212	3.9631	3.8161	3.6792	3.5514	3.4319	3.3198
22	6.0113	5.6964	5.4099	5.1486	4.9094	4.69	4.4882	4.3021	4.13	3.9705	3.8223	3.6844	3.5558	3.4356	3.323
23	6.0442	5.7234	5.4321	5.1668	4.9245	4.7025	4.4985	4.3106	4.1371	3.9764	3.8273	3.6885	3.5592	3.4384	3.3254
24	6.0726	5.7465	5.4509	5.1822	4.9371	4.7128	4.507	4.3176	4.1428	3.9811	3.8312	3.6918	3.5619	3.4406	3.3272
25	6.0971	5.7662	5.4669	5.1951	4.9476	4.7213	4.5139	4.3232	4.1474	3.9849	3.8342	3.6943	3.564	3.4423	3.3286
26	6.1182	5.7831	5.4804	5.206	4.9563	4.7284	4.5196	4.3278	4.1511	3.9879	3.8367	3.6963	3.5656	3.4437	3.3297
27	6.1364	5.7975	5.4919	5.2151	4.9636	4.7342	4.5243	4.3316	4.1542	3.9903	3.8387	3.6979	3.5669	3.4447	3.3305
28	6.152	5.8099	5.5016	5.2228	4.9697	4.739	4.5281	4.3346	4.1566	3.9923	3.8402	3.6991	3.5679	3.4455	3.3312
29	6.1656	5.8204	5.5098	5.2292	4.9747	4.743	4.5312	4.3371	4.1585	3.9938	3.8414	3.7001	3.5687	3.4461	3.3317
30	6.1772	5.8294	5.5168	5.2347	4.9789	4.7463	4.5338	4.3391	4.1601	3.995	3.8424	3.7009	3.5693	3.4466	3.3321

微课索引

为了便于学生自主学习，我们针对本教材的重点难点内容制作了18个微课，以二维码的形式添加在本教材中，用手机扫描二维码即可直接观看内容，括号内标注了二维码的具体页码。

[1] 微课：管理会计的前世与今生（p.016）
[2] 微课：固定成本（p.027）
[3] 微课：高低点法（p.032）
[4] 微课：变动成本法（p.040）
[5] 微课：盈亏平衡点（p.065）
[6] 微课：德尔菲法（p.088）
[7] 微课：销售百分比法（p.100）
[8] 微课：成本加成定价法（p.114）
[9] 动画：长期投资决策（p.139）
[10] 动画：资金时间价值（p.140）
[11] 微课：净现值法（p.151）
[12] 动画：销售预算（p.179）
[13] 动画：生产预算（p.180）
[14] 动画：材料采购预算（p.180）
[15] 动画：人工预算（p.180）
[16] 动画：现金预算（p.183）
[17] 微课：制定标准成本（p.202）
[18] 微课：成本中心（p.225）